东南交通·青年教师·科研论丛

# 交通出行选择行为分析与交通需求管理

胡晓健　陆　建　著
赵　顗　祁　玥

国家高技术研究发展计划(863 计划)(No. 2011AA110302)

东南大学出版社
·南京·

## 内容提要

本书是国家高技术研究发展计划(863计划)《大城市区域交通协同联动控制关键技术》和国家自然科学基金项目《基于统计学习的差异化交通出行选择行为机理和预测方法》理论研究成果的总结。主要内容分为四个部分:第一部分为第1、2章,阐述交通需求管理的概念,总结和吸取国内外的实践经验与教训;第二部分为第3、4章,重点介绍交通需求管理的基本理论,提出典型的交通需求管理措施;第三部分为第5、6、7章,深入研究差异化交通出行选择行为、基于停车收费的轨道交通停车换乘行为以及拥堵收费影响下的交通出行方式选择,并在此基础上,提出相应的交通需求管理对策;最后一部分为第8章,在总结全书内容的基础上,展望交通需求管理的发展前景。

本书可作为从事城市交通规划、交通管理工作的科技人员及管理人员的参考书。

### 图书在版编目(CIP)数据

交通出行选择行为分析与交通需求管理/胡晓健等著. —南京:东南大学出版社,2014.7
(东南交通青年教师科研论丛)
ISBN 978-7-5641-4757-0

Ⅰ.①交… Ⅱ.①胡… Ⅲ.①交通需求管理—交通运输管理—研究 Ⅳ.①F502

中国版本图书馆 CIP 数据核字(2014)第 042346 号

**交通出行选择行为分析与交通需求管理**
著　者　胡晓健　陆　建　赵　顗　祁　玥
责任编辑　丁　丁
编辑邮箱　d.d.00@163.com

| | |
|---|---|
| 出版发行 | 东南大学出版社 |
| 社　址 | 南京市四牌楼2号　邮编:210096 |
| 出版人 | 江建中 |
| 网　址 | http://www.seupress.com |
| 电子邮箱 | press@seupress.com |
| 经　销 | 全国各地新华书店 |
| 印　刷 | 南京玉河印刷厂 |
| 版　次 | 2014年7月第1版 |
| 印　次 | 2014年7月第1次印刷 |
| 书　号 | ISBN 978-7-5641-4757-0 |
| 开　本 | 787 mm×1 092 mm　1/16 |
| 印　张 | 14.5 |
| 字　数 | 354千字 |
| 定　价 | 58.00元 |

本社图书若有印装质量问题,请直接与营销部联系。电话(传真):025-83791830

# 总　序

在东南大学交通学院的教师队伍中,40岁以下的青年教师约占40%。他们中的绝大多数拥有博士学位和海外留学经历,具有较强的创新能力和开拓精神,是承担学院教学和科研工作的主力军。

青年教师代表着学科的未来,他们的成长是保持学院可持续发展的关键。按照一般规律,人的最佳创造年龄是25岁至45岁,37岁为峰值年。青年教师正处于科研创新的黄金年龄,理应积极进取,以所学回馈社会。然而,青年人又处于事业的起步阶段,面临着工作和生活的双重压力。如何以实际行动关心青年教师的成长,让他们能够放下包袱全身心地投入到教学和科研工作中?这是值得高校管理工作者重视的问题。

近年来,我院陆续通过了一系列培养措施帮助加快青年人才成长。2013年成立了"东南大学交通学院青年教师发展委员会",为青年教师搭建了专业发展、思想交流和科研合作的平台。从学院经费中拨专款设立了交通学院青年教师出版基金,以资助青年教师出版学术专著。《东南交通青年教师科研论丛》的出版正是我院人才培养措施的一个缩影。该丛书不仅凝结了我院青年教师在各自领域内的优秀成果,相信也记载着青年教师们的奋斗历程。

东南大学交通学院的发展一贯和青年教师的成长息息相关。回顾过去十五年,我院一直秉承"以学科建设为龙头,以教学科研为两翼,以队伍建设为主体"的发展思路,走出了一条"从无到有、从小到大、从弱到强"的创业之路,实现了教育部交通运输工程一级学科评估排名第一轮全国第五,第二轮全国第二,第三轮全国第一的"三级跳"。这一成绩的取得包含了几代交通人的不懈努力,更离不开青年教师的贡献。

我国社会经济的快速发展为青年人的进步提供了广阔的空间。一批又一批青年人才正在脱颖而出,成为推动社会进步的重要力量。世间万物有盛衰,人生安得常少年?希望本丛书的出版可以激励我院青年教师更乐观、自信、勤奋、执着的拼搏下去,搭上时代发展的快车,更好地实现人生的自我价值和社会价值。展望未来,随着大批优秀青年人才的不断涌现,东南大学交通学院的明天一定更加辉煌!

2014年3月16日

# 前　言

随着社会经济的飞速发展，城市化水平的不断推进，我国机动化程度随之提高，由此产生的交通拥堵、环境污染、能源消耗等问题日趋严重。此时，单纯依靠交通基础设施建设及交通系统管理等手段，难以从根本上化解矛盾。一种先进的管理理念——交通需求管理应运而生。

交通需求管理可以从源头上影响交通的产生及其发生形态，从根本上解决交通供需平衡问题，从而促进城市的可持续发展。交通需求管理有很强的实践性及学科交叉性，内容涉及规划学、管理学、工程学、经济学以及社会学等诸多领域。

本书整理了交通需求管理国内外研究现状，梳理了相关理论，总结了研究与实践的相关经验，并从差异化交通出行选择行为、停车收费与停车换乘、拥堵收费等角度，拓展和丰富了交通需求管理的研究内容，形成了较为完备的交通需求管理理论体系。

全书由8章构成，共分为四个部分：第一部分为第1、2章，阐述交通需求管理的概念，总结和吸取国内外的实践经验与教训；第二部分为第3、4章，重点介绍交通需求管理的基本理论，提出典型的交通需求管理措施；第三部分为第5、6、7章，深入研究差异化交通出行选择行为、基于停车收费的轨道交通停车换乘行为以及拥堵收费影响下的交通出行方式选择，并在此基础上，提出相应的交通需求管理对策；最后一部分为第8章，在总结全书内容的基础上，展望交通需求管理的发展前景。

本书依托于国家高技术研究发展计划（863计划）《大城市区域交通协同联动控制关键技术》和国家自然科学基金项目《基于统计学习的差异化交通出行选择行为机理和预测方法》，汇聚了陆建教授、胡晓健老师以及赵颛、祁玥、徐岳、李小倩等研究生的研究成果，凝结了刘霞、郝晓丽、张文珺、韩婧、武丽佳、张晓赫等同学的辛勤付出。此外，本书参阅了大量文献资料，借此向著作和文献资料的原作者们致以衷心的感谢！

本书有幸出版，得到了江苏省优势学科建设资助。还要感谢现代城市交通技术江苏高校协同创新中心、江苏省城市智能交通重点实验室、东南大学交通学院青年教师发展委员会给予青年教师出版的支持与帮助！

限于笔者的理论水平及实践经验，书中不妥和疏漏之处在所难免，恳请读者批评指正。

作　者  
2014年3月

# 目 录

总序
前言

**第1章 绪论** ················································································· 1
1.1 背景 ··················································································· 1
1.2 交通需求管理概念 ································································· 2
  1.2.1 基本概念 ······································································· 2
  1.2.2 主要目标 ······································································· 2
1.3 我国实施交通需求管理的必要性 ············································· 3
  1.3.1 城镇化进程加快，城市交通问题突出 ································· 3
  1.3.2 城市土地有限，交通设施容量有限 ···································· 6
  1.3.3 传统解决交通问题的方法存在弊端 ···································· 8
  1.3.4 保护环境和节约能源的要求 ············································· 8
1.4 本书主要内容 ······································································ 12

**第2章 国内外交通需求管理经验** ················································· 14
2.1 国外交通需求管理综述 ························································· 14
  2.1.1 美国 ············································································ 14
  2.1.2 新加坡 ········································································· 16
  2.1.3 日本 ············································································ 19
  2.1.4 欧洲 ············································································ 21
2.2 国内交通需求管理综述 ························································· 25
  2.2.1 北京 ············································································ 25
  2.2.2 上海 ············································································ 28
  2.2.3 广州 ············································································ 32
  2.2.4 香港 ············································································ 33
2.3 国内外交通需求管理经验分析 ··············································· 35

**第3章 交通需求管理基本理论** ···················································· 37
3.1 交通需求 ············································································ 37
  3.1.1 交通需求的概念 ···························································· 37
  3.1.2 交通需求的分类 ···························································· 37

## 3.2 交通需求的特征 ································································· 38
### 3.2.1 交通需求的内在特征 ······················································ 38
### 3.2.2 交通需求的外部特征 ······················································ 41
## 3.3 交通需求的影响因素 ····························································· 46
### 3.3.1 城市土地利用 ······························································· 46
### 3.3.2 社会经济发展水平 ························································ 50
### 3.3.3 科技发展水平 ······························································· 52
### 3.3.4 交通政策和管理措施 ····················································· 53
## 3.4 交通需求管理的概念 ····························································· 54
### 3.4.1 交通需求管理的涵义 ····················································· 54
### 3.4.2 交通需求管理的层次 ····················································· 55
### 3.4.3 交通需求管理的目的 ····················································· 55
### 3.4.4 交通需求管理具体措施 ·················································· 55
## 3.5 交通需求管理的经济原理 ······················································ 56
### 3.5.1 交通供需关系 ······························································· 56
### 3.5.2 交通需求管理的经济原理 ·············································· 57

# 第4章 典型交通需求管理措施 ························································ 62
## 4.1 概述 ····················································································· 62
## 4.2 土地利用策略 ········································································ 63
### 4.2.1 TOD模式的概念及定义 ·················································· 63
### 4.2.2 TOD模式适用地区 ························································ 64
### 4.2.3 TOD模式的优劣势分析 ·················································· 64
### 4.2.4 北京—亦庄TOD模式案例分析 ········································ 66
### 4.2.5 国内外成功案例对我国发展TOD模式的启示 ····················· 67
## 4.3 优化城市交通结构策略 ··························································· 68
### 4.3.1 优先发展公共交通 ························································· 68
### 4.3.2 合理引导小汽车 ···························································· 72
### 4.3.3 限制使用摩托车 ···························································· 74
### 4.3.4 优化慢行交通体系 ························································· 76
## 4.4 优化交通时空分布策略 ··························································· 79
### 4.4.1 空间均衡策略 ······························································· 79
### 4.4.2 时间均衡策略 ······························································· 81
### 4.4.3 高新技术应用策略 ························································· 82

# 第5章 差异化交通出行选择行为 ····················································· 84
## 5.1 概述 ····················································································· 84
### 5.1.1 问题的引出 ·································································· 84
### 5.1.2 国内外研究与应用概况 ·················································· 84
### 5.1.3 交通需求管理作用于出行选择的机理 ······························· 87

|     | 5.1.4 | 本章主要内容 | 90 |
| --- | --- | --- | --- |
| 5.2 | 出行调查及特征分析 | | 91 |
|     | 5.2.1 | 调查设计 | 91 |
|     | 5.2.2 | 出行特征统计分析 | 93 |
|     | 5.2.3 | 出行方式选择影响因素 | 96 |
| 5.3 | 出行者差异化分类 | | 97 |
|     | 5.3.1 | 差异化分类方法 | 97 |
|     | 5.3.2 | 基于个人属性的出行者差异化分类 | 98 |
| 5.4 | 基于差异化分类的出行方式决策因子分析 | | 102 |
|     | 5.4.1 | 宏观分析 | 103 |
|     | 5.4.2 | 微观分析 | 104 |
|     | 5.4.3 | 基于差异化分类的出行方式决策因子总结 | 113 |
| 5.5 | 基于差异化分类的政策应用研究 | | 113 |
|     | 5.5.1 | 第一类出行者出行方式优化措施 | 113 |
|     | 5.5.2 | 第二类出行者出行方式优化措施 | 114 |
|     | 5.5.3 | 第三类出行者出行方式优化措施 | 115 |

# 第6章 基于停车收费的轨道交通停车换乘行为 ··· 116

| 6.1 | 概述 | | 116 |
| --- | --- | --- | --- |
|     | 6.1.1 | 问题的引出 | 116 |
|     | 6.1.2 | 国内外研究与应用概况 | 117 |
|     | 6.1.3 | 本章主要内容 | 119 |
| 6.2 | 轨道交通停车换乘系统 | | 120 |
|     | 6.2.1 | 停车换乘的定义和发展 | 120 |
|     | 6.2.2 | 停车换乘的正负效应分析 | 122 |
|     | 6.2.3 | 停车换乘行为影响因素 | 122 |
| 6.3 | 问卷设计与调查 | | 124 |
|     | 6.3.1 | 调查方案拟订 | 124 |
|     | 6.3.2 | 停车换乘行为和意向调查问卷设计 | 124 |
|     | 6.3.3 | 停车换乘行为和意向调查统计分析 | 126 |
|     | 6.3.4 | 样本统计分析小结 | 128 |
| 6.4 | 停车换乘选择行为模型构建 | | 128 |
|     | 6.4.1 | 停车换乘选择行为Logit模型的研究框架 | 128 |
|     | 6.4.2 | 停车换乘选择行为模型构建 | 131 |
|     | 6.4.3 | 非通勤出行选择模型的拟合 | 134 |
|     | 6.4.4 | 通勤出行选择模型的拟合 | 137 |
| 6.5 | 停车换乘选择行为弹性分析 | | 140 |
|     | 6.5.1 | 弹性的概念和计算方法 | 140 |
|     | 6.5.2 | 模型变量的直接弹性分析 | 141 |
|     | 6.5.3 | 模型变量的交叉弹性分析 | 147 |

## 6.6 基于停车换乘选择行为模型的政策应用研究 ································ 152
### 6.6.1 差别化的停车收费政策 ································ 152
### 6.6.2 限制通勤出行者驾车前往中心区 ································ 153
### 6.6.3 提高中心区非通勤停车场的费率 ································ 153
### 6.6.4 完善停车换乘设施的建设和管理 ································ 153
### 6.6.5 多样化停车换乘设施的资金来源和经营体制 ································ 154

## 第7章 拥堵收费影响下的交通出行方式选择 ································ 155
### 7.1 概述 ································ 155
### 7.2 拥堵收费 ································ 156
#### 7.2.1 拥堵收费背景 ································ 156
#### 7.2.2 拥堵收费类型 ································ 158
#### 7.2.3 拥堵收费机理 ································ 158
### 7.3 拥堵收费意向调查 ································ 162
#### 7.3.1 调查设计 ································ 163
#### 7.3.2 调查数据统计分析 ································ 165
### 7.4 拥堵收费影响下的交通出行方式选择模型 ································ 168
#### 7.4.1 交通出行方式选择行为MNL模型的研究框架 ································ 171
#### 7.4.2 拥堵收费影响下的交通出行方式选择模型 ································ 176
### 7.5 拥堵收费政策敏感性分析 ································ 184
#### 7.5.1 敏感性分析理论 ································ 184
#### 7.5.2 基于内外-通勤类模型的敏感性分析 ································ 186
#### 7.5.3 基于外外-通勤类模型的敏感性分析 ································ 188
#### 7.5.4 基于内外-非通勤类模型的敏感性分析 ································ 189
### 7.6 拥堵收费影响下的公交优先政策应用研究 ································ 194
#### 7.6.1 公交优先政策 ································ 194
#### 7.6.2 公交优先政策措施对居民出行行为的协同影响 ································ 196

## 第8章 展望 ································ 198
### 8.1 主要研究成果 ································ 198
### 8.2 研究展望 ································ 200
#### 8.2.1 本书的不足 ································ 200
#### 8.2.2 展望 ································ 201

## 参考文献 ································ 205

## 附录 调查问卷 ································ 214
北京市公交乘客出行情况调查问卷 ································ 214
北京市非机动车出行情况调查问卷 ································ 216
北京市小汽车出行情况调查问卷 ································ 218

# 第1章 绪 论

## 1.1 背景

自20世纪50年代,城市交通问题已经成为发达国家乃至发展中国家的普遍难题。改革开放以来,我国社会经济得到极大发展,社会活动日益繁忙。随着城市化进程的不断推进,我国机动车保有量急剧增加,道路交通量激增,交通拥堵问题日益严重,进而城市环境也受到了破坏,严重影响到城市居民的正常工作和生活,城市交通问题已成为阻碍国民经济进一步发展的重要瓶颈。

为解决交通问题,我国城市不断探索和实践,在道路基础设施建设和管理方面付出了巨大努力,但是收效并不明显,大中城市交通紧张的局面并未得到根本改变。人们逐渐认识到,大规模的交通基础设施建设在改善基础设施的同时,诱发了小汽车交通的快速发展,进一步刺激了交通需求的增长,使交通拥挤状况不但没有缓和,反而变得更加严重,从而陷入"汽车增长—交通拥挤、环境恶化—修建道路—汽车增长—交通再拥挤、环境再恶化"的恶性循环。在我国,城市交通问题的根本原因是交通需求与交通供给之间的失衡,交通需求的增长速度远远大于城市交通基础设施的建设速度,交通管理水平远远滞后于城市交通的发展,加之城市布局、土地利用、交通结构等多方面的原因,导致我国城市交通问题愈发尖锐。

根据当斯定律,新建的道路设施会引发新的道路需求,而交通需求总是倾向于高于交通供给[1]。因此,单纯依靠道路基础设施建设提高交通供给能力,不能解决城市交通中供需不平衡的矛盾,不能从根本上解决交通问题,必须寻求新的思路和方法。20世纪70至80年代,交通工程师们提出了交通需求管理的概念,在美国、新加坡、欧洲等国家已取得了一定的实践经验。经过近几年的发展,交通需求管理概念不断完善,并在世界范围内得到推广。通过推行TOD发展模式、制定合理的交通政策、改善城市交通结构、优化交通秩序、引进先进交通技术等方式,很多城市将"建设"与"管理"并重,双管齐下,因而交通问题得到了显著改善。交通需求管理措施已成为解决城市交通拥堵问题、提高出行效率、构建宜居城市的有效途径,对于引导居民合理出行、调整出行结构、均衡道路交通流等均具有重要意义。

交通需求管理是一种先进的管理理念,是交通发展到一定程度的必然产物,是解决城市交通问题的新方法。交通需求管理概念于20世纪80年代末期引入国内,但是由于我国交通设施长期不足,重视交通基础设施建设的指导思想始终占据主流,交通需求管理并未引起足够的重视。随着我国社会经济的进一步发展,我国城市交通将面临更严峻的挑战,我们有必要在吸取国内外各大城市经验的基础上,采取交通需求管理措施,充分发挥城市交通需求管理的优势,因地制宜,科学、有效地解决城市交通问题,实现经济、社会、环境的可持续发展。

## 1.2 交通需求管理概念

### 1.2.1 基本概念

交通需求管理(Travel Demand Management 或 Transportation Demand Management，简称 TDM)，近年来成为解决城市交通问题的重要手段。目前国内外对于交通需求管理尚没有形成统一的定义，以下摘录几处[2]：

美国联邦公路管理局(The Federal Highway Administration，FHWA)和公共交通管理局(Urban Mass Transportation Administration，UMTA)的定义为："通过提高车道的占有率或者通过影响出行的时间和需要，使运输系统运送旅客的能力达到最大。"

美国交通工程专家埃里克·弗格森的定义为："交通需求管理是改善交通行为的技术，它的实施可以避免投巨资扩展交通运输系统。"

C. O. Kenneth 的定义为："交通需求管理是指通过影响人们的出行行为来达到减少出行需求或在时间和空间上重新分配出行需求的目的。"他认为，交通需求管理不是一个单独的行为，而是一组行为或者策略，其目标是鼓励出行者使用可以替代单独驾车出行的方式，特别是在一天中最为拥堵的时间。

澳大利亚交通工程专家 R. T. Underwood Hardstedtet 的定义为："交通需求管理是缓和交通增长和减少交通拥挤的负面效应的一种方法。"同时他提出了交通需求管理的一些具体措施，如减少出行需求、改变出行方式、避免交通高峰、鼓励更有效地使用可得到的道路空间以及高峰期间使车辆放弃出行。

国内徐吉谦教授认为[3]：所谓"交通需求管理"，就是为保持城市可持续发展，充分发挥道路资源的潜在功能，在扩建道路基础设施的同时，对城市交通需求实行最有效的调控、疏解、引导等管理措施，对城市客、货运出行采取从宏观到微观的多方面有效管理措施，以期优化交通分布，减少交通需求总量，同时优化城市结构、路网结构、交通结构和交通管理模式，防止和避免有限的城市道路空间资源的浪费，实现城市交通供需的总体平衡，从而保障城市交通安全、快速、可靠、舒适、经济与低公害地运行。

国内王炜教授[4]认为：交通需求管理是一种政策性管理，它的管理对象主要是交通源，通过对交通源的政策性管理，影响交通结构，削减交通需求总量，达到减少道路交通流量的目的，缓解交通紧张状态。

综合上述交通需求管理的定义，本书认为：交通需求管理是从城市交通的供需关系入手，运用各种政策、法规、经济手段以及计算机通信等现代化先进技术，重点针对交通的发生源进行管理、控制或诱导，调整城市用地布局，控制土地开发强度，削减城市交通总需求，减少城市机动车交通量，优化居民出行结构，调整出行分布，最终达到提高城市道路交通系统运行效率、缓解交通拥堵、改善环境污染和促进经济社会可持续发展的目的。

### 1.2.2 主要目标

从宏观上讲，交通需求管理的目标就是通过一系列的交通需求管理措施，在当前的土地、资源、环境条件下,使交通需求与交通供给达到平衡,促进城市的可持续发展;从微观上讲,则是通过一系列政策、法规、经济等措施,促进交通参与者变更选择行为,优化居民出行结构,减少小汽车出行量,提高道路利用率,缓解交通拥堵等问题。具体表现在以下四个方面:

(1) 运用交通规划与城市规划的互动及反馈原理,合理布局城市用地,减少或避免不合理的交通发生源与吸引源,控制城市不合理交通出行的增长;

(2) 适度控制小汽车出行量,鼓励更高效的交通出行行为,引导机动车出行者合理使用有限的道路交通资源;科学合理地调控不同区域、不同时段、不同路段上的机动车流量,避免交通在时间、空间上的过度集中,从而缓解交通需求与交通供给之间的矛盾;

(3) 优化出行方式结构,倡导公共交通出行,完善行人和自行车出行条件,引导各种交通方式健康发展,以保证城市交通系统的有效运行;

(4) 缓解城市交通拥挤,减轻城市道路交通负荷,减轻环境污染,节约资源、减少能源消耗,全面提升城市居民生活质量,构建宜居城市。

## 1.3 我国实施交通需求管理的必要性

### 1.3.1 城镇化进程加快,城市交通问题突出

改革开放以来,我国城镇化进程不断加快,突出表现为城镇化率的增长速度加快。1978年,我国城镇化率仅为17.9%,1990年为26.4%,2000年为35%[5],2012年我国城镇人口71182万人,城镇化水平达52.57%[6]。此外,在城市数量增加的同时,城市规模不断扩大。1978年,我国100万人以上的城市仅有13个,1990年增加至32个,2000年达46个,2009年已达118个,约占城市总数的18%,其中还包括北京、上海、广州等千万人口以上的超大城市。根据2010年第六次全国人口普查结果[7],截至2010年11月1日零时,北京市登记常住人口1961.2万人,其中外来人口704.5万人,占常住人口的比重为35.9%,年平均增长率达3.7%,如图1.1所示。根据世界银行预测,到2020年,中国市区人口超过100万的大城市数量将超过80个[8]。城市人口数量的快速增长、城市规模的不断扩大,带来的是居民出行需求的日益增加,给城市交通带来了巨大的压力。

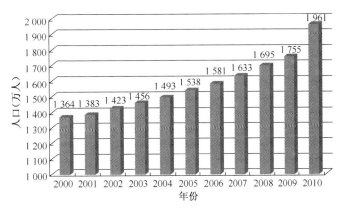

图1.1 北京市常住人口变化图

随着城镇化进程的加快,很多城市从集中型发展模式转向多中心发展模式。但郊区化逐渐引起家庭轿车的大规模增长,我国机动车保有量呈现出爆发式增长的态势。2005年,我国机动车保有量约1.18亿辆,汽车保有量达3159.7万辆;2009年,我国机动车保有量约

1.7亿辆,汽车保有量达6 209.4万辆;2011年,机动车保有量约2.25亿辆,汽车保有量首次突破一亿辆大关,占机动车总量的45.88%;截至2012年底,我国机动车保有量已达2.4亿辆,汽车保有量约1.2亿辆,18个大中城市汽车保有量超过百万[9],城市机动车保有量增长迅速,如表1.1所示。

表1.1  我国大中城市机动车保有量(万辆)变化情况

| 城市＼年份 | 2000年 | 2005年 | 2010年 | 2012年 |
|---|---|---|---|---|
| 北京 | 150.7 | 258 | 480.9 | 520 |
| 上海 | 102.7 | 206.9 | 256.4 | 262.3 |
| 广州 | 135.04 | 177.38 | 215 | 240.5 |
| 深圳 | — | 81.31 | 175 | 230 |
| 南京 | — | — | 120 | 158.5 |
| 杭州 | 39.6 | 107.84 | 183.25 | 226.7 |
| 天津 | — | 112.6 | 180 | 233.9 |
| 成都 | — | 138.8 | 257.9 | 304.4 |
| 重庆 | — | — | 275.97 | 389.9 |
| 沈阳 | 35.98 | 59.95 | 92 | 120 |
| 武汉 | 35.46 | 65.27 | 100.07 | 134.4 |
| 西安 | — | 67.55 | 116 | 160.82 |
| 郑州 | 40 | 76.43 | 177.55 | 210.5 |
| 青岛 | — | 116.6 | 161.8 | 180 |
| 苏州 | 77.49 | — | 206 | 235 |

从图1.2中可以看出,2000—2012年间,北京市机动车保有量增速显著,年平均增长率达10.87%。据统计,1990年,北京市机动车保有量仅为50万辆,至2012年底,北京机动车保有量高达520万辆,22年间北京的机动车保有量增加了9.4倍。进入21世纪的10年间,北京的机动车数量年平均增长25.1万辆,2009年净增量高达51.5万辆,一年的净增量几乎与香港的机动车保有量相当。北京机动车保有量从200万到300万用了3年零9个月,从300万到400万用了不到3年,与此形成对比的是东京从200万到300万用了10年时间,而从300万到400万用了12年。

在机动车保有量快速增长的同时,北京市的人均出行次数和出行总

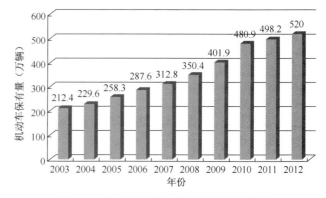

图1.2  北京市机动车保有量历年变化图

量都有了很大增长,小汽车使用量不断提高。据统计[5],2005年底,北京市常住人口已达1 538万人,全市全年出行总量达2 929万人次,比2000年增长7.8%,其中流动人口出行量占全市的37%;出行结构方面,全市小汽车出行占29.8%,公交出行比例不足30%,其中地铁、轻轨交通仅为5%,与首尔、东京等公交导向型城市相去甚远。个体交通比重的提高与公共交通的萎缩使得城市交通的结构性矛盾更加突出。我国部分城市居民出行结构如表1.2所示。

表1.2 我国部分城市居民出行结构表　　　　　　单位:%

| 方式<br>城市 | 步行 | 自行车 | 公交车 | 摩托车 | 单位客车 | 出租车 | 统计年份 |
| --- | --- | --- | --- | --- | --- | --- | --- |
| 广州市 | 41.92 | 21.47 | 17.49 | 10.35 | 5.05 | 0.72 | 1998 |
| 南京市 | 23.57 | 40.95 | 20.95 | 5.24 | 5.68 | 1.71 | 1999 |
| 郑州市 | 30.6 | 48.7 | 6.5 | 5.4 | 3 | 1.9 | 2000 |
| 南宁市 | 22.8 | 58.9 | 2.2 | 6.2 | 3 | 1.2 | 1992 |
| 合肥市 | 31.34 | 39.44 | 18 | 1.99 | 7.39 | 0.9 | 2000 |
| 徐州市 | 37.06 | 50.29 | 2.68 | 0.78 | 1.94 | 1.39 | 1998 |
| 镇江市 | 34.11 | 58.11 | 3.63 | 0.72 | 3.15 | 0.16 | 1993 |
| 蚌埠市 | 37.71 | 30.87 | 23.68 | 2.19 | 3.11 | 0.94 | 2002 |
| 常德市 | 40.26 | 27.1 | 16.88 | 6.11 | 3.55 | 3.44 | 2001 |
| 中山市 | 25.77 | 33.02 | 3.55 | 24.62 | 6.56 | 1 | 1995 |
| 常熟市 | 34.36 | 47.76 | 4.16 | 10.07 | 1.55 | 0.59 | 2001 |
| 昆山市 | 31.96 | 37.77 | 6.82 | 8.03 | 4.92 | 1.24 | 2001 |
| 张家港市 | 30.87 | 34.68 | 7.14 | 17.9 | 5.63 | 1.12 | 2002 |
| 宜兴市 | 29.2 | 42.2 | 3.9 | 18.8 | 2.3 | 0.7 | 2001 |

机动车保有量的爆炸式增长和城市交通结构的不合理,逐步导致了城市道路交通拥堵。据统计[10],在我国655个城市中,约有2/3的城市在早晚出行高峰时间经受交通拥堵,北京仍然是全国最为拥堵的城市之一。据2006年调查显示,北京市区大部分快速路和主干路在高峰时段均处于高负荷运行状态,负荷度在0.8以上的道路约占80%,城市中心区域部分路段机动车平均时速约为10 km/h,有的甚至处于半瘫痪状态;2008年北京奥运后,北京市实行每天限制两个车牌尾号上路措施,并停驶了30%的公车,但有限的道路资源仍不能满足机动车的高速增长,城区道路有90%处于饱和或超饱和状态,早晚流量高峰期间,整个城区的道路基本处于拥堵状态,经常发生拥堵的点段达65处。据统计[11],2010年上半年,北京市早高峰路网严重拥堵里程比例较2009年同期增长了8.7%,晚高峰严重拥堵里程比例增加了17.0%;早高峰常发拥堵路段576条,共计114 km,晚高峰常发拥堵路段1 081条,共计231 km(图1.3)。

交通拥堵是城市交通中最为明显的问题,但它进一步带来了能源消耗及尾气排放的增加,逐步加重了中心区的环境污染,由此引发的能源消耗、环境污染、交通事故等外部效应的资金投入也是无法预估的。

图 1.3 北京市交通拥堵图

## 1.3.2 城市土地有限,交通设施容量有限

我国人口众多,耕地资源少,仅占国土面积的 9.91%,人均土地仅为 800 多 m²。而城市扩展、道路建设一般是在适合人类生存、地域较好的地方,因此大规模城市建设经常成为侵占宝贵耕地资源的"刽子手"。我国明确规定"亿亩耕地"的红线不可突破,城乡规划用地指标也做出了严格控制[12],即城市规划人均用地指标不得超过 100 m²,城市道路面积率不得超过 15%,城市用地有限,形势十分严峻。目前我国很多城市道路面积率均在 10% 以上,未来大规模建设道路的可能性不大。城市的空间布局定格以后,相应的交通容纳量也随之而定,难以实现城市和交通基础设施的不断增长。

未来一段时间内,我国大多数城市仍将面临来自人口增长、土地短缺和机动化快速发展三方面的压力,城市交通需求增长所导致的土地需求与土地资源的有限性难以调和,机动车的快速增长与道路基础设施的有限性无法调和,"车多修路"的思想将无法适应我国城市现代化的发展(表 1.3)。

表 1.3 我国大中城市道路资源情况[13]

| 指标<br>城市 | 城市道路面积率(%) | 人均道路面积(m²/人) | 道路网密度(km/km²) |
|---|---|---|---|
| 北京 | 6.11 | 4.8 | 5.98 |
| 上海 | 9.43 | 3.2 | 9.07 |
| 广州 | 6.66 | 4.5 | 6.66 |
| 深圳 | 8.04 | 7.4 | 3.65 |
| 南京 | 7.07 | 4.8 | 6.98 |
| 杭州 | 6.33 | 5.0 | 8.19 |
| 天津 | 9.59 | 7.1 | 9.29 |
| 成都 | 8.40 | 4.2 | 7.74 |
| 重庆 | 8.92 | 4.0 | 11.46 |
| 沈阳 | 9.19 | 4.7 | 9.16 |

续表1.3

| 城市 \ 指标 | 城市道路面积率(%) | 人均道路面积(m²/人) | 道路网密度(km/km²) |
|---|---|---|---|
| 武汉 | 5.72 | 3.6 | 6.06 |
| 西安 | 7.64 | 5.5 | 7.59 |
| 哈尔滨 | 8.74 | 5.3 | 10.4 |
| 大连 | 6.34 | 7.0 | 4.28 |
| 济南 | 13.65 | 10.4 | 11.09 |
| 郑州 | 5.83 | 5.0 | 4.90 |
| 长沙 | 4.96 | 4.3 | 6.61 |
| 长春 | 7.75 | 5 | 6.6 |
| 太原 | 6.26 | 6.6 | 6.96 |
| 兰州 | 3.19 | 4.2 | 3.09 |
| 昆明 | 3.57 | 2.9 | 3.38 |
| 南昌 | 5.09 | 2.9 | 9.37 |
| 石家庄 | 7.53 | 6 | 7.27 |
| 乌鲁木齐 | 7.99 | 4.8 | 7.34 |

近年来,我国城市在道路基础设施建设上的投入是巨大的。以北京市为例[11],"十一五"期间,市级交通投资达2 500亿元,为同期GDP的4.7%。其中,2006年投资267.26亿元,2007年投资345.12亿元,2008年投资379.18亿元,2009年投资612.39亿元,2010年投资490.86亿元。交通基础设施投资主要用于轨道建设、高速公路和一般公路建设、市级城市道路建设和完善、枢纽场站建设等方面。

截至2010年底,北京市城区道路总里程为6 355 km,其中城市快速路263 km,城市主干路874 km,城市次干路652 km,城市支路及街坊路4 566 km,道路总面积达9 395万m²。由图1.4可以看出,从2005年至2010年,北京市城区道路总里程由4 073 km增加至6 355 km,增幅达56%;城区道路面积从7 434万m²增加至9 395万m²,增幅达26%。但是,道路供给的增加并未给北京的城市交通带来转机,交通拥挤的状况非但没有缓解,反而有渐趋恶化的趋势。因此,我们必须寻求新的思想和方法来解决交通问题,指导交通发展。在城市土地和道路资源有限的情况下,推行交通需求管理策略是一种可行的思路。

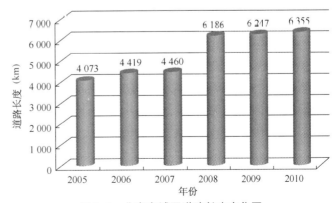

图1.4 北京市城区道路长度变化图

### 1.3.3 传统解决交通问题的方法存在弊端

道路交通是社会活动、经济活动的纽带和动脉,对城市及区域经济发展和人民生活水平提高起着极其重要的作用。目前,我国大中城市普遍存在交通拥堵、交通事故、环境污染等一系列交通问题,传统的解决方法主要从道路基础设施建设和交通系统管理(TSM)两方面切入,但仍存在一定的不足。

道路基础设施建设往往是解决交通问题的首选措施。通过城市道路的建设,提高交通供给,以提高道路网络交通容量来达到降低交通负荷的目的。但是,道路交通基础设施建设投资巨大,且建设周期较长。改革开放后的20年,我国道路交通车辆年平均增长率约15%,但全国道路里程的年平均增长率仍小于5%,道路基础设施的建设速度远远落后于交通需求增长的速度。并且,道路建设期间往往会带来交通出行的不便,当道路建设完成后,一方面会吸引其他拥堵区域的交通,另一方面诱发了更多为追逐良好交通环境的交通产生,使得新建道路迅速拥挤,交通环境愈加恶化,造成恶性循环,著名的当斯定律也反映了这个问题。

交通系统管理(TSM)是站在交通的角度,来研究和管理城市或公路网交通系统,是通过一系列的交通规划或者硬件管制来调整、均衡交通流的时空分布,是提高交通路网运输效率的一种管理模式[14]。目前,我国大多数城市交通管理水平不高,出行者交通意识薄弱,城市交通秩序混乱,严重影响了已有道路通行能力的充分利用,道路交通网络运输效率较低。交通系统管理是提高交通管理水平的有效措施,强调从更多的建设转向更好的使用,通过提高现有的道路交通设施的使用效率解决城市交通问题,目的是挖掘现有条件下的交通潜力,使其效用最大化。但是,道路交通设施难以通过无限提高交通管理水平来满足交通需求,任何交通环境都有其承载力的极限,单纯依靠交通系统管理难以从根本上解决城市交通问题。

道路基础设施建设和交通系统管理两种方法主要为机动车服务,改变以机动车为主的交通管理观念,倡导实施以人为本的交通需求管理理念是十分必要的。交通需求管理从需求角度出发,通过控制、限制、禁止某些交通方式出行等措施,减少出行总量,从而达到减少交通流量的目的。相较于传统的解决交通问题的方法,交通需求管理的作用点在"人",面向"人的出行",对交通参与者出行方式的选择进行合理的政策性引导,科学、客观,体现了人性化的原则;并且,交通需求管理的资金投入低,能产生多边效益,并具有一定的灵活性,既可用于短期大型活动、紧急事件期间,又可用于城市长期交通发展策略中。

### 1.3.4 保护环境和节约能源的要求

城市交通系统对环境的影响主要是大气污染和噪声污染。城市交通向大气中排放了大量的氮氧化合物、一氧化碳、碳氢化合物、铅等废气污染物,是城市污染的重要源泉。其中,空气中的一氧化碳大部分来自汽车尾气,主要是由于汽油不完全燃烧产生,极易造成人体缺氧窒息。环境污染对人类环境、城市建设、居民健康造成了巨大危害,引发了全球变暖、光化学烟雾、酸雨等一系列生态环境问题。

根据环境保护部发布的《2012年中国机动车污染防治年报》[15],随着机动车保有量的快速增加,我国城市空气开始呈现出煤烟和机动车尾气复合污染的特点,直接影响群众健康。2011年,全国机动车排放污染物4 607.9万t,比2010年增加3.5%,其中氮氧化物($NO_x$)637.5万t,颗粒物(PM)62.1万t,碳氢化合物(HC)441.2万t,一氧化碳(CO)

3 467.1万 t。汽车是污染物总量的主要贡献者,2011 年共排放一氧化碳 2 796.0 万 t,碳氢化合物 339.2 万 t,氮氧化物 576.4 万 t,颗粒物 59.0 万 t,其排放的 $NO_x$ 和 PM 超过 90%,HC 和 CO 超过 70%。

作为空气质量重要指标之一的 PM2.5 是指大气中空气动力学直径小于或等于 2.5 μm 的颗粒物。虽然 PM2.5 粒径小,但对空气质量和能见度等有重要影响,在大气中停留时间长、输送距离远,对人体健康和大气环境质量的影响巨大。PM2.5 的来源主要有两个方面:一是燃煤、机动车、扬尘、生物质燃烧直接排放的细颗粒物;二是空气中的二氧化硫、氮氧化物和挥发性有机物等气态污染物,经过复杂的化学反应转化成的二次细颗粒物。研究表明,机动车排放是 PM2.5 的重要来源,机动车不仅直接排放 PM2.5,而且尾气排放的氮氧化物、碳氢化合物,会经过复杂的化学反应转化成为 PM2.5。据测算,北京市机动车排放对 PM2.5 浓度的贡献率为 22.2%,是当地最主要的污染来源,见图 1.5、表 1.4。

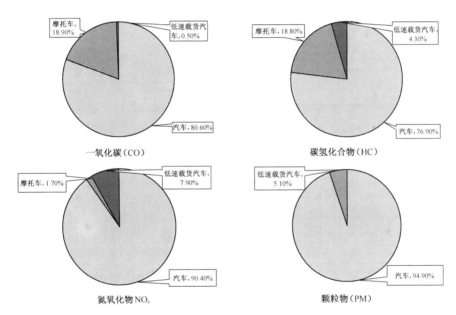

图 1.5　机动车污染物排放分担率图

表 1.4　我国大中城市空气质量监测情况(2013 年 5 月)[16]

| AQI 排名 | 城市 | PM2.5(μg/m³) | PM2.5 达标天数 | AQI 排名 | 城市 | PM2.5(μg/m³) | PM2.5 达标天数 |
|---|---|---|---|---|---|---|---|
| 1 | 海口 | 14.13 | 31/31 | 9 | 佛山 | 30.9 | 20/31 |
| 2 | 珠海 | 18.58 | 27/31 | 10 | 昆明 | 26.19 | 26/31 |
| 3 | 惠州 | 22.39 | 28/31 | 11 | 福州 | 27.52 | 25/31 |
| 4 | 深圳 | 27.39 | 26/31 | 12 | 南宁 | 33.1 | 17/31 |
| 5 | 东莞 | 25.84 | 26/31 | 13 | 江门 | 34.1 | 20/30 |
| 6 | 中山 | 31.58 | 22/29 | 14 | 广州 | 39.19 | 12/31 |
| 7 | 舟山 | 22.83 | 24/29 | 15 | 贵阳 | 40.52 | 12/30 |
| 8 | 厦门 | 28.06 | 23/31 | 16 | 宁波 | 39.65 | 16/30 |

续表 1.4

| AQI 排名 | 城市 | PM2.5($\mu g/m^3$) | PM2.5 达标天数 | AQI 排名 | 城市 | PM2.5($\mu g/m^3$) | PM2.5 达标天数 |
|---|---|---|---|---|---|---|---|
| 17 | 肇庆 | 39.55 | 16/30 | 47 | 衢州 | 54.94 | 7/25 |
| 18 | 温州 | 43.58 | 10/29 | 48 | 承德 | 46.13 | 12/27 |
| 19 | 重庆 | 44.52 | 8/31 | 49 | 张家口 | 40.13 | 15/29 |
| 20 | 台州 | 47.9 | 9/28 | 50 | 淮安 | 58.74 | 4/25 |
| 21 | 银川 | 32.16 | 20/31 | 51 | 南京 | 63.84 | 2/21 |
| 22 | 哈尔滨 | 40.39 | 15/29 | 52 | 扬州 | 64.58 | 3/22 |
| 23 | 绍兴 | 49.39 | 10/29 | 53 | 徐州 | 60.1 | 1/22 |
| 24 | 大连 | 49.61 | 10/25 | 54 | 泰州 | 67.77 | 4/19 |
| 25 | 南昌 | 55.32 | 8/26 | 55 | 常州 | 67.52 | 3/21 |
| 26 | 杭州 | 51.1 | 5/28 | 56 | 太原 | 55.94 | 4/26 |
| 27 | 青岛 | 46.84 | 10/28 | 57 | 宿迁 | 62.81 | 1/21 |
| 28 | 长沙 | 53.19 | 5/27 | 58 | 南通 | 66.81 | 2/22 |
| 29 | 拉萨 | 29.94 | 24/31 | 59 | 秦皇岛 | 57.42 | 6/26 |
| 30 | 乌鲁木齐 | 49.45 | 7/27 | 60 | 武汉 | 66.71 | 4/19 |
| 31 | 盐城 | 52.39 | 9/26 | 61 | 合肥 | 70.45 | 5/20 |
| 32 | 金华 | 54.16 | 6/28 | 62 | 沈阳 | 67.65 | 2/23 |
| 33 | 嘉兴 | 53.97 | 3/26 | 63 | 兰州 | 61.61 | 3/23 |
| 34 | 上海 | 57.39 | 4/24 | 64 | 北京 | 78.13 | 3/18 |
| 35 | 株洲 | 54.16 | 4/27 | 65 | 沧州 | 80.74 | 1/16 |
| 36 | 湖州 | 55.03 | 4/26 | 66 | 天津 | 85.48 | 0/16 |
| 37 | 西宁 | 51.19 | 3/31 | 67 | 呼和浩特 | 62.97 | 7/22 |
| 38 | 丽水 | 37 | 14/31 | 68 | 衡水 | 78.84 | 1/13 |
| 39 | 苏州 | 59.13 | 3/24 | 69 | 郑州 | 88.1 | 1/14 |
| 40 | 湘潭 | 50.81 | 6/27 | 70 | 保定 | 80.48 | 1/17 |
| 41 | 连云港 | 54.23 | 7/26 | 71 | 唐山 | 95.1 | 1/10 |
| 42 | 无锡 | 62.65 | 3/23 | 72 | 济南 | 89.94 | 1/11 |
| 43 | 长春 | 47.77 | 10/27 | 73 | 廊坊 | 95.39 | 2/11 |
| 44 | 西安 | 53.84 | 6/25 | 74 | 邯郸 | 101.03 | 0/7 |
| 45 | 成都 | 60.19 | 4/23 | 75 | 邢台 | 105.23 | 0/5 |
| 46 | 镇江 | 59.87 | 5/24 | 76 | 石家庄 | 104.03 | 1/6 |

注：(1) AQI=空气质量指数；
(2) PM2.5 达标天数：第一个数字代表 PM2.5 日均浓度限值低于 35 $\mu g/m^3$ 的天数，第二个数字代表 PM2.5 日均浓度限值低于 75 $\mu g/m^3$ 的天数。

城市交通造成的另一项环境危害是噪声污染。工业的发展、人口流动的加快、交通流量的增加,使得城市交通污染日益突出,其中,来自发动机、刹车、喇叭等的交通噪声居首位,对城市居民的健康危害最大。按照《城市区域环境噪声标准(GB 3096—1993)》,居民区噪音白天不超过 55 dB,夜间不超过 45 dB;城市中的道路交通干线道路噪音白天不超过 70 dB,夜间不超过 55 dB。统计表明,2006 年武汉市城市区域环境噪声平均值为 55.3 dB(A),其中交通噪声源占 12.8%,昼间交通干道噪声等效声级加权平均值为 69.5 dB(A),城区道路交通噪声等效声级暴露在 70 dB 以下(含 70 dB)的路段长度为 140.964 km,占监测干道总长度的 64.5%,噪声污染对城市道路周边地区的影响依然严重[17];2009 年北京市建成区区域环境噪声平均值城区为 54.1 dB(A),而道路交通噪声达到 69.7 dB(A)[18],噪声污染形势十分严峻。北京市"十一五"期间的声环境质量情况如表 1.5、1.6 所示。

表 1.5 城市区域环境噪声质量等级划分　　　　　　　单位:dB(A)

| 类　别 | 好 | 较好 | 轻度污染 | 中度污染 | 重度污染 | "十一五"目标 |
|---|---|---|---|---|---|---|
| 城市区域环境噪声 | ≤50 | >50~55 | >55~60 | >60~65 | >65 | ≤52 |
| 道路交通噪声 | ≤68 | >68~70 | >70~72 | >72~74 | >74 | ≤68 |

表 1.6 北京市"十一五"期间噪声监测结果及分析[19]　　　　单位:dB(A)

| 项　目 | 2005 年 | 2006 年 | 2007 年 | 2008 年 | 2009 年 |
|---|---|---|---|---|---|
| 城八区区域环境噪声平均值 | 53.2 | 53.9 | 54.0 | 53.6 | 54.1 |
| 城八区道路交通噪声平均值 | 69.5 | 69.7 | 69.9 | 69.6 | 69.7 |

此外,城市交通的快速发展向我国能源提出了严峻挑战。据统计,我国交通运输业已经成为继工业和生活之后的第三大能源消耗行业,其能源消耗量占到总消耗量的 20% 以上,我国汽车运输每年消耗的汽油占其生产品的 90%。若不加以控制,将会给我国带来巨大的能源压力。据预测,2020 年我国石油消耗总量将达到 6 亿~8 亿 t,城市交通运输的排放与污染可能将为城市的生态环境和工业文明带来苦果[20]。

因此,我国必须推行城市交通可持续发展的理念,以先进的科学技术为基础,在资源合理利用和生态环境保护的指导思想下,提高交通系统利用效率和服务水平,在经济合理地满足当前社会发展需求的同时,为整个社会的可持续发展提供保证。具体来讲,可持续发展的城市交通应是在促进交通系统建设与发展的同时,重视对城市生态环境的保护和资源(重点是不可再生资源)的优化利用;在重视交通系统建设的同时,重视交通设施利用效率的提高;交通系统在满足近期需求的同时,要符合城市社会经济生态环境复合系统可持续发展的整体要求[21]。

坚持城市交通系统的可持续发展,如何促进城市总体交通结构优化是其核心内容。城市总体交通结构、交通设施建设方案、交通流量、土地利用、环境质量、能源消耗等相互之间存在着密切的相关性,由于交通系统发展与环境承载力之间存在双向作用关系,城市交通结构的变化,会使交通污染排放因子和能耗特性相应发生变化。根据研究结果,各种交通方式污染与能耗情况[22]如表1.7所示,从环境污染和能源消耗的角度来说,汽车出行方式产生的人均污染和能耗都高于城市各种公共交通出行方式,因此应该合理引导小汽车交通的发展,同时大力推行公共交通,逐渐以公共交通运输模式来代替传统意义上的小汽车交通模式,促进我国城市交通系统的可持续发展。

表1.7 各种交通方式污染与能耗表

| 指标 | 步行 | 自行车 | 摩托车 | 小汽车 | 出租车 | 公交 | 电车 | 轻轨 | 地铁 |
| --- | --- | --- | --- | --- | --- | --- | --- | --- | --- |
| 能耗<br>(kJ/(人·km)) | 0.16 | 0.06 | 0.5 | 1 | 0.8 | 0.17 | 0.15 | 0.1 | 0.08 |
| 噪声污染<br>(以公交为基准) | — | — | 19 | 17 | 12 | 1 | 0.5 | 0.5 | — |
| 空气污染<br>(以公交为基准) | — | — | 20 | 18 | 13 | 1 | — | — | — |

## 1.4 本书主要内容

交通需求管理是一门实践性很强的学科,内容涉及规划学、管理学、工程学、经济学以及社会学等多个领域,学科交叉性强。本书内容丰富,对国内外研究现状、交通需求管理基本理论进行了梳理,并深入探究了差异化交通出行选择行为、停车收费与停车换乘、拥堵收费的相关内容,拓展和丰富了交通需求管理的研究内容,形成了较为完备的交通需求管理理论体系。

本书共8章,可分为以下四个部分:

第一部分:由第1章、第2章组成,阐述交通需求管理的基本概念和主要目标,从四个方面明确我国城市实施交通需求管理的必要性;介绍美国、新加坡、日本等国交通需求管理的经验,以及我国北京、上海、香港等地的交通需求管理策略,总结分析国内外经验教训,为我国城市未来实施交通需求管理策略提供借鉴。

第二部分:由第3章、第4章组成,重点介绍交通需求管理的基本理论,明确交通需求管理的影响因素,详细探讨了交通需求管理的经济原理;提出典型的交通需求管理措施,包括土地利用策略、优化城市交通结构策略和优化交通时空分布策略。

第三部分:由第5章、第6章和第7章组成,基于北京市调查数据,深入研究差异化交通出行选择行为、基于停车收费的轨道交通停车换乘行为、拥堵收费影响下的交通出行方式选择三方面内容,并针对研究结果提出了相应的交通需求管理对策。

第四部分:由第8章组成,总结本书的主要研究成果,并对进一步研究做出展望。

本书的主要内容结构如图1.6所示。

# 第 1 章 绪 论

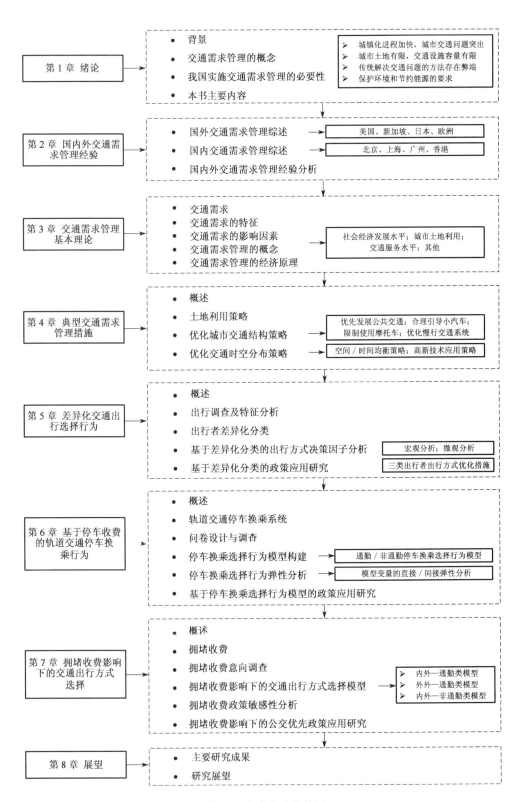

图 1.6 本书内容结构图

# 第2章 国内外交通需求管理经验

## 2.1 国外交通需求管理综述

交通需求管理起源于美国,目前,美国、新加坡、日本和欧洲各国围绕综合治理城市交通问题,开展了一系列交通需求管理的研究。尽管各地的交通需求管理策略不尽相同,但很多策略均对解决城市交通问题起到了积极作用。本节重点介绍国外交通需求管理的经验,为我国开展交通需求管理提供借鉴。

### 2.1.1 美国

美国国土面积962.9万 $km^2$,2013年人口约3.15亿,人口密度较低,城市化水平高,小汽车普及率高,是小汽车发展模式的典型。历史上美国开展交通研究和制定交通政策都以维护小汽车发展为前提,一直采用改扩建交通基础设施的方法缓解交通紧张。但随着社会经济的迅速发展,美国的交通工程师们逐渐意识到单纯"以供养需"的方法不能彻底解决交通拥堵问题,交通需求管理逐步成为美国交通工程研究的重点内容。

1998年,美国确立了《面向21世纪的运输平衡法案》(Transportation Equity Act for the 21st Century),明确规定用于公共交通的投入资金不能少于总投入资金的17.3%[23]。近年来,美国的交通需求管理已渗入到交通规划与管理的各个领域,通过诱导、控制和管理居民的交通出行方式,挖掘已有的道路和交通设施的潜力,提高交通容量,取得了一定成效[24,25]。具体实施的措施包括:

1)推行高承载率汽车(HOV)制度

HOV(High Occupancy Vehicle)即"高占有率的车",指载客数多的车辆;专供HOV车辆行驶的车道即为HOV车道[26]。美国规定,可以使用HOV车道的车辆包括:乘坐2人或以上的小客车或火车、公共汽车,以及出现紧急事件的车辆。HOV车道的设置有利于在有限的道路空间内运输更多的乘客,减少道路交通压力,减少环境污染,有利于环境和资源的可持续发展。

HOV第一条车道建于1976年加利福尼亚州,随后该措施逐渐推广到美国二十多个大城市,1991年通过的《路上综合交通效率化法案》(ISTEA)将HOV专用车道列为交通拥挤管理规划中的强制内容,并取得了显著成效。根据美国2005年的城市机动性报告[27],HOV专用车道对于缓解高峰期车辆延误十分有效。报告中分析了19个阻塞严重的交通走廊,HOV车道共承担了三分之一的客流走廊,其设置使出行时间指数下降20%,同时行车速度明显提高,出行时间更加稳定可靠。

2) 鼓励合乘

为了减轻道路拥堵,改进现有道路交通服务水平,美国政府积极鼓励出行者采用合乘方式。其中,合乘分为两种方式:轿车合乘和客车合乘[5]。

轿车合乘是指个人所属的小轿车乘坐两人以上的共乘出行。通常有三种组织方式:区域方案、企业和开发商方案、自由组织方案。

客车合乘是替代独自驾车的一种重要方式,它在舒适性、便利性和经济性上介于公交和轿车合乘之间。客车合乘者主要是上班族,通常有固定线路,人数为7~15人。客车合乘一般有三种组织方式:组织者(司机)拥有车辆、企业拥有车辆和第三方拥有车辆。

此外,美国对于合乘车提供优先停车的便利,在合适的地点专门为合乘车预留停车空间,提供免费或者低费用的停车服务,这样不仅有助于维持合乘,而且可以刺激新的合乘的形成。

3) 弹性工作制

弹性工作制是指在完成规定的工作任务或固定的工作时间长度的前提下,员工可以灵活地、自主地选择工作的具体时间安排,以代替统一的、固定的上下班时间的制度。弹性工作制通过调节员工上下班时间,达到合理调控高峰时期交通需求量的目的,是交通需求管理中一项重要措施。通常,弹性工作制度包括以下三个方案:

(1) 错峰上下班

错峰上下班策略由企业设定一个上班时间段,用于延长高峰时间,有助于缓解高峰时期交通流的过分集中,也有利于减少高峰期交通出行的行程时间。

(2) 压缩工作日

压缩工作日即减少每周工作日、增加每日工作时间,从而减少员工的出行次数。美国交通部官方网站上发布的《通勤者选择指南》[5]发现,在首都华盛顿,41%的企业选择采用紧缩工作时间制。位于华盛顿的松下寿电子工业公司1994年开始实施紧缩工作时间制,工人们可以选择从周一到周四每天工作10 h,或者从周五到周日每天工作12 h。这种制度每年为公司节约15%的成本,并将生产力提高10%,同时减少员工工作出行,有利于缓解交通拥堵。

(3) 弹性工作时间

弹性工作时间是指允许员工们在一个时间段内自己决定上下班的时间,员工在1~2 h范围内到达,8 h后离开。实施弹性工作时间策略,一方面可以缓解交通压力、缩短上班路上的时间,另一方面可以大大提高工作效率,方便已为人母的上班族更好地协调照看孩子的时间。

4) 电子通勤

电子通勤是指通过允许员工在家工作的方式来减少上下班交通出行量的一种方式。由于能够降低企业成本、减少企业和个人的交通开支、减少道路交通流量,电子通勤逐渐受到企业和社会的青睐。美国人口普查数据显示,1997—2010年,美国远程办公人口增加35%,现阶段1.43亿美国劳动人口中有1 340万人每周至少一天在家办公[5]。独立就业研究机构"远程研究网络"数据显示,2011年,美国2 000万~3 000万人每周至少一天在家办公,比2005年增加73%[28]。电子通勤方式对于减少出行需求、缓解交通拥堵具有重要意义,是一种很重要的交通需求管理策略。

5) 收费策略

主要包括停车收费和拥堵收费两部分内容,旨在通过经济杠杆作用,减少道路交通拥堵状况。

(1) 停车收费

停车收费是交通需求管理策略中广泛应用的一项措施,美国 Eugene 市将公共停车场的价格提高后(室外停车泊位价格由 6 美元提高到 16 美元,车库内泊位由 16 美元提高到 30 美元),停车需求量下降 35%,一半以上的居民转而乘坐地铁等公共交通方式;旧金山市对中心区商业停车征收 25% 的税收,每年财政收入近 5 000 万美元,并将收入的一部分用于发展公共交通,提高公共交通吸引力。

(2) 拥堵收费

为缓解高峰时段和高峰路段的交通拥堵情况,美国在经常发生拥堵的路段上设置收费车道,根据道路拥堵程度、行驶的时间和地点,对行驶车辆采取不同的收费标准。为减少因停车收费导致的交通堵塞,引入自动收费系统,无需停车便能完成收费手续。例如,连接洛杉矶郊外住宅区与市中心的加利福尼亚州 91 号线(以下简称"SR91 号线"),在早晨前往市中心方向、傍晚向郊外方向常发生拥堵。为缓解交通拥堵现象,加利福尼亚州交通部在原有 8 车道的基础上,将中央分隔带拆除建成为双向四车道收费车道,采取分节假日、分时间段、分方向收费的方式,分散高峰时段交通量。对于 3 人以上合乘车免费,通过增加平均乘车人员,达到削减通行交通量的目的。通过新设的收费道路,SR91 号线较原有道路行程时间缩短 20 min,交通拥堵现象得到明显改善[29]。

## 2.1.2 新加坡

新加坡是开展交通需求管理最早的国家之一,自 20 世纪 70 年代以来就取得了一系列成功的经验,有效地控制了机动化发展速度,推进以公共交通为主的发展模式。

新加坡是东南亚经济最为发达的国家,是世界金融、服务和航运中心之一。新加坡是个城市化的岛国,国土面积约 714 km²,2012 年人口达 531 万,是世界上人口密度最高的国家之一。新加坡特殊的地理条件决定了其不可能通过扩充城市面积来适应不断增长的交通需求,而必须充分发挥现有土地与交通资源的潜力,合理控制交通需求的增长。

据统计,2010 年,新加坡公路网络总长 3 377 km,其中高速公路总长 161 km;轨道交通中地铁长 129.9 km,轻轨长 28.8 km,共 158.7 km;公共交通线路达 350 条。2011 年,新加坡机动车拥有量为 956 704 辆,其中私家车拥有 520 614 辆。目前,新加坡是交通最为畅通的发达城市之一,高峰时期高速公路平均车速 62.3 km/h,城市 CBD 平均车速 28 km/h,在新加坡 60% 的居民出行依靠公共交通,而 85% 的公共交通能在高峰期 45 min 内完成出行[30]。新加坡取得这样显著的成果,主要归因于新加坡政府实施了谨慎、细致、有效、长远且可持续的交通需求管理政策及创新方案,这主要包括以下几个方面:

1) 一体化的交通政策

为确保既能满足不同社会群体的需求,又能保障交通系统在硬件设施、经济与环境方面的可持续性,新加坡着力于提倡发展公共交通和管理道路使用,形成一体化的交通政策。主要措施如表 2.1 所示[31]:

表 2.1 新加坡一体化交通政策的主要措施

| 改进方面 | 减少汽车使用量 | 增加公共交通使用量 |
|---|---|---|
| 关键措施 | 一体化的土地利用和交通规划<br>控制车辆保有量<br>税务和附加注册费<br>管理道路使用<br>征收燃油税 | 积极的金融和行业管理框架<br>扩展轨道交通<br>改善公共汽车服务<br>提倡公交优先<br>一体化的公交网络<br>一体化的票务系统<br>可承受的票价<br>方便的交通枢纽换乘设施<br>高科技交通信息<br>高质量的出租汽车 |

其中，一体化的土地利用和交通规划策略在新加坡交通需求管理体系中得到充分展现。1996年，新加坡陆路交通管理局(Land Transport Authority，LTA)向国会提交了一份交通政策白皮书。白皮书指出[32]，进一步将交通规划与城市发展结合起来，致力于居住区、工业区甚至于两者之间发展上的适当融合，并且在MRT站周边进行混合高密度土地开发，能够确保通勤者到达上班地点、家、休闲场所和其他社会活动节点之间的可达性最大，从而避免日益严重的城市拥堵问题，并促进公共交通的不断完善。

2) 车辆拥有许可证制度

新加坡国土狭小，空间的局促使得对于资源的利用倍感紧迫，为控制汽车增长率，新加坡自1997年起实施车辆拥有许可证制度，所有新买车辆都必须到政府购置拥车证，每年发放的拥车证视报废车辆多少而定。据统计，1997—2007年，由于车辆拥有许可证制度的严格实施，小汽车年增长率仅为2.66%[5]，成功控制住了新加坡机动化快速增长的步伐。

3) 区域许可证制度

1975年，新加坡引入区域许可证制度(Area Licensing Scheme，ALS)，规定在高峰时段内，除公交和紧急车辆外，其他车辆都需要购买并出示许可证才能进入5.59 km²的限制区范围，早高峰时间进入限制区需要每天提前交付3新加坡元。1984年2月、1986年11月先后两次扩大ALS的限制范围，1994年11月开始实施全日通行许可证计划，使得CBD区域交通量减少了9.3%。ALS实施的三十多年来，高峰时段市中心商业区交通流量从未超过实施前的交通量，效果十分显著。区域许可证制度不仅缓解了交通拥堵问题，还降低了能源消耗，有效缓解了中心商业区的空气污染问题。

4) 车辆限额系统

1968年，新加坡提出控制小汽车增长的一致性财税政策，包括车辆进口关税、注册费、额外注册费和公路税等。1990年5月1日，新加坡正式引入车辆限额系统(Vehicle Quota System，VQS)，车主在注册新车之前必须通过竞标获得车辆许可证，政府每个月根据当前道路交通状况以及永久性离开道路系统的车辆数来决定发放的许可证数量。车辆限额系统实质上是通过计划车辆注册指标来干预车辆购买行为，有效控制了小汽车总量的增长。

5) 电子道路收费系统

新加坡是世界上第一个在大范围内通过实施电子收费来缓解高峰时段交通拥挤的国家。1998年，电子道路收费系统(Electronic Road Pricing，ERP)正式投入使用，通过安装在车辆上的 IU 设备,在不同时段、不同拥堵程度下,对不同车种收取不同的费用。新加坡电子收费记录一天内即被消除,可以降低对公众隐私权的干涉。EPR 系统向用户收取的费用反映了由于收费车辆使用道路所增加的他人出行成本,这一成本根据道路交通状况动态变化,可通过网络实时查询。ERP 系统实施后,多次往返中央商业区的交通量显著降低,进入中央商业区的交通量降低了 10%~15%,中心城区道路交通拥堵现象得到很大改善(图 2.1)。

图 2.1　新加坡电子道路收费系统图

6) 改善公共交通系统

改善公共交通系统,提高公共交通服务水平,是新加坡政府制定陆路交通政策的基石。近年来,新加坡推行了一系列改善公共交通系统的措施,主要包括[33]:

➢ 通过交通信号灯和公交车道等优先方案改善公交出行时间;
➢ 改善与公交相关的设施衔接,包括行人与自行车出行环境、地铁与公交的换乘以及停车换乘设施(图 2.2);
➢ 引进多种多样的公共汽车服务;
➢ 优化公共汽车站布置,提供巴士到站信息;
➢ 鼓励运营商使用 GPS 来达到更高的运营效率;
➢ 保持低廉的、有吸引力的票价等。

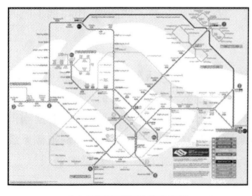 

(a) 新加坡远期地铁线路图　　　　　　　　(b) 新加坡公交图

图 2.2　新加坡公共交通系统图

## 2.1.3 日本

日本主要由岛屿组成,各种资源稀缺。国土面积约为37.78万 $km^2$,2011年人口1.28亿,人口密度339人/$km^2$,城市化程度高,全国45%的人口集中在东京、关西、名古屋三个都市圈。随着经济发展和城市化水平的不断提高,日本的汽车保有量迅速增加,日本政府逐渐认识到TDM思想在解决交通拥堵问题方面的重要性,在20世纪90年代开始实施交通需求管理策略。

日本制定交通需求管理策略的主要目标是:①控制交通总量,研究并制定可以减少出行产生数量的措施来控制交通出行总量,促进交通供需的平衡;②减少车辆交通量,采取部分正常与技术措施来改变交通方式的服务特性水平,尤其是公共交通的相关属性,有效地减少机动车使用量,从而实现对道路机动车数量的控制,降低道路交通拥挤和尾气排放;③均衡交通量,采用将交通发生的时间与空间分散化以避免拥堵的方法。日本交通需求管理的主要措施如表2.2所示[34,35]。

表2.2 日本交通需求管理的主要措施

| TDM目的 | TDM措施 | |
|---|---|---|
| 控制交通总量 | 活动的节制 | 弹性工作制(如压缩工作日) |
| | | 电子通勤 |
| | | 土地利用政策 |
| 减少车辆交通量 | 车辆的有效利用 | 高承载率汽车(HOV) |
| | | 联合布局系统 |
| | 方式转换 | 停车换乘枢纽 |
| | | 改善公共系统 |
| | | 改善行人和自行车系统 |
| 均衡交通量 | 时间的改变 | 灵活的工作计划、弹性工作制 |
| | | 货车运行时间限制 |
| | | 无小汽车日 |
| | 变更路线/目的地 | 行人/自行车、公交优先区域 |
| | | 货车路径的设计 |
| | | 停车管理 |

为了实施交通需求管理,日本在东京、札幌、长冈等城市进行了一系列尝试,并取得了良好的效果。下面简要介绍几个日本典型的交通需求管理策略:

1) 东京——尾气排放管理政策

1986年,东京为达到$NO_2$的环境标准,颁布了《汽车排放尾气抑制指导纲要》,实施了"削减汽车排放尾气特别方法"。政府根据年度环境指标,制定本年度的$NO_2$的排放量,并具体落实到公司及个人,由公司及个人自主制定减少尾气排放的计划书[36]。根据试行结果与实际结果,达到或超额完成的给予财政和税收上的鼓励,对没完成的给予处罚。该办法颁布后,93.8%的运输从业者提出了自己的计划书,尾气排放量削减了11.9%,既达到了改善环境的目的,又减少了政府因监督计划实施所消耗的人力财力。

2) 札幌——城市交通对策执行委员会

20世纪70年代,针对出行结构中公交出行比例下降、小汽车比例上升,道路拥堵等现象,札幌市提出"抑制小汽车出行,促进公共交通,禁止违章停车,创建有魅力城市"的口号[15]。组织成立"城市交通对策执行委员会",由商业、运输、企业、警察等27个社会团体构成,统筹管理城市交通。委员会由政府和民间共同筹资,提出了工序统筹管理的有效计划与措施,例如引入公交车辆优先系统、增设和扩充公交专用道和试运行交通一卡通政策等。

3) 长冈——购物巴士券

20世纪50年代后,长冈市开始出现"逆城市化"现象。人们居住在环境优美的郊区,每天开车前往市区工作;后期大量的就业岗位在郊区设立,形成多个新的市郊中心,交通拥挤也蔓延到郊区,中心区商业逐渐衰退,形成中心空洞。在逆城市化背景下,长冈市为缓解交通阻塞、推进城市中心区的商业繁荣,于1989年开始推行"购物巴士券"政策。居民乘坐巴士可在巴士上取得若干商店购物券,持有购物券的乘客可在购物巴士券加盟的商店兑换商品,并且购物达2 000日元以上可免费获赠1张或若干购物巴士券,凭券可以免费乘坐回程巴士。

4) 巴士协会——巴士运行管理系统(ITS实证实验系统)

由于道路拥堵引发巴士服务质量下降,乘客远离巴士,私家车的使用增多更加激化了矛盾,从而陷入一个恶性循环。1996年,日本巴士协会引入巴士运行管理系统(ITS实证实验系统),通过网络向住宅、公共场所、商场及时提供全面的公共交通运行信息及换乘信息,方便用户使用巴士出行。巴士运行管理系统可提供以下信息:路线运行情况、重要停靠站巴士预计到达时间的动态信息、主要停靠站的时间、福利巴士运行状况、普通巴士运营时刻表和周边导游图等(图2.3)。据统计,巴士运行管理系统投入使用后,86.9%的出行者赞同该系统的运行,公交乘坐率提高了25%,目前该系统已经在全日本得到推广。

(a) 日本东京电子站牌    (b) 日本京都电子站牌

图2.3 日本公共交通系统图

## 2.1.4 欧洲

欧洲是现代化工业发展的先驱,拥有英国、法国、德国、意大利等发达经济体,缔造了伦敦、巴黎、柏林等世界级的城市。欧洲人口相对稠密,城市化程度高,整个欧洲64%是城市人口。20世纪90年代开始,交通需求管理得到欧洲许多国家的重视,移动性管理(Mobility Management)措施在欧洲国家开始实施。移动性管理措施认为,交通的最终目的是为了提供人们出行的移动性、便利性,是一种旨在通过部分团体或个人的行为而减少道路交通量的战略。其最大特点是抑制小汽车出行,大力发展公共交通和慢行交通。

欧洲的移动性管理主要包括两个方面:一是采取惩罚性措施阻止和减少小汽车交通量,如停车管理措施、道路定价措施等;二是采用正面的鼓励措施,如改进公共运输系统、通过"移动性中心"提供个性化出行服务,以及使公司和通勤者都受益的"绿色通勤计划"等。

移动性管理的主要活动包括:为出行者和货运公司提供有效信息,引导交通出行方式,鼓励土地与交通整体规划利用等,意在改善交通出行环境,解决城市交通问题。欧洲就此开展了一项名为"SMILE"的项目,以发现和解决城市交通带来的问题,包括政府部门和环节的整合、城市规划、停车管理、货运协作和交通引导等,项目在100多个欧洲城市实施,取得了明显的成效。

1) 英国伦敦——拥挤收费政策

伦敦是英国的首都,世界级大都市之一。2008年,大伦敦区人口达760万。自20世纪60年代以来,伦敦交通运行效率逐年下降:1968年,伦敦市中心早高峰车速为14.2 mile/h(1 mile/h=1.609 3 km/h);1975年下降到12.7 mile/h;1998年在伦敦市大部分城区,50%以上行驶时间的车速低于10 mile/h;2002年,伦敦市中心城区全天平均时速仅为8.6 mile/h,在夜晚和不塞车的非拥挤时段,平均时速为23 mile/h,即在拥挤时段,单位里程行车时间比平峰时段多耗费3.7 min[37]。由于伦敦城区道路的承载力有限,交通拥挤现象不断加剧,伦敦政府从2003年2月开始采取区域交通拥挤收费措施,并取得了显著成效。

(1) 收费区域

实施收费的区域为由尤斯顿路、潘敦维尔路、塔桥、象堡、伏克斯豪尔桥及梅丽勒伯恩路连接的环路以内,面积22 km²,有8个区全部或部分位于收费管制区域内。在内环路上行驶不收费,只有在以内环路为边界限制的区域内才收费(图2.4)。

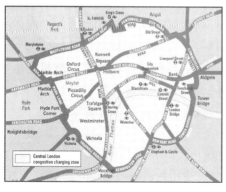 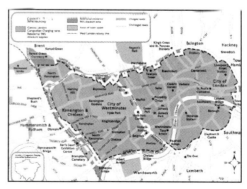

(a) 伦敦开始时拥挤收费区域图　　(b) 伦敦扩展后拥挤收费区域图

图 2.4　伦敦拥挤收费区域图

2004年8月,伦敦市道路拥挤收费区域扩展一倍,延伸至伦敦西区,覆盖肯辛顿以及切尔西两个著名富人居住区。

(2) 收费对象

征收对象为普通轿车,只有进入内环内的车辆才收费。对于急救车、残障车、某些NHS车、公交车和班车、伦敦批准营业的出租车、某些区间车以及某些"对环境友好"的车辆等不收费,如消防车、救护车、出租车、电动滑板车和使用环保燃料的小汽车都不在收费之列。

(3) 收费时间和收费方式

在工作日(星期一至星期五),对于7:00～18:30驶入规定区域的车辆收取通行费,周末和公共假期除外。全天共收取一次费用,驾驶员可在同一天内以任何次数进入或离开该地区。采用统一的收费标准,最初实行时为5英镑,现为每天8英镑。根据机动车的登记号码可以按每天、每周、月度、年度来缴纳费用,当天交付需在当天晚上10点前完成,否则将会追加一定的罚款。驾驶人道路拥挤收费的缴纳方式很多,可使用信用卡或借记卡进行网上支付、拨打伦敦交通呼叫中心24小时服务电话、通过标有拥挤收费标志的收费点和邮局缴费等(见图2.5)。

(a) 伦敦拥堵收费道路图

(b) 伦敦拥堵收费标志图

图2.5 伦敦拥堵收费图

(4) 收费实施效果

① 收费区域交通流量

根据伦敦交通管理局的数据[38],2003年伦敦中心区收费时间、收费区域内年均工作日交通总流量为$1.45\times10^6$ veh-km,约比2002年的$1.64\times10^6$ veh-km同比减少了12%;2004年为$1.38\times10^6$ veh-km,约比2002年减少了13.41%;之后逐年减少,2008年减少至$1.23\times10^6$ veh-km,较2002年减少25%;西部拓展区在收费前,年均工作日交通总流量为$1.51\times10^6$ veh-km,收费策略实施后,周转量持续减少,到2009年已减少到$1.25\times10^6$ veh-km,较收费前减少17.21%。由此表明,拥挤收费策略有效减少了区域内车辆周转量。

② 出行结构

据统计[18],拥堵收费实施后,进入或穿越收费区域的机动车出行总量降低约60 000次/日,其中20%～30%的出行是由于乘客避开收费区域绕行或减少出行次数而达到的,50%～60%的份额是由于乘客转乘巴士、地铁和轻轨等公共交通方式而减少的,另15%～25%是通过小汽车合乘、摩托车或自行车出行等方式实现的,进入收费区域小汽车承载率提高了约10%。

这表明进出中心区的出行结构明显改善,交通工具的利用效率也得到显著提高。

出行结构方面,小汽车出行分担率逐年降低,已由 2002 年的 9.83% 下降到 2008 年的 6.14%,而公共交通分担率逐年增加,具体如表 2.3 所示[38]。

表 2.3 收费区域早高峰交通方式构成

| 年份 | 国铁 | 国铁换乘地铁/轻轨 | 地铁/轻轨 | 公交 | 班车 | 小汽车 | 出租车 | 摩托车 | 自行车 | 合计 |
| --- | --- | --- | --- | --- | --- | --- | --- | --- | --- | --- |
| 2002 | 22.94% | 19.29% | 35.58% | 8.24% | 0.94% | 9.83% | 0.66% | 1.40% | 1.12% | 100% |
| 2003 | 25.75% | 18.56% | 32.85% | 10.11% | 0.97% | 8.36% | 0.68% | 1.55% | 1.17% | 100% |
| 2004 | 24.54% | 18.79% | 32.90% | 11.12% | 0.86% | 8.25% | 0.67% | 1.53% | 1.34% | 100% |
| 2005 | 25.05% | 18.90% | 32.51% | 10.87% | 0.85% | 7.94% | 0.76% | 1.51% | 1.61% | 100% |
| 2006 | 24.52% | 19.19% | 34.30% | 10.50% | 0.72% | 7.06% | 0.72% | 1.36% | 1.63% | 100% |
| 2007 | 23.65% | 20.11% | 35.16% | 10.01% | 0.80% | 6.64% | 0.62% | 1.33% | 1.68% | 100% |
| 2008 | 23.51% | 19.91% | 35.53% | 10.00% | 0.96% | 6.14% | 0.61% | 1.32% | 2.02% | 100% |

③ 经济效益

据统计[39],2007 年拥挤收费方案成本为 1.31 亿英镑,包括管理成本、运营成本以及其他支出。拥挤收费效益更大,包括日常车辆缴费、强制执行收入等共计 2.68 亿英镑,2007 年交通拥挤收费方案的实施对伦敦经济的净贡献值为 1.37 亿英镑,其中 1.12 亿英镑用于公共交通建设如公交设施、公交站、公交候车、公交站照明电子公交信息项目等,其他分别用于大伦敦行政区的交通改善、道路和桥梁建设、道路安全、环境改善以及步行和自行车系统等。

2)法国巴黎——完善的公共交通

巴黎位于法国北部,是法国的政治、经济、文化、商业中心,是全球仅次于纽约、伦敦和东京的第四大国际大都市。面积 105 km²,2009 年人口达 220.16 万人,是世界上人口密度最大的城市之一。随着城市人口的迅速增加,为缓解交通拥堵问题、提高城市生活品味,巴黎采取了多层次多方位发展公共交通的措施,有效地调节和利用现有空间,充分体现了人性化的交通管理。

巴黎市地铁和巴士网络遍布全区,早在 20 世纪 50 年代,巴黎就基本建成了市区的地铁交通网络,80 年代末区域铁路交通网基本形成;同时注重换乘枢纽规划与土地开发相结合,制定交通与土地使用战略规划,在郊区发展卫星城;坚持公交优先,改善公共交通服务,为民众提供便捷、快速的公交服务。巴黎市的公共交通系统主要由以下几个方面构成[40]:

(1)地铁系统(METRO)

巴黎地铁线路全部由巴黎运输公司(RATP)运营,共计 15 条地铁线路,总长 200 km,车站 380 个,87 个交会站,形成了四通八达的地下交通网络,见图 2.6(a)。线路纵横交错遍布整个市区和近郊区。每天的客流量超过 600 万人次,被称为全世界最密集、最方便的城市轨道交通系统之一。

(2)市域快速轨道交通线(RER)

市域快速轨道交通线(RER)由巴黎运输公司和法国国营铁路公司共同经营管理,是贯穿巴黎市区并延伸到郊区的大运量铁路公交线,它与市郊铁路线共同运送上下班乘客,以缓解巴黎市区地面交通和地铁运输的压力。目前,巴黎共有 5 条 RER 线,为 A～E 线,共计 257 个站点,网络总里程达 587 km。其特点是行车速度比地铁高,站间距比较大,郊区线路在地面,市区在地下。

(3) 公共汽车系统(BUS)

共 248 条汽车线路,运营长度 2 705 km,市区有 4 500 辆公共汽车,郊区有 1 000 多辆公共汽车,构成多点放射性线网,站距约 300 m。巴黎地区现行公共汽车交通系统的主要特点是:以巴黎为基本轴心,对外辐射周边,另含一条近郊环线,一条远郊环线。其他辐射覆盖并交叉的交通线路,遍及 110 个城镇。巴黎公交线路交通管理控制中心,会将公交各类信息传到车站的信息板上,为乘客们提供及时的信息服务。

(4) 出租汽车

在市区主要道路均设有专门的出租车等候站,市民必须在等候站候车。出租车没有统一的颜色和类型,但必须于车顶放置"巴黎人出租"的标记。

(5) 自行车出租系统

2007 年,巴黎政府启动了自行车自助出租服务系统,至年底陆续建立了 1 451 个自行车租用站,共 2.06 万辆自行车投入使用,系统全天候运营,限时免费租用,见图 2.6(b)。自行车出租系统为城市居民出行增添一种选择,有利于改善交通环境,有利于环保出行。

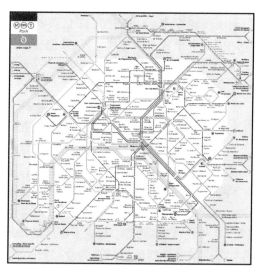   

(a) 巴黎地铁线路图　　　　　　　　　　(b) 巴黎自行车出租系统图

图 2.6　巴黎公共交通系统图

3) 德国柏林——促进非机动化发展

柏林位于德国东北部,是德国首都,面积 883 km$^2$,总人口 340 万人。德国的交通需求管理主要围绕减少对环境和健康的负面影响,减少交通拥挤和促进公交、非机动车交通发展三个目标展开。柏林在 2003 年提出了 Mobile 2010 计划,在满足未来居民出行的同时,构建可持续发展的交通体系。

柏林采取了一系列促进非机动化交通发展的措施,如:高密度的自行车道、设置专用保护信号、单行道上允许自行车双向行驶、自行车交通安全设施等。此外,柏林70%的道路上,机动车被限速30 km/h,为非机动车出行者提供安全行车环境;柏林的火车一般设有自行车车厢,自行车可自由上下,从而为自行车出行提供便利。目前,柏林拥有800 km长的自行车网络,计划在未来增加10%~20%的自行车出行[30](图2.7)。

(a) 柏林自行车道图

(b) 柏林自行车标示图

图2.7 德国柏林自行车系统图

## 2.2 国内交通需求管理综述

随着我国经济社会的迅速发展,城市机动化水平的不断提高,很多大城市出现了交通拥堵的现象。借鉴国外经验,结合我国国情,许多城市提出了交通需求管理策略,大致可分为长期和短期两类措施。短期交通需求管理策略主要用于大型赛事和会展活动期间,如北京奥运会、广州亚运会、上海世博会期间的交通需求管理;长期交通需求管理策略坚持城市规划与交通整治相结合,综合治理,完善城市交通体系。下文介绍我国几个典型城市的交通需求管理策略。

### 2.2.1 北京

1) 北京奥运会 TDM 策略

北京是有着2 069万人的国际特大型城市,交通需求量大,道路交通压力重,如何在奥运会期间提供高质量的交通服务,成为奥运会筹备工作中的重要课题。依据《奥运申办报告》,奥运交通服务的总体目标是:"保证奥林匹克大家庭成员、媒体、贵宾享用舒适、安全、准点、可靠、快速的专用车辆和专用交通线路,保证观众及时、安全、顺利观赛;提倡和鼓励使用公共交通,最大限度减少奥运会对社会日常生活秩序的影响;交通设施和服务项目照顾残疾人的特殊需要;公共汽车、出租汽车和奥运会专用车辆均使用清洁燃料。"

奥运会期间,北京采取的 TDM 方案主要包括以下几个方面[41]:

(1) 完善奥运交通基础设施建设

奥运交通基础设施主要从轨道交通、道路设施以及场馆临时交通设施三个方面展开筹备:

➢ 新开通城铁 13 号线、八通线、5 号线、10 号线、奥运支线和机场线,地铁运营达到 8 条,运营里程从申奥时的 42 km 增加至 200 km,见图 2.8(a);

➢ 高速公路新开通五环路、京承高速(北京至密云段)、机场南线等,通车里程从 335 km 增加到 804 km;并且围绕奥运场馆进行道路新建、道路整修、道路出入口改造、人行天桥和人行地道、盲道和无障碍坡道改造和建设工程等,见图 2.8(b);

➢ 规划并建设奥运大家庭成员用车停车场站、公交停车场等一批临时交通场站;

➢ 规划建设了一批公交港湾、出租车停靠站及自行车停车区等,为观众乘坐公交提供设施上的便利条件,鼓励公众采用公共交通出行观赛。

(2) 提供奥运交通运输服务

为提供良好的奥运交通运输服务,满足奥运大家庭、观众及市民出行需求,主要工作内容包括:

① 公交线网调整优化

新建 4 个交通枢纽,即西直门、东直门、一亩园公交枢纽及西客站客运枢纽;建设南中轴 BRT 线路、安立路 BRT 线路;调整优化地面公交线路,编制奥运公交线网规划,赛时围绕奥运场馆开设奥运公交专线。

② 服务车辆筹备

提供符合奥组委要求的运输服务车辆,为奥运会不同群体提供不同等级的交通服务。

③ 交通服务人员培训

提供高素质公共交通运输服务人员,为奥林匹克大家庭成员和国内外游客、观众提供优质的交通服务,充分体现"人文奥运"精神。

④ 残奥会交通服务

一是在城市交通基础设施上,增设和完善无障碍设施,如在道路系统中增加残疾人专用过街设施,铺设盲道、轮椅用道等;二是为残奥会筹备提供专用特殊车辆和无障碍公共交通车辆;三是结合残疾人的需求培训交通服务人员,将服务工作要求落实到每一个细节上,确保为残奥会也提供高水平的交通服务。

(3) 奥运交通管理

① 布设奥运车道

奥运专用道是为奥运大家庭服务的专用道路,北京奥运会共施划 280 km 的奥运专用道,为交通服务提供有力保障。

② 完善交通指路标志

奥运会交通指路标志分为:场馆外道路交通指路标志——用于引导车辆顺利抵达各场馆;场馆内交通指路标志——用于告知车辆停放到对应的停车场和引导观众出入场馆;公共信息标志——用于指示场馆院内公共设施位置和方向,为观众提供信息服务。奥运交通指路标志需按照具体的标准和需求进行设计、制作及设置。

③ 建立交通管理指挥中心

交通管理指挥中心为全面掌握奥运期间交通管理的运行状况、按具体情况调整交通管理方案与措施、进行车辆调度指挥等工作而建立。指挥中心可以更好地协调配合全市交通运行,提高交通管理的工作效率,指挥并调度交通管理工作人员,为奥运交通提供更好的运行环境。

（4）相关政策措施

① 需求管理措施：如提高环保标准，限制高排放车出行；机动车按车牌号分类管理；提高外地进京车辆审批标准；推进智能交通；鼓励带薪休假、外出旅游；提供交通出行手册，进行媒体、网络宣传等；

② 免费公交政策：持票观众及奥运大家庭免费乘坐公交；

③ 其他交通政策法规：奥运期间车辆和驾照管理、事故处理和预防、奥运交通应急处理等相关政策法规的研究与制定。

通过上述交通需求管理策略，奥运期间的交通得到有效保障。据统计，通过机动车限行、错时上下班、货运车辆绕行，道路交通流量减少了23%，路网平均车速提高了24.1%，对北京奥运会的成功举办起到了重要作用。

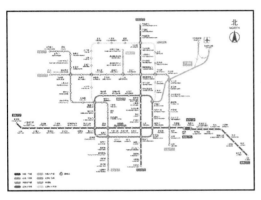

(a) 北京奥运地铁线网图　　　　　　(b) 北京奥运专用道图

图 2.8　北京奥运会交通需求管理图

2) 北京市治堵策略

2010年12月23日，北京市政府公布了《关于进一步推进首都交通科学发展加大力度缓解交通拥堵工作的意见》，从"建、管、限"三个方面提出了缓解交通拥堵的综合措施，并提出对小客车实施数量调控和配额管理制度[42]。方案共提出28条改善措施，很多措施是从交通需求管理的角度提出：

（1）规划落实公交站、公交停车场等交通设施用地，以充分发挥交通引导和服务作用；

（2）将大型建设项目交通影响评价纳入审批环节，与环境影响评价具有同等作用；

（3）完善中心城区道路微循环系统，加大优先发展城市公共交通力度，突出完善公交网络化建设，改善自行车、步行交通系统和停车换乘条件；

（4）以差别化收费政策以及拥堵路段或区域交通拥堵收费来管理机动车需求；

（5）注重高新技术应用，发展新一代智能交通管理系统。

北京2010年治堵策略的执行将对治理北京交通拥堵产生一定的积极影响，并且对于全国其他城市治理交通拥堵具有风向标意义，其实施效果还需要经过长时间的实践考验与评估。

3) 北京市机动车拥有控制策略

2010年底，北京机动车保有量达480万辆，机动车保有量的高速增长引发了交通拥堵、环境污染等一系列问题，给北京市可持续发展带来了巨大挑战。2011年，北京市相关部门提出私家车拥有限制的政策。

2011年北京市政府对北京新增小客车的数量限定为24万辆,即平均每月2万辆,指标额度中个人占88%,营运小客车占2%,单位占10%。符合购买条件的购车者需要网上登记、审查,最终获得一个有效的申请编码,每月8日为申请指标截止日期。所有有效编码会被统一放入摇号计算机,并于每月26号进行公开摇号产生一定数量的指标。取得指标的购车者在6个月内需要办理完成机动车登记手续,否则重新申请,未取得指标的购车者信息自动进入下个月的摇号系统。具体流程详见图2.9。

北京摇号购车控制机动车拥有量的政策一经出台就受到社会各方的质疑,该措施能否起到有效减少私家车交通的作用,还有待实践的验证。

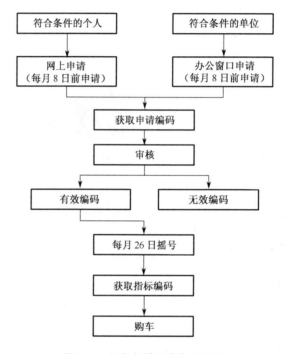

图2.9 北京市摇号购车流程图

### 2.2.2 上海

1) 上海世博会TDM策略

2010年,主题为"城市,让生活更美好"的世界博览会在上海举行。活动为期184天,参展和游览人员达7 000多万人次。本次世博会中,交通需求管理扮演了重要角色,主要从用地规划、综合交通规划、交通监控与管理三个层次展开[43]。

(1) 用地规划阶段

主要从园区选址、园区内部场馆的结构和功能定位来优化土地利用模式,合理地分散吸引源,提高道路使用效率和经济效率。

(2) 综合交通规划阶段

综合考虑世博会期间的路网结构、枢纽、场站、港口布局,以及园区周边主要对外干线的规划,合理引导交通,提高交通效率。主要包括以下TDM对策:

- ➢ 规划以轨道交通为核心的公交运输体系,见图 2.10(a);
- ➢ 完善浦东路网结构,优化交通流配置;
- ➢ 规划换乘枢纽,实现市外交通到园区以及市域小汽车、轨道交通、公交、水运之间的便捷换乘;
- ➢ 合理设置园区出入口;
- ➢ 增开水上旅游航线和水上交通系统(水上 BUS),见图 2.10(b);
- ➢ 合理选择港口位置,与公交系统衔接,方便换乘;
- ➢ 在客流集中地带规划世博会专用 BUS;
- ➢ 规划世博会专用通道,允许公交、专用 BUS 和外地来沪旅游客车行驶,禁止小汽车通行;
- ➢ 客、货运分离;
- ➢ 园区内部规划公交系统,提供出租或免费服务;
- ➢ 园区附近合理规划步行和自行车系统。

(3) 交通监控与管理阶段

- ➢ 鼓励和吸引公交出行的系列措施,如持票观众免费乘坐公交和地铁、延长公交晚间服务时间等;
- ➢ 根据居民出行高峰时间安排世博会入场时间,均衡客流分布;
- ➢ 鼓励上海市民选择双休日参观世博会;
- ➢ 削峰填谷,调整客流在 184 天的分布;
- ➢ 园区停车位提前发售、严格控制园区周围的停车;
- ➢ 设置控制区,实行区域许可证制度;
- ➢ 门票提前和限量发售,门票与入口的对应发售;
- ➢ 完善交通标志、提供路线引导;
- ➢ 针对入场和离场高峰,灵活调整出入口。

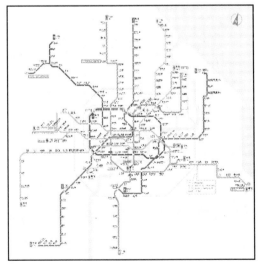

(a) 上海世博会地铁线网图

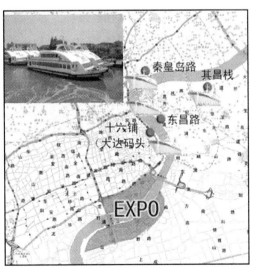

(b) 上海世博会水上 BUS 图

图 2.10 上海世博会交通需求管理图

2) 上海市机动车保有量调控政策

(1) 对小汽车采取额度控制政策

20 世纪 90 年代以来,上海市经济和社会发展水平持续快速增长,城市交通逐渐发生拥挤,上海市率先提出控制私家车发展的政策导向。1998 年 6 月,上海市开始采用私家车牌照无底价竞拍方式,每期 1 500~2 000 辆,竞拍价位 8 000~15 000 元。

目前,上海市的牌照拍卖按照《上海市私人、私企客车额度投标拍卖须知》进行,采取网上投标拍卖和电话投标拍卖两种方式,遵循价格优先、时间优先的原则。竞买人竞投的最终出价金额由高到低依次成交,最终出价金额相同的按投标拍卖服务器写入的时间先者成交。公告规定的投标拍卖时间截止后,在公证机关监督下由计算机按投标拍卖成交原则评判,当场公布投标拍卖成交结果和买受人名单及投标号。

通过牌照拍卖,上海市小汽车总量的增长速度得到一定的控制,年增长率仅为 5%~10%,小汽车额度控制政策对于优化城市交通结构、缓解交通拥堵起到了积极作用。

(2) 对摩托车采取逐步退出控制政策

2002 年,上海市发布《上海市城市交通白皮书》[44],白皮书明确提出"逐步减少摩托车,并加强对摩托车的管理"的要求。上海市制定并实施了限制摩托车拥有量发展的政策,对不同区域的摩托车上牌和车辆更新政策进行了规定。

在车辆登记管理上,上海市将摩托车分为两轮摩托车(排量 50 CC 以上)和轻便摩托车(排量 50 CC 以下)。两轮摩托车主要以沪 A、沪 B 车牌为主,主要在中心城区使用;轻便摩托车以沪 C、沪 D 和沪 E 车牌为主,主要在郊区使用。为控制摩托车的发展,除特殊行业外,目前不再发放沪 A 和沪 B 摩托车牌照,原有沪 A 和沪 B 牌照的两轮摩托车注销后不再更新,持有沪 A 和沪 B 摩托车牌照的单位和个人可以转换为小汽车牌照。沪 C、沪 D 和沪 E 仍可上牌,但 2010 年 3 月上牌暂停。

(3) 对出租车采取总量控制政策

《上海市城市交通白皮书》[44]提出"合理控制出租车总量,加强运营车辆许可证管理,适度发展租赁车和郊区区域性出租车"的要求。"十一五"期间,出租车年均增长量控制在 500 辆左右。

(4) 对地面公交采取鼓励政策

《上海市城市交通白皮书》[44]提出"加大车辆更新力度和清洁能源的使用,启用大容量、低底盘、大功率的公共汽(电)车"的要求。"十一五"期间,每年更新的车辆规模在 2 000~3 500 辆。

(5) 对货运机动车采取发放通行证政策

货运机动车白天进入市区的通行证是根据条、块结合的方式,以每个单位货运机动车拥有量的 5%发放,由集团公司、组织协会统一申报、调配使用。

3) 上海市机动车使用管理政策

上海市先后制定了一系列限制性的交通工具使用管理政策,包括限外、禁摩、禁货、环保限行等政策。

(1) 高峰期高架系统外牌车辆限行政策

2003 年起,上海市开始实施对外牌车辆早晚高峰期快速路限行的政策,实施时间为周一至周五的 7:30~9:30 和 16:30~18:30。最初采用交警在主要匝道口现场执法管理的方式,现逐步推行牌照识别技术,对高峰期间的高架车辆进行牌照识别,增强执法力度和效率。

(2) 禁摩政策

上海市近年来不断扩大禁止摩托车的行驶范围,目前沪A和沪B牌照摩托车禁止在中心区主要干道以及重点火车站周边道路上行驶;沪C牌照两轮摩托车禁止在中心城主要区县和浦东部分地区行驶;沪C、沪D和沪E轻便摩托车禁止在中心区浦西地区行驶。

(3) 禁货政策

外环线以内的货车持证入内,晚上8点前禁止货车驶入外环线中心城,白天入城需要公安局核发的通行证。

(4) 高污染车辆限行政策

2006年2月起,上海市实施限制无环保标志机动车通行的政策,对于达不到国家第一阶段机动车排放标准的在用本地及外地车辆实施内环以内区域限行;

2009年8月,市政府发布《上海市政府关于对高污染车辆实施扩大限制通行范围的通告》,决定从2009年8月1日起全天在中环路范围内对高污染车辆实施限行措施;

2009年11月,上海市对所有轻型汽油车以及公交、环卫、邮政车辆,提前实施"国四"标准;

2010年8月,上海市对重型汽油车开始实施"国三"排放标准;

2013年,针对机动车排放尾气中PM2.5比重高的问题,上海市提出"沪五"汽油标准,12月1日起上海市所有加油站所供应油品将全面调整为符合"沪五"标准的油品。

4) 其他政策

除上述政策外,上海市还提出了停车差别化收费、倡导绿色出行、构建交通信息化系统等一系列交通需求管理措施,保障城市交通的健康发展。

(1) 停车差别化收费政策

为了加强对上海市经营性停车场(库)的管理,规范服务收费行为,上海市政府早在1995年颁布了《上海市收费停车场(库)计费规定》,规定将全市的经营性停车场(库)按所在地分为6级,每个等级的停车场(库)又按照其设施、设备状况分为6等。2005年3月1日,实施生效《上海试点区域道路停车场和路外公共停车场(库)收费标准和计算方法》,在中心城核心区域的20 km²,对经营性停车场(库)实行收费标准的限价。

2006年,上海市发布《关于全面规范和加强机动车停车管理的实施意见》,上海市在内环线110 km²以内全面实施规范和加强机动车停车管理,随后将逐步向内环以外区域推行,并按重点区域、内环线以内其他区域、内外环线间(含外环线外的城镇)实施差别化管理。道路停车收费设下限,白天按时,晚上按次,居民夜间停车可包月,白天重点区域第一小时达15元。公共停车收费设上限,最高不超过10元,允许并鼓励经营企业降低收费标准。推广咪表停车,按照15 min累计计费。

(2) 倡导绿色出行政策

一方面,推行公交优先政策。建设公交专用道,实现路权优先;给予公交运行补贴,提高公交服务质量;公交票价调整优化,推行换乘优惠等。

另一方面,推广公共自行车政策。在上海市闵行区、张江功能区、宝山区、崇明区等区域,建立公共自行车免费租赁服务,网点多以轨道交通站点为中心,向周边3 km范围内进行规划建设,网点可覆盖轨道站点、公交枢纽、政府机关、医院、商厦、居民小区等(图2.11)。

(a) 上海市公共交通图　　　　　　　　(b) 上海市公共自行车

图 2.11　上海倡导绿色出行政策

## 2.2.3　广州

广州是广东省省会,是华南地区经济、金融、贸易、文化、科技、教育中心及交通枢纽。广州市面积 7 434 km², 2012 年人口 1 275 万。表 2.4 展示了广州市 2000—2010 年间城市规模及交通发展情况。

表 2.4　广州市 2000—2010 年间城市规模及交通发展情况表

| 年份 | 2000 年 | 2005 年 | 2007 年 | 2010 年 |
| --- | --- | --- | --- | --- |
| 市区面积(km²) | 1 443.6 | 3 725.7 | 3 725.7 | 3 725.7 |
| 中心城区面积(km²) | 152.3 | 152.3 | 527.9 | 527.9 |
| 道路长度(km) | 2 053 | 5 107 | 5 335 | 5 619 |
| 轨道交通里程(km) | 18.5 | 54.12 | 116 | 236 |
| 机动车保有量(万辆) | 134 | 177 | 182 | 215 |
| 摩托车数量(万辆) | 95 | 101 | 77 | 54 |

为缓解交通拥堵,广州市先后采取了一系列交通管理措施[45]:

1) 优先发展公共交通

一方面,广州市先后设置 15 条公交专用道,保证公交优先通行权;另一方面,给予票务优惠,同一张羊城通卡在一个月内在地铁或公交刷第 16 次卡开始,即享受票价 6 折优惠,并且注重对公共交通进行整体性、连续性的总体规划,加强规划、设计、管理上对公交线路间衔接换乘的考虑,优先发展公共交通。据统计,1998 年至 2005 年间,广州市公共交通行程速度显著提高,居民乘坐公交车的平均出行时间由 56 分钟降为 38 分钟,公交方式出行比例高达 38.08%,以公交为主导的城市交通模式逐渐形成。

2) 城市中心区禁摩

从 2007 年开始,广州市中心城区全面实施禁摩令,规定除执行任务的军警用摩托车外,广州禁止摩托车在市区范围内行驶,广州市登记在案的 26 万辆摩托车必须在 2007 年 1 月 1 日前办理报废或迁移手续。广州市禁摩区域为:北至北环高速公路、增槎路、西槎路、石潭路、黄石西路、黄石东路、白云大道、同嘉路、同宝路、沙太路、中成路、中元路、天源路、广汕路、罗南大道、广深高速公路以及小谷围岛；西至白云区、原芳村区与佛山市交界处；南至海珠区、黄埔区与番禺区交界处；东至黄埔区与增城市交界处。

禁摩令对广州市交通产生了显著影响，在短期内引发了其他交通方式需求量的激增，但从长远看来，对于优化居民出行方式、提高车流速度、保障交通安全等具有重要意义。

3) 货车限行政策

广州市分别在2002年4月、2006年9月、2007年9月、2008年10月和2010年10月出台了限制货车进城的范围和时段，每次新出台的规定都扩大了范围和时段；限行措施分载重等级、地域范围、通行时段，并对各类进城货车进行了限制，具有较强的针对性和灵活性。

自2010年10月1日零时起，在广州市规定范围内，每天7时至9时及17时至20时禁止一切货车进入通行；每天7时至22时，禁止广州市籍号牌核定载重量5吨以上（含5 t）、外市籍号牌核定载重量0.6 t以上（含0.6 t）的货车通行。内环路及其放射线全天24 h禁止核定载重量1.5 t以上（含1.5 t）的货车通行。

4) 完善停车管理

一方面，加强城市停车场供应，强化中心区停车设施管理，完善城市停车费率制度和标准，建立差异化的停车收费标准，并结合停车场位置和规模，为短时停车者提供免费停车服务。另一方面，加强停车场规划与配置，限制路边停车，取消主干路和交通负荷重的道路的路边停车，在次干路、支路上合理设置，推行咪表停车收费，提高管理的高效性和明确性，方便出行者方便快捷地找到停车位，也有利于市民合法停车观念的形成。

## 2.2.4 香港

作为繁华的国际化大都市，香港经济繁荣，地域狭小，但人口众多。香港面积约为1 104 km²，2012年人口达713万，人口十分密集，并且香港地形复杂，山区较多且陡峭，高楼林立，这对香港高效率的交通提出了很高的要求。但在此背景下，香港的交通依然较为畅通，其经验值得参考和学习。

1990年，香港政府颁布了《香港运输政策白皮书——迈向21世纪》[46]，提出实施交通需求管理政策，近年来采取了一系列措施保障城市交通健康发展：

1) 坚持城市布局与交通规划相结合

香港45%的人口居住在距离地铁500 m范围内，在没有轨道交通的地区也围绕着公交车站形成居住密集区。在新开发城区，香港公交公司根据线路不同的客流量，弹性调整发车频率、发车时段和不同的车辆类型来提高营运效率，尽量满足居民的出行。

2) 公交垄断型的交通发展模式[33]

香港公共交通系统突出特点是其构成的多元化，香港公共交通系统包括公共汽电车、轨道交通、轮渡、出租车，见图2.12。公共汽电车由专营巴士、公共小巴、特殊巴士和电车构成，轨道交通由地铁、九广铁路构成。构成元素的多样化以及互相充分整合，使得香港公共交通非常便捷，适合各种人群的出行需要。2011年公共交通平均每天载客量达1 188.8万人次，每天大约90%的客运量由公共交通承担。

香港地铁系统主要服务于香港中心城区，由6条行车路线组成（其中机场线一条），全长

87.7 km，共设 49 个车站。九广铁路主要服务于郊区，由两条市域通勤铁路线（东铁及西铁）及轻轨系统构成，两条通勤铁路分别从东部和西部连接香港中心城区及北部郊区，总长 76.9 km，共设 32 个车站；轻轨系统全长 36.15 km，共有 12 条路线、68 个车站。

专营巴士由九巴、城巴、新巴、龙运和新大屿山巴士五家专营巴士公司运营，2004 年拥有线路车辆 6 011 辆，日均载客量 407.2 万乘次，占香港公共客运量的 36.3%。公共小巴分为绿色专线小巴和红色小巴，绿色专线小巴按固定线路行驶，除禁区外，红色小巴可行驶香港各区，没有固定的收费和路线。

此外，香港电车经营 8 条线路，在港岛北部沿岸行走，行车线长 16 km，拥有 161 辆双层电车。香港拥有 1.8 万辆出租车，承担 131.3 万乘次的客运量，占总客运量的 11.7%。香港轮渡共有 99 艘渡船，提供来往离岛和新界西北部新市镇，以及港内线服务，承担 15 万人次/日的客运量，占公共交通客运总量的 1.3%。

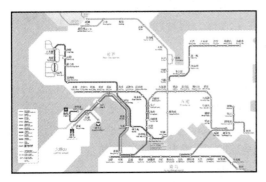
(a) 香港地铁线路图

(b) 香港专营巴士图

(c) 香港电车图

(d) 香港轮渡图

图 2.12　香港多样化的公共交通

3）提高小汽车税率

香港由于地狭人稠，能用来建设道路的土地面积有限，不适合无限制地发展小汽车。1973 年，香港政府开始通过提高小汽车税率的手段来抑制小汽车的增长；1982 年，进一步将车辆首次登记税费增加一倍，每年驾驶照税增加两倍，现在登记税是车辆购买价的 90%～120%。提高小汽车税率后，小汽车拥有量显著减少，经统计，2000—2004 年四年间，香港私家车人均拥有率几乎维持在同一水平。

4) 控制停车需求

香港政府采取严格的停车指标和高昂的停车收费政策,特别在中心区域和高峰期,以控制车辆的停车位来引导居民出行。1990 年颁布的《香港交通政策白皮书》中,指出停车设施供需平衡的必要性,并提出了一系列停车管理对策:

(1) 差别化停车收费

香港特区没有对停车收费实行宏观控制和限制标准,而是采取按市场机制运作方式管理相关企业和停车场管理公司。提高路边停车收费的标准,合理引导驾驶人进入路外公共停车场停车。对于路边停车,按不同地区、不同时间、不同方式进行收费管理,实行计时累计收费制。

(2) 停车场民营化

香港特区政府大力推广停车场建设与经营民营化的政策,积极鼓励社会资金参与停车场建设和管理。一方面,对于私人兴建的停车场按物业进行管理,收费与物业经营一致;另一方面,对于政府兴建的多层停车场和路边停车收费咪表通过招标由私人公司承包,采用"商业原则"经营,政府从经营者变为对承包者的监控,保留对收费价格、利润率调节的控制权。

## 2.3 国内外交通需求管理经验分析

从上述研究可以看出,国外交通需求管理政策已取得一定成果,并建立了较为完善的服务系统或体系。在美国,由于出行方式主要为小汽车,因此其 TDM 政策主要针对小汽车交通,通过减少出行量、鼓励合乘、停车收费和弹性工作制等措施,均衡道路交通流量,更好地为小汽车服务;欧洲各国倡导移动性管理策略,通过拥堵收费、停车管理等措施减少小汽车使用,大力发展公共交通,并为非机动车、行人等慢行交通方式提供安全、舒适的基础设施,促进城市交通的可持续发展;亚洲很多国家(如新加坡、日本)人口密度较大,积极推行公共交通为主导的交通发展模式,将城市规划与交通规划相结合,以公共交通引导城市发展,推行公交优先。

近些年,在借鉴国外交通需求管理经验的基础上,我国部分城市也实施了诸多交通需求管理策略,尤其在大型赛事会展活动中,交通需求管理措施发挥了重要作用,保障了赛会交通系统的有效运行;此外,北京、上海、广州等城市先后提出了治堵策略、小汽车额度控制、禁摩等一系列交通需求管理措施,具有一定的指导作用。

对于快速发展的中国城市交通而言,道路供给远远难以满足交通需求的增长,城市交通拥挤现象日益严重,很多城市交通结构不合理,公共交通严重萎缩,出行者交通意识薄弱,交通秩序混乱,交通管理问题繁多。为了摆脱"交通拥挤—新建道路—小汽车交通增加—公交需求下降—小汽车交通进一步增加—交通再拥挤"的恶性循环,解决城市交通供给不平衡的矛盾,必须从基础设施建设和交通需求管理两方面入手,双管齐下,解决问题。总结国外几个城市的交通需求管理经验,可以看出:

(1) 国外交通需求管理的经验值得借鉴,尤其是城市规划和交通规划相结合的理念、交通需求管理实施过程的有序推进。坚持城市规划和交通规划相结合,推行 TOD 发展模式,以公共交通引导城市发展,对未来交通的可持续发展具有深远意义。同时,交通需求管理措施的实施并非一蹴而就,必然会触动少数群体的利益,如何协调兼顾社会整体利益、逐步推进交通需求管理的实施是一个需要深入考虑的问题。

(2) 不同国家之间的交通需求管理策略不具有直接的移植性。交通需求管理策略的实施与地区社会经济发展状况、城市居民出行需求等息息相关,不同城市的经济状况、交通现状不同,交通需求管理策略不具有直接的移植性。对于我国城市而言,必须立足国情,结合城市交通资源现状及发展需要,更新思路,有针对性地提出具有我国城市特色的交通需求管理策略,并在实践过程中不断调整和优化,促进城市交通系统的高效运行。

(3) 不同城市发展阶段的交通需求管理策略不尽相同。我国是一个发展中国家,交通基础设施水平、居民出行需求、政策实施环境、文化背景等均不同于国外发达国家,因此各城市在制定交通需求管理策略时,必须具体问题具体分析,结合自身特点制定实施。

此外,总结国内外城市交通需求管理的经验,典型交通需求管理策略主要包括以下几类:

(1) 土地利用策略

注重城市规划和土地利用,利用合理城市布局和高效的土地利用是交通需求管理最为宏观的措施。在城市土地利用规划的阶段,对城市土地利用模式、开发性质、强度、分布上的合理布局和调整能有效地进行交通需求的控制,减少交通需求总量和机动车出行总量。结合我国城市土地高密度开发的现状,给予土地利用模式有效合理的管理、引导,将成为我国最有效的城市交通需求管理策略之一。

(2) 优化城市交通结构策略

一方面,坚持优先发展公共交通,改善公共交通网络系统,建立方便居民出行的换乘体系,提高公交服务水平,引导居民出行方式从私家车转向公共交通;另一方面,通过车辆合乘、拥堵收费、停车收费、增收税费等一系列措施,合理引导小汽车交通的发展;此外,还包括限制使用摩托车、优化慢行交通体系等措施。通过多项政策方案的组合使用,相互补充,相互支持,寻求小汽车交通的出行替代方式,促进城市交通结构的不断优化。

(3) 优化交通时空分布策略

一是空间均衡策略,即通过组织单向交通、设置可变车道等方法,均衡道路空间分布;二是时间均衡策略,即通过错时上下班、弹性上下班、货车限时管理等方法,降低道路高峰期的交通量,均衡交通量的时间分布;三是高新技术应用策略,即通过电子商务、电话会议、现代信息技术与卫星定位系统等高新技术的应用,挖掘城市道路基础设施的潜力,促进城市交通的健康发展。

# 第 3 章 交通需求管理基本理论

## 3.1 交通需求

### 3.1.1 交通需求的概念

交通需求(Transportation Demand)是指社会经济活动中,人或物在一定时间内,采用不同交通方式、完成不同出行目的进行空间移动的需求。交通需求的一个显著特征就是在一定时间内完成空间上的位移[47]。

交通需求包括以下四项要素:

1) 交通需求量

又称交通流量,是指人或物在社会经济生活中采用不同方式、实现各类活动目的所生成的交通需求数量(规模),其计量单位是人、veh 或 per-km、veh-km(t-km)。

2) 交通需求的分布

包括交通需求的时间分布和空间分布,分别是指人或物产生的交通量在空间位移时的时间分布和空间分布;分布包含着交通需求产生的起止时间、起终地点和移动路径。

3) 交通需求的结构

是指完成人或物空间位移的交通运输方式构成(分担比例),不同出行目的或不同移动距离的交通运输方式的需求是不同的。

4) 交通需求的成本

是指完成人或物产生的交通量在空间移动的过程中,时间、费用、精力、排放等方面所消耗的成本。

### 3.1.2 交通需求的分类

交通需求按照服务对象可分为以人为主体的旅客交通需求和以物为主体的货物交通需求,本书研究的交通需求主要是旅客交通需求。

1) 基本需求

旅客交通出行根据社会经济活动(生产、生活、休憩等)的目的,一般可以分为上班、上学、业务、购物、文化娱乐、接送人以及其他等多种类型的交通需求,是由社会经济活动的需求所决定。其中有的交通需求,如上班、上学等旅客交通需求是在比较确定的时间段内习惯性运行,与城市自然地理、规模结构、形态布局及社会经济水平等相关,这类交通需求具有较大的稳定性,称为"基本需求",有时称为"刚性需求",通勤、通学之类的需求是最基本的交通需求。在一般情况下,从保障城市正常功能的角度考虑,对交通基本需求无疑应当给予满足,这是政府的责任。

2) 非基本需求

在城市社会经济活动中,如购物、文化、娱乐等这类需求在确定的时段内并不是非常稳定,往往受外界条件(气候、天气、交通出行的经济性和方便性等)的影响较大,其出行具有较大的不确定性,称为"非基本需求",有时称为"弹性需求"。在一般情况下,非基本需求由基本需求派生而来,这类需求的满足往往取决于主客体的条件变化,取决于市场机制。

3) 交通出行链("组合出行")

随着社会经济的发展,基于城市社会活动出行需求的一个重要的变化是多种目的系列出行需求,也叫交通出行需求出行链。许多人在完成工作出行(上班)后,经常产生其他目的的出行,如下班后去接孩子、去商场购物或处理个人的事务等。这里的工作出行是基本需求,而下班后的其他出行行为是非基本需求("弹性"需求或"派生"需求)。交通出行链在学术意义上可定义为:按照一定的社会经济活动的目的取向,顺序排列的若干次"出行"组成的系列出行过程,其组成除了起终点还有中间的"换乘点"和"出行段",与"单一出行"不同,出行链产生了多种方式的"组合出行",更加重视出行的多方式换乘和接驳过程。出行演绎着交通需求多样性的特征[48]。

## 3.2 交通需求的特征

### 3.2.1 交通需求的内在特征

1) 交通需求的派生性

传统意义上说交通需求是社会经济活动的派生需求,这种派生性对交通需求有体现。例如,同一个人,为业务出行会倾向打的,而每天通勤则偏向坐公交。原因之一是后者是自掏腰包,前者则公司报销。再例如,一家人到巴黎旅行度假,平均每天的出行次数高于普通周末的平均出行次数。原因是千山万水到巴黎不容易,不出门的成本太高。事实上,交通需求的任何特征几乎都可以归结到这根本的派生性上。

也正是由于这一性质,经济学的基本理论及其基本假设也适用于交通需求分析,例如需求定律、自私性假设、缺乏与竞争、均衡、替代等。

2) 交通需求的多样性

(1) 交通需求目的的多样性与异质性

社会经济活动的多样性产生了交通需求目的的多样性。不同的需求目的对出行方式的选择,出行的方便性、舒适性、安全性的要求也是不同的。例如,同一个人,为商务、娱乐活动目的的交通需求通常会倾向于舒适性较高的出行选择,而对于通勤、购物等则偏向于经济性的交通方式。

不同的人群,其经济属性(职业、收入)、社会属性(年龄、性别)的不同,对完成出行的时间、费用的敏感性存在差异,选择的交通方式大相径庭,完成同一目的可以有多种选择。

(2) 交通需求的随机性

社会经济生活是一个高度开放性、市场化的系统，这种高度开放性很大程度上决定了交通需求的随机性。交通需求的随机性主要指两方面：一方面是介入系统的服务对象、介入时间、介入地点和方式等都是不确定性的，无法事先确知；另一方面，影响系统交通出行的外部因素（如天气、拥堵等）也是随机的。

相对而言，基本需求的产生与分布虽然有一定的稳定性，但就个体而言，其出行时间、出行方式、出行路径选择等都存在着选择的差异；弹性需求更受到系统开放性和市场机制的影响，其随机程度更大。

(3) 交通需求的可控性

交通需求起源于社会经济活动，而社会经济的发展及增长速度具有一定的规律性，决定了交通需求也存在一定规律，有规律的交通需求则具有可控性。在一定的时期内，对于一个确定的城市环境来说，交通需求其总量及时空分布与城市环境因素（人口规模、城市形态、土地使用布局、社会经济水平等）及某些组织管理方式与措施（如前面提到的市场机制、作息时间、运输作业与组织等）之间存在比较稳定的对应关系。随着这些因素的变化，掌握交通需求与这些因素间的变化规律，可以建立一种不同层次的出行需求和各种影响因素变量关系模型，并通过仿真模拟来预测交通需求的变化，以达到规划、管理与运行控制的目的。

(4) 交通需求的替代性

在社会经济活动的信息化、智能化发展背景下，交通出行活动很多时候可以被通信活动替代，不出行或短距离出行就可完成。如现代信息技术（Fax、Email、Tel、计算机网络）的出现，电话上班（Teleworking）或远程办公（Telecommuting）易被大众接受，"在家上班"方式受到青睐。

3) 交通需求分布的不平衡性

交通需求分布的不平衡性主要为交通需求在时间分布和空间分布上的不平衡性。

(1) 交通需求的时间依赖性

交通需求在时间分布上的特征表现在不同的时间段内，如一天、一周、一个月甚至一年，都有不同的特征及变化规律，如节假日与工作日，冬季与夏季等不同时间段，交通需求都有一定的区别。正因为存在这种不平衡性，为了把握规划、设计与管理的决策，往往采取了选择第30%位小时交通量、10%~12%高峰小时流量比、第85%位车速等交通特征参数指标，从统计意义上来评价和描述交通需求分布的不平衡性。

这一特征很大程度上也是由社会经济活动的性质所决定的。早8点之前要赶到公司打卡；幼儿园4点钟放学要接小孩回家；产品必须在明天交付甲方；蔬菜要在早市开门前运到超市。显然，交通需求包含时刻的选择，即不同时刻的交通服务是不同的物品。一般的经济物品也有时间依赖性，表现为两方面："早胜于晚"和"时刻依赖"。例如，"苹果迷"愿意为第一时间买到机器而通宵排队；年轻人愿意为早点住进新公寓而多付银行利息；生命苦短，这是人们早享受的意图表现。而人在饥辘之时对于美餐的需求远高于饱腹之后；困乏之时尤盼黑夜、宁静和一张舒适的床；球场门票在德比大赛举行时才弥足珍贵等，这就是一般物品需求的时刻依赖性。交通需求更多地以时刻依赖性为特征，与一般经济物品需求相比，这一特征也许不是最突出的，但在空间分布特征共同作用下所表现出的日常规律性，成为了引起突出交通问题的重要原因。因此，交通需求分析特别关注高峰时刻。

交通需求追逐旅行时间最小,反过来,旅行时间是影响交通需求的重要因素,例如终点选择、方式选择、路径选择等;也影响交通需求的内容,例如长途旅行希望有舒适的床铺;短途旅行一座位足矣,床铺、餐车、厕所等不在考虑范围之内。有趣的是,交通需求力图服务时间(duration)最小,这在交通服务以外一般经济物品中难以找出第二个。没有人会以服务时间最小作为对理发、按摩、观影、听歌剧等服务本身的需求目标之一。在交通需求的空间扩展意图的作用下,力图旅行时间最小解释了人们平均出行速度提升的现象。日常出行平均和通勤交通的研究证实了这一点。

(2)交通需求的空间分布性

交通需求的空间分布特征的具体表现是交通流的向心性和潮汐式特征。向心性是指交通需求多向配套设施完善、商业网点发达、娱乐设施密度较高的地区集中;潮汐性是指交通需求在走向上呈现对称性特点,如工业区与城市中心区之间的交通需求,上午交通需求走向是从城市中心区往工业区移动,下午则是从工业区往城市中心区移动。

交通网络分布的不平衡性主要体现为城市全方式的OD分布与交通设施网络匹配的不均衡问题。这一点是由于社会经济活动的空间分布性所决定的。在火车站供不应求的出租车,到了菜市场反而无人问津;通勤交通必须在家和工作单位之间往返,其他任何方向都是背道而驰;夏季丰收的西瓜要运往城市,而不是荒无人烟的沙漠。交通需求包含地点和方向的选择,即不同地点和方向的交通服务是不同的物品。这区别于一般经济物品,任意城市沃尔玛的同款电视本身可看做没差异;北京和上海Apple Store售卖的苹果手机,对苹果迷而言也都是一样的。人们似乎总是想往远处,寻找更好的定居环境、更丰富的资源储备、更有特色的餐馆等等。因此,随着交通的便利性提高,人们的日常出行距离大幅增加,交通需求还具有空间扩展的意图。

4)交通需求选择的灵活性

交通需求选择的灵活性是通过交通体系服务的多元化和提供的丰富信息来体现的。在出行的不同阶段,出行前、出行中获得的信息将直接或间接地影响出行者的选择和决定,出行者可以利用譬如出行信息系统选择最短的出行路径、最好的出行方式和最佳的出行时间,也可以按个人出行选择的偏好与习惯来选择,从而使出行的灵活性大大增加。

5)交通需求的集聚性

无论经验或理论都指出人类的活动在时空上表现有类聚性。对于所派生的交通需求而言,这意味着起点集聚和终点集聚。在地理空间局限下,交通需求这一集聚性又表现为两点特征:"到达型交通需求的有限集聚性"和"通过型交通需求的无限集聚性"。一定范围区域内,社会经济活动所要求的货物和人力是有限的。一亩农地不可能施肥三尺厚,也不可能容纳千人劳作。到达型交通需求的有限集聚性是不难理解的,然而,考虑到交通需求的空间分布性和时间依赖性特点,整体上来看通过型交通需求,例如道路/线路通过型交通需求,其集聚性是无限的。这是说,即便一定区域总的到达交通需求是有限的,但连接该区域的一条道路上的通过交通需求却可以是无限的,因为不考虑交通成本或交通成本足够低,通过道路的交通需求可以来自全世界,这是可视作无限量的数量级。

正是交通需求的第二点集聚性特征解释了当斯-托马斯悖论:新建道路诱发新的交通量,交通需求总是倾向于超过供应能力。值得注意的是,在处理实际交通问题时,交通需求的这两点集聚性特征,可能彼此冲突。例如,在到达交通需求有限集聚性的前提下,理论上可以完全解决大都市停车难问题,例如不妨修建足够大容量的立体停车场,小区车库配套按平均1户：2泊位比例建设。然而,良好的停车条件降低了出行者的交通成本,交通需求会因此增加,道路上要求通过交通量随之增加,会导致更严重的交通拥挤问题。停车和道路交通这一关系,得到许多研究的证实。于是,实际的情况是,即便是有限的到达交通需求也是难以满足的。

## 3.2.2 交通需求的外部特征

作为经济学中的专门术语,外部性最先是由英国经济学家马歇尔提出的,迄今已有100多年了。外部性的一般意义是指某一经济个体的生产和消费活动对其他个体产生的一种伴生影响,即个体的某一行为对其他个体产生的影响。这种影响可能是有益的,也可能是有害的。有益的外部性称为正外部性,反之为负外部性。所谓交通需求"外部性",是指在需求生成与增长(变化)的过程中,除了实现主体(人与物)自身活动目标(即内部效益)外,还使其他客体单位(如其他出行者、其他社会经济活动以及土地开发、环境变化等)获得了意外的收益或受损的现象。在现代化的交通系统中,交通需求的外部性问题,主要是指交通拥挤、污染排放等负面问题,人们常说交通运输可持续发展问题突出,就是指交通运输的外部负面效应很大。

实际上,交通运输外部性特征包括外部效益和外部成本。具体表现为：交通需求可以为社会提供相当大的经济效益和社会效益,它带来的利益可能远远超过了人们直接对其投入的费用。例如,城市地铁建设往往不仅满足了沿线区域高强度客流需求的运行,还会带来沿线周边地区土地的升值;同时交通需求也会对环境产生巨大的冲击,当今运输的发展大大增加了交通事故发生率、噪声、污染排放等不良影响,而且当交通拥挤超过一定程度时,会产生交通运输的外部成本。

1) 外部经济特性

认识交通需求的外部性,需要补充说明以下几个概念。

(1) 个人边际成本(Personal marginal cost)：一个道路使用者加入到交通流之后,它自己所负担的费用就是个人边际成本,也叫平均可变成本(Average variable cost)。对于单个道路使用者来说,一般只支付直接费用,包括车辆的运行费用和个人时间费用(图3.1)。

(2) 用户剩余(Users' surplus)：道路使用者通过道路交通系统获得收益。具体地说,用户使用道路交通系统愿意支付的最大费用与实际付出的费用之间的差额构成用户剩余。如图3.2所示,横轴表示道路用户的数量,纵轴表示费用,第一个道路用户愿意支付费用金额为$C_1$,第二个用户愿意支付费用金额变为$C_2$……当用户愿意支付的费用等于价格水平$p$时,便不会再有用户加入道路使用者行列,图3.2中阶梯状的矩形可以近似地用一根向右下方倾斜的曲线来表示,这就是需求曲线。合理的道路使用者总是以用户剩余最大化决定自己的最佳出行,毫无疑问,用户剩余总是正的;否则,用户的出行就不会发生。因此,用户剩余表示为图中需求曲线与价格曲线所围成的三角形面积。

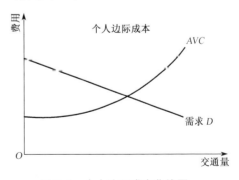

图3.1 个人边际成本曲线图

(3) 社会边际成本(social marginal cost)：系统每增加 1 个单位用户时，总可变费用的增加部分就是社会边际费用(图 3.3)。

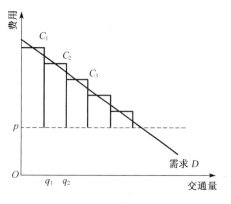

图 3.2　用户剩余示意图　　　　图 3.3　社会边际成本曲线图

(4) 管理者剩余(Regulators' surplus)：道路系统管理者所获得的收益称为管理者剩余。管理者剩余是总收入与总费用的差值，其中总费用包含固定费用和可变费用。在道路使用阶段，它的固定费用是一定的，于是扣除固定费用后管理者剩余最大化，就等于利润最大化。利润与管理者剩余的一致性意味着，用总收入与总可变费用的差来表示管理者剩余不会影响分析效果。如图 3.4 所示，总可变费用可以用社会边际费用下方的面积来表示，第一个长方形表示在出现第一个用户的情况下，总可变费用的大小。当交通量未达到系统交通容量时，社会边际费用不变；当交通量超过系统交通容量时，社会边际费用开始增加。社会边际费用下方与横轴所围梯形面积表示在某种价格水平下的总可变费用。总收入表示为价格与总交通量的乘积，于是社会边际费用上方与某种价格曲线之间的面积就是该价格水平下的管理者剩余。

(5) 社会总剩余或社会总福利(Social gross surplus)：在竞争性的交通系统中，道路使用者用与价格相同的需求曲线上的点来决定交通量，与此同时，道路管理者用与价格相同的社会边际费用(边际成本)上的点来提供服务水平。于是，交通需求曲线与社会边际费用曲线的交点同时决定了最优服务水平与交通量，需求曲线与边际费用之间的面积就是社会总剩余，其中价格水平以上的部分是用户剩余，价格水平以下的部分是管理者剩余(图 3.5)。在拥挤定价过程中，理想的目标就是为了使社会总剩余达到最大化。

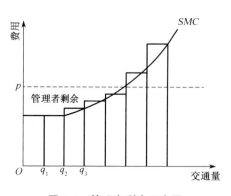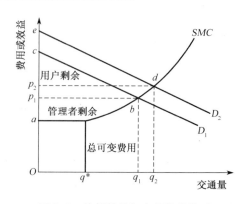

图 3.4　管理者剩余示意图　　　　图 3.5　外部效益与内部效益关系

(6) 运输外部效益分析：运输的外部效益是针对于内部效益而言的，在以上所介绍的社会总剩余中，无论是管理者剩余还是用户剩余都是在既有的成本曲线、需求曲线和价格水平的系统内决定的，因此属于市场体系内部的效益，而外部效益只有在产生不属于以上过程的效益时才会出现（图3.5）。

最初，社会总剩余为图形 $cba$ 所围多边形的面积，管理者剩余为 $p_1ba$ 所围多边形的面积，用户剩余为 $cbp_1$ 所围三角形的面积，以上三部分均为市场内部效益。另一条需求曲线 $D_2$ 代表了用户在原来的价格或市场体系之外，对道路效用的其他评价更高。这些额外的效益可能来自道路设施对沿线土地价值上升带来的影响，也可能来自交通条件改善给当地带来了更大的知名度，或者道路沿线成为旅游观光景点等，但这条曲线所对应的运输需求已经不是由原来体现需求量与价格之间关系的函数所决定，出现了外部效益（面积 $bdec$）。显然，如果道路管理者能够根据新的均衡交通量 $q_2$ 而把价格确定在 $p_2$，那么这种外部效益就被内部化了，此时 $adp_2$ 面积代表管理者剩余，$p_2de$ 面积代表用户剩余，此时无论是管理者剩余、用户剩余还是社会总剩余都比原来增加了。但是如果由于某些原因，上述内部化过程不能实现，道路管理者增加交通量所多支付的成本（$q_1q_2db$ 面积），就需要以财政补贴或其他方式加以弥补，否则管理者将不愿意扩大供给，那么本来可以增加的社会效益就会受到损失。而此时，没有被内部化的面积 $bdec$ 才应被称作"外部效益"。

(7) 运输外部成本分析：社会成本、个人成本及外部成本之间的关系是"社会成本＝个人成本＋外部成本"。社会成本中的个人成本部分是存在于市场体系内部的，即是内部性的；而另一些则存在于市场体系之外，即是外部性的，参考图3.6。

交通需求 $D$ 与个人边际成本曲线 $AVC$ 的交点 $b$ 决定的是均衡交通量 $q_1$，此时用户支付的价格是 $p_1$，而社会成本曲线 $SMC$ 既包括由用户自己承担的内部成本，又包括由一个用户引起却要其他用户甚至整个社会来承担的外部成本。$D$ 与 $SMC$ 的交点 $e$ 决定的是均衡交通量 $q_2$，此时用户应该支付的价

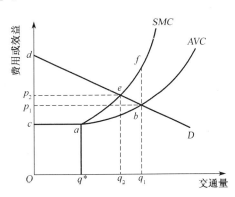

图3.6　运输外部成本示意图

格 $p_2$ 则高于只考虑内部成本时的均衡价格 $p_1$。如果社会机制能够将用户只考虑内部成本时的均衡价格 $p_1$ 提高到 $p_2$，能使只考虑内部成本时的均衡交通量 $q_1$ 减少到最优均衡交通量 $q_2$，那么就成功地实现了外部成本的内部化。但如果不能使外部成本内部化，社会总剩余就会减少。图3.6中，最优均衡交通量 $q_2$ 所决定的社会总剩余为 $deac$ 的面积；而在外部成本不能内部化的情况下，交通量扩大到 $q_1$ 处，用户剩余虽然增加了 $p_2p_1be$ 的面积，但由此而引起的社会总成本却增加了相当于 $q_1q_2ef$ 的面积，社会总剩余减少了 $efb$ 的面积。

(8) 交通运输的外部成本类型：交通运输的外部成本也有不同类型，一般可分为用户对其他用户引起的外部成本和用户对非使用者引起的外部成本两类。用户对其他用户引起的外部成本主要以交通拥挤为特征，被称为"俱乐部影响"。例如，拥挤道路上某一驾车者加入对其他驾车者的延误影响确实是外部性的，但对道路上所有的驾车者这个"俱乐部"来说，这种影响又是内部的，交通网络的效率就这样由于用户自身问题而降低。用户对非使用者引起的外部成本则主要以排放和噪声等为特征，以道路使用为例，其环境污染这种外部性对社

会造成更广泛的影响,特别是损害了那些未使用道路者的福利。

2)外部排放特性

近年来,我国的大气污染与温室气体排放已由原来的煤烟型发展为现在的煤烟加机动车尾气混合型,重要的特征就是$CO_2$、碳氢化合物、氮氧化物以及污染物颗粒排放的加重。进入21世纪以来,机动车污染已成为我国大气污染的主要来源,特别是大城市正在发生结构性变化。如北京市机动车尾气排放对大气污染物中CO、$NO_x$、碳氢化合物的分担率分别为63.4%、46.0%和73.5%。上海市中心地区机动车尾气排放对大气污染物中CO、$NO_x$、碳氢化合物的分担率分别为86%、56%和96%。随着机动车保有量的增长,机动车排放加剧,大气污染造成的经济损失也在逐年增加。如我国机动车保有量从2000年的1 609万辆增长到2009年的7 619万辆;同期,我国大气污染造成的经济损失从2000年的2 300亿元左右增长到2009年的8 500亿元左右。2011年8月的统计数据表明,我国机动车拥有量已破亿,达到2.19亿辆,污染造成的经济损失也更加巨大。

因此,城市交通的节能减排和污染排放日益受到重视。国内外对各种方式的能源消耗和污染排放都进行了相关的研究,表明各类交通方式的能源消耗与排放有较大的差异,见表3.1、表3.2。

表3.1 城市主要交通方式能耗和尾气排放情况[49]

| 交通方式 | 摩托车 | 小汽车 | 常规公交 | 快速公交(BRT) | 有轨电车 | 轨道交通 |
|---|---|---|---|---|---|---|
| $CO_2$/[g·(人·km)$^{-1}$] | 62 | 140 | 19.4 | 4.7 | — | 7.5 |
| $NO_x$/[g·(人·km)$^{-1}$] | 0.900 | 0.746 | 0.168 | 0.420 |  | 0.175 |
| 能耗/[kJ·(人·km)$^{-1}$] | 1 495.0 | 2 795.10 | 714 | 720~1 080 | 180~360 | 324.1 |

数据来源:美国能源基金会(Energy Foundation),1999。

表3.2 日本大城市圈各种交通方式能耗及大气污染物排放量

| 交通方式 | 能耗/[kJ·(人·km)$^{-1}$] | $CO_2$/[g·(人·km)$^{-1}$] | $NO_2$/[g·(人·km)$^{-1}$] | $SO_2$/[g·(人·km)$^{-1}$] |
|---|---|---|---|---|
| 城市轨道交通 | 423 | 4.7 | 0.179 | 0.011 |
| 公共汽车 | 749 | 19.4 | 0.504 | 0.144 |
| 出租车 | 5 434 | 89.3 | 0.496 | 0.041 |
| 小汽车 | 2 520 | 44.6 | 0.257 | 0.021 |

数据来源:http://wenku.baidu.com/view/7cbb53f57c1cfad6195fa752.html。

从表3.1、表3.2中可以看出,小汽车的能耗和排放都是非常高的。欧美各主要城市检测数据显示,城市中各类主要废气(CO、$CO_2$、$NO_x$、$SO_x$、碳氢化合物、铅、悬浮粒子)40%~90%来自于汽车尾气。

公共交通包括常规公交、快速公交和轨道交通,其人均燃油消耗、$CO_2$和氮氧化物的排放量整体水平远远低于小汽车,常规公交人均能耗和排放均为私家车的14%左右,而快速公交和轨道交通的优势更加明显,轨道交通以其高运量、低能耗、低排放、快捷、经济、可靠等特点被越来越多的国家所采用。日本轨道交通的单位能耗仅是公共汽车的45%、小汽车的

5.3%。轨道交通的$CO_2$的排放量仅为私家车的1/10、公共汽车的1/4左右,其氮氧化物、碳氢化合物、CO等有害物的排放量几乎为零。快速公交是在低能耗和排放的前提下,让人们从建设快速轨道交通高昂代价的困境中看到了一种更为经济的方式,其车速的提高,避免了拥堵时反复加减速和停车,有效地减少了车辆的废气排放。波哥大"新世纪"快速公交系统比普通公交的污染降低了近40%,库里蒂巴的快速公交比常规公交节省用油30%。

事实上,各种交通方式的能耗、排放与两大因素相关:一是要从交通方式的动力消耗(能源)来源和使用全过程考量;二是要考虑各种方式的额定载客量不同,从节能减排的目标上看,建议采用"人·km"(人·公里)作为能耗和排放的单位进行比较。综合诸多研究成果,粗略汇总了相关交通方式能耗、排放的相对值,以常规公交的单位(人·km)为标准,各种交通方式相互比较结果见表3.3、图3.7。

表3.3　城市主要交通方式能耗和尾气排放相互比较情况　　　单位:人·km

| 排放/能耗 | 常规公交 | 快速公交(BRT) | 轨道交通 | 出租车 | 小汽车 | 摩托车 | 自行车 |
| --- | --- | --- | --- | --- | --- | --- | --- |
| $CO_2$ | 1.0 | 0.24 | 0.38 | 6.0 | 7.10 | 3.13 | 0.1 |
| $NO_x$ | 1.0 | 0.25 | 0.1 | 3.93 | 4.43 | 2.83 | 0.1 |
| 能耗 | 1.0 | 0.23 | 0.38 | 5.95 | 7.13 | 3.16 | 0.1 |

注:以常规公交的排放与能耗为1计算。

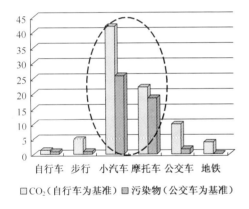
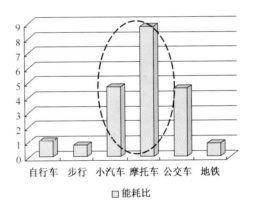

图3.7　各种交通方式的排放、污染与能耗示意图

交通运输所导致的$CO_2$排放主要与汽车燃油(石油制品)的品质与燃烧率、行驶里程等多种因素有关。如果能降低汽车出行频率和行驶里程,$CO_2$的排放量将会下降。另外,汽车运行速度也与碳排放数量有着密切的联系,一般而言,按照车辆的经济速度行驶,不仅节油,而且排放也少。研究表明,在寒冷的天气状况下直接启动汽车将比在适当暖车后才启动要消耗更多的能量以及排放更多的$CO_2$。

3) 外部拥挤特性

交通的另一个负外部性表现在给城市带来的拥挤。所谓交通拥挤,是指交通需求超过设施容量时,超过部分的交通需求滞留在道路设施上的交通现象。当交通需求很小时,出行者可以很快到达目的地。随着交通需求的增加,道路交通由畅通的自由流状态开始变得混乱,到达目的地的时间逐渐变长。当交通需求超过了路段上通行能力最小地点(瓶颈)的道路容量时,道路交通状态就会发生变化。来自上游的交通需求中超过道路容量的部分,将无法通过瓶颈,在瓶颈处形成车辆排队,形成交通拥挤。交通拥挤不仅造成无效的等候,浪费时间,而且使运输系统效率下降,并成为诱发交通事故的重要因素,更重要的是,交通拥堵本身也存在负外部性问题。交通拥堵同时也降低了燃料的使用效率,增加了能源消耗和尾气排放量,因为交通拥挤时燃料不完全燃烧产生的尾气排放量远远大于汽车正常行驶时的尾气排放量。拥挤路段由于车辆大量积聚,使该路段的污染物浓度明显大于其他路段。根据美国的统计资料[50],由于公路拥挤,美国每年损失840亿h,按每小时最低工资8美元计算,结果是6 270亿美元,损失非常巨大。

尽管交通拥挤发生的时间和地点不同,但在拥挤路段上均表现为车辆大量排队、长时间等待以及尾气排放量增多等一系列行为,从而加大了道路使用者的成本,降低了出行效率,影响了居民的生活质量。因此,交通拥堵的外部性是一种负外部性。

## 3.3 交通需求的影响因素

根据交通需求的内涵,其影响因素主要包括城市土地开发模式、经济发展水平、经济产业结构和产品结构、城市智能交通应用、城市交通管理策略与措施、城市交通网络和交通设施服务水平、人口密度、流动人口数量、旅游资源的开发程度、城市水平等。各因素之间相互影响,应该综合分析影响常发性交通需求的若干关联因素,使决策者辨识其主次因素,做出合理的策略分析及决定。

### 3.3.1 城市土地利用

土地开发利用的内涵,包含着城市用地结构形态、功能组织形式、开发强度三个方面。城市形态布局是一个空间的概念(布局结构和空间特征),城市形态的集中与分散对土地开发建设、人口与就业岗位分布产生巨大影响。

1) 用地结构形态对交通需求的影响

城市各类功能性质用地所形成的结构布局形态对城市交通需求的影响很大。合理的用地规划与布局是控制交通需求生成、减少城市交通压力的有效手段之一,城市用地形态具有"向心聚集"和"离心扩散"的特征,这是城市发展的历史现象,是城市经济、地理和社会多方面复杂因素共同影响的结果,是最终产生"蔓延型"、"紧凑型"及"多中心"城市空间结构形态的基础[51]:

(1) 分散主义("广亩城市",赖特,1932)

认为住宅与就业分散是未来趋势,规划完全分散的低密度分布——依靠汽车与电力加上超级公路相连。其典型例子是美国1945—1970年采用房屋抵押贷款,鼓励居民郊迁,低密度的小汽车交通模式。

(2) 集中主义(柯布西耶,《明日之城市》,2009)

主张用高层建筑改善城市中心区的聚集功能,并由铁路、高架、路网构成发达的高效交通系统,人口密度为10万人/$km^2$的巴黎德方斯可作为代表,而中国香港、新加坡的垂直空间概念得到更好体现与发挥,良好的建设与管理,加上东方文化理念下(群聚)社会可接受较高的交通拥挤。

(3) 有机疏散形态理论

① 霍华德(E. Howard)的"田园城市"理论:在其著作《明天——一条引向真正改革的和平道路》中,提出城市"磁性"理论,认为城市集中是由城市的"磁性"决定的,而将"磁性"有意识移植与控制,城市分散布局可以实现。

② 向心聚集:由聚集的经济效益决定(运费低、三产集中、对经贸发展有利),经济中心是社会发展与人类心理上的需要,是人的社会性决定的。

③ 离心扩散:将高度集中的单中心结构转化为若干功能的空间相对分离的组团或多核结构,城市空间环境(城市空间的合理容量和城市环境质量)将得以改善,上海的组团布局形态发展就是这种规划思维的体现。

对应交通发展上为"核心—圈层"和"节点—走廊"格局理论。

① "核心—圈层"格局的主旨是以中心区为活动焦点,把居住、工业、仓库等各种用地和对外交通路线安排在一系列同心圆上。这种观点较符合城市传统的扩展方式,在城市规划实践中占主要地位,克利斯泰勒(1933)的中心地理论、柯布西耶的"光辉城",都体现了环绕"核心"发展的思想。

② "节点—走廊"格局主张以交通干线为骨架,沿高速、高运量的交通轴线设置开发走廊。哥本哈根发展了5条郊区铁路走廊的"指状规划",斯德哥尔摩和奥斯陆的数条地铁线也形成了类似的开发走廊,它们成为了"带形城市"的典型。

总之,特定条件下的城市对各种规划理论和方法具有明显的选择倾向,而城市规划理论导向使城市形态与交通网络形成不同的空间布局形态特征;城市布局指导下的土地使用和交通需求均带有明显的方向性。从 TDM 观念上看,城市用地规划应引导出行生成与分布合理,减少出行消耗与排放,利于有序组织高效大容量方式交通的方针与政策。

国内外城市结构形态发展的历史经验表明,"核心—圈层"规划的交通模式(以汽车交通为主导的发展)必然导致低密度的蔓延型城市;因地制宜的"节点—走廊"格局以及"多心—多轴"的开敞式城市规划格局,比较适用于现代多模式交通发展(包括轨道交通与汽车交通)的大城市[52]。

2) 用地功能组织形式对交通需求的影响

城市开发用地的功能组织方式,可分为单一功能和复合功能开发两类。单一功能指用地以一种功能为主导、其他功能为附属。复合功能则包含多种主导功能,其本质特征在于特定用地范围内不同区位活动的要求,复合功能开发注重各大功能类别的有机综合(混合)。

(1) 单一功能开发:1936年的雅典宪章的功能分区原则,是按照居住、工作、休憩进行分区与平衡,建立三者之间的交通网络。单一功能分区割裂了城市活动的有机联系——以北美为代表,刺激土地利用平面扩张(低密度开发),刺激了私人机动交通需求,这必须以充足的城市发展用地为前提,是实质上的城市分散主义。

(2) 复合功能开发:1961年,简·雅各布斯倡导土地复合使用,加强各种主导功能、不同区位的综合性、平衡性,采用粗线条的指导原则,综合开发规划,加强城市间的有机整体性。香港是高密度城市复合开发的典型,土地使用模型是以交通成本、可达性对区位活动的作用和影响为基点的。可达性和地价租金决定着经济模型。

不同的功能组织与开发方式对城市交通的影响有显著差异,比较两种不同城市开发用地的功能组织方式,对于人口岗位密度大、土地空间资源匮乏的亚洲国家(包括我国)城市,复合功能较单一功能具有减少交通需求、集约、节约用地的明显优势。

复合功能开发可将部分地面交通转化为内部垂直交通,对于用地稀缺、地价昂贵条件下的建筑复合体可获得功能最大综合效益,且有助于分散交通负荷,促进市政设施集约利用,进一步减小出行发生量(图3.8)。

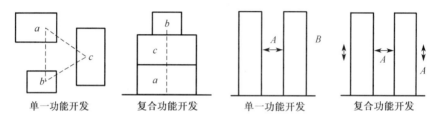

图 3.8 单一功能与复合功能开发时对出行分布的作用比较

表 3.4 是美国某城市的调查结果,显示围绕公交线网的土地利用开发模式能有效地减少出行总需求,特别对减少车辆的出行量效果明显[53]。

表 3.4 用地功能组织对出行的影响

| 用地功能组织特征 | 减少的车辆出行量(%) |
| --- | --- |
| 围绕公交枢纽的居住用地开发 | 10 |
| 围绕公交枢纽的商业用地开发 | 15 |
| 沿公交走廊的居住用地开发 | 5 |
| 沿公交走廊的商业用地开发 | 7 |
| 围绕公交枢纽的居住混合用地开发 | 15 |
| 围绕公交枢纽的商业混合用地开发 | 20 |
| 沿公交走廊的居住混合用地开发 | 7 |
| 沿公交走廊的商业混合用地开发 | 10 |
| 居住混合用地开发 | 5 |
| 商业混合用地开发 | 7 |

复合功能开发可以均衡不同性质出行的时空分布,分散交通的发生源和吸引源,减轻双向变通的不均匀性。同时,由于复合功能的设计以"24 小时设计周期"为基本原则(图3.9),使各种区位功能设施使用在时间上相互交错,共享使用,可以增强公共设施服务的效率与效益。

# 第 3 章 交通需求管理基本理论

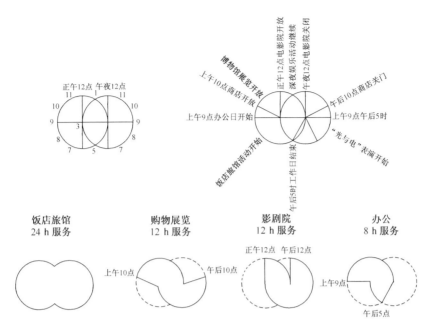

**图 3.9 复合功能开发的 24 小时设计周期示意图**

3) 开发强度(密度)对交通需求的影响

(1) 用地开发强度(密度)影响交通量

居住密度越高,交通需求(发生量)会越大。高密度地区的交通需求集中,交通供给的影响更敏感,交通设施处于高容量状态,自我调节能力相对较弱。因此,在高密度开发地区,需要大容量的交通设施(地铁),以及更加稳定的交通组织与运营方案[54]。

(2) 用地开发强度(密度)影响交通方式选择

研究表明,不同密度地区交通方式结构明显不同:高密度开发地区居民通常采用公共交通和非机动车方式,而低密度开发地区则以私人小汽车交通方式为主。国外学者分别从居住密度和就业密度对交通方式选择的影响展开研究,并总结出一系列具有一定参考价值的结论和指标。从宏观上比较,目前世界上几个大洲之间的人口密度存在很大的差距,若以高、中、低划分,可分为高密度的亚洲、中密度的欧洲和低密度的美洲与大洋洲等。表 3.5 分别选择位于这三种密度层次的三个代表城市作日常通勤交通方式的对比,由表可见,随着密度的增加,公共交通的比例在提高,私家车方式在降低。

**表 3.5 不同开发密度城市的日常通勤交通方式构成(%)**

| 城市地区 | 所在洲 | 开发密度 | 步行或自行车 | 公共交通 | 摩托车 | 私家车 | 合乘车 | 其他 |
|---|---|---|---|---|---|---|---|---|
| 莫里斯 | 美洲 | 低 | 1.9 | 4.2 | 0.8 | 81.2 | 8.2 | 3.6 |
| 伦敦 | 欧洲 | 中 | 14 | 13 | 1 | 71 | | |
| 新加坡 | 亚洲 | 高 | 6.4 | 52.4 | 4.8 | 23.7 | 6.7 | 6.1 |

(3) 开发密度影响出行距离与分布

城市开发密度越大,居民出行的距离相对越短。一般来说,高密度地区出行距离相对较短,且大多采用慢行交通方式,从而使人均机动车里程随人口密度的增加而下降。但人口密度高到一定程度时,这种变化趋势趋于平缓。由于开发密度高,各种城市功能在有限的地域范围内集成,人们的工作、文化娱乐、教育学习、探亲访友、购物社交等活动在有限的空间内组织,缩短了交通出行的距离,限制了机动车出行方式的选择。

在对出行分布的影响方面,高密度开发城市交通出行分布更容易在较小的范围内就地均衡。卫星城和西方蔓延式的城市发展模式中,在交通问题上最显著的问题之一在于各区之间的交通依赖。由于居住与就业的分离,新区与老区之间、新区与新区之间的交通出行量较大,从而产生交通瓶颈,导致钟摆式的交通分布状况。相比较而言,高密度开发城市由于多种功能的用地在空间上相对集中,慢行交通比重较大,缩短了通勤距离,且使交通更好地在较小范围内均衡。

综上所述,城市土地利用对交通需求产生很大的影响,可以归纳为以下三点:

(1) 不同的城市空间结构产生不同的交通需求模式。"紧凑型"和"多中心"城市空间结构有利于形成以公共交通为主导的交通需求模式,"蔓延型"城市空间结构则容易形成以小汽车为主导的交通需求模式。

(2) 不同的用地类型生成不同的交通需求。居住用地将生成交通发生量,商业与办公用地则主要产生交通吸引量,混合功能的土地利用有利于减少机动车交通需求,缩短居民的出行距离。

(3) 不同的用地开发密度影响交通需求。密度高的地区,生成交通量大,选择公共交通出行的可能性高;反之,则容易选择小汽车出行。此外,高密度开发区的人均出行距离比低密度开发区的人均出行距离要短。

因此,对城市的用地规划优化是交通需求管理的最根本、最重要的内容与方法。

### 3.3.2 社会经济发展水平

前已述及,城市土地开发从多个方面会对交通需求产生影响。经济增长则是土地开发和交通增长的原动力,并进一步影响交通需求特征,土地、经济、交通三者既是城市发展的基本要素,又互相作用与影响(图 3.10)。

机动化已经成为当代社会经济的一个基本特征。国外调查资料表明,在众多推动机动化因素中,国民经济的增长是最主要的发展因素,主要城市机动车保有量与经济增长、土地利用、交通需求关系及规模、道路建设都呈相关增长的态势(图 3.11、图 3.12、表 3.6)。

图 3.10 经济增长、土地利用与交通需求的关系

表 3.6 我国部分大城市人均生产总值与机动车拥有量的关系

| 年份 | 北京 | | 上海 | | 广州 | |
|---|---|---|---|---|---|---|
| | 人均 GDP /(千美元·人$^{-1}$) | 私人小汽车拥有量/万辆 | 人均 GDP /(千美元·人$^{-1}$) | 私人小汽车拥有量/万辆 | 人均 GDP /(千美元·人$^{-1}$) | 私人小汽车拥有量/万辆 |
| 2000 | 2.915 | 24.34 | 3.63 | 5.07 | 4.142 | 1.76 |
| 2002 | 3.713 | 45.8 | 4.282 | 10.79 | 5.402 | 9.92 |

续表 3.6

| 年份 | 北京 | | 上海 | | 广州 | |
|---|---|---|---|---|---|---|
| | 人均GDP/(千美元·人$^{-1}$) | 私人小汽车拥有量/万辆 | 人均GDP/(千美元·人$^{-1}$) | 私人小汽车拥有量/万辆 | 人均GDP/(千美元·人$^{-1}$) | 私人小汽车拥有量/万辆 |
| 2004 | 4.943 | 80.3 | 5.649 | 24.28 | 7.350 | 19.07 |
| 2006 | 6.53 | 121 | 7.237 | 40.95 | 7.926 | 37.97 |
| 2008 | 9.618 | 174.4 | 10.529 | 59.69 | 11.798 | 49.39 |
| 2010 | 11.218 | 275.9 | 11.238 | 86.54 | 12.919 | 72.31 |

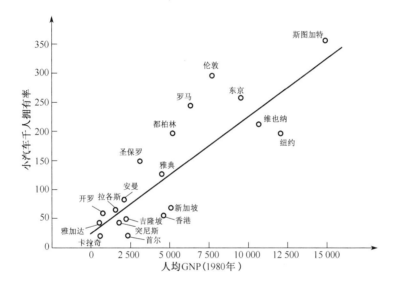

图 3.11 人均 GNP 与机动车拥有量的关系

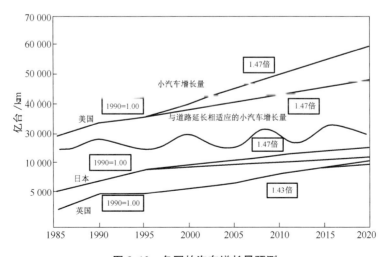

图 3.12 各国的汽车增长量预测

机动车拥有水平同人均国内生产总值(GDP)高度相关,两者之间反映了收入弹性(Income elasticity)的关系,即相对于一个百分点的收入增长,与机动车拥有量增长的百分点相关值。国外学者应用交叉分析、时间序列回归等方法分析后认为,这个弹性系数值在1.02~1.95之间,即收入增长一个百分点,将导致机动车拥有量增长1%~2%,如表3.7所示。

表3.7 机动车收入弹性系数分析

| 研 究 | 样 本 | 弹性系数 |
| --- | --- | --- |
| Siberston<br>(1970) | 38个市场经济国家,1965,汽车(客用小汽车)<br>38个市场经济国家,1965,机动车总量<br>46个国家,包括前苏联及东欧国家,1965,汽车 | 1.14<br>1.09<br>1.21 |
| Wheaton<br>(1980) | 25个国家,70年代早期,汽车(客用小汽车)<br>25个国家,70年代早期,机动车总量<br>42个国家,70年代早期,汽车总量 | 1.38<br>1.19<br>1.43 |
| Kain<br>(1983) | 23个欧共体国家,1958<br>23个欧共体国家,1968<br>98个非社会主义国家,1977 | 1.95<br>1.59<br>1.30 |
| Kain and Liu<br>(1994) | 52个国家,1990,客用小汽车<br>52个国家,1990,商用车(火车)<br>52个国家,1990,机动车总量<br>60个国家,1990,客用小汽车 | 1.58<br>1.15<br>1.44<br>1.02 |

资料来源:S 斯岱尔斯,刘志. 中国城市交通发展国际研讨会论文,1995

表中数据说明客用小汽车的收入弹性系数普遍高于货车及机动车收入弹性系数,这意味着客车的增长总是比货车增长快得多。我国近年来的机动车发展过程也证明了这一点。在城市,一般客车与货车年增长比重已经由80年代的3∶7转为8∶2以上,而且主要集中于经济发达地区的城市区域,因此随着国民经济的增长,城市道路系统将面临比公路系统更迫切的需求量。另有研究表明,不同经济发展水平国家的弹性系数也存在一定差异,各地客货运的弹性系数基本情况如下:

(1) 货运:货运增长弹性系数是指交通运输量增长率与GDP增长率之比。其中,不发达国家的弹性系数大于2;发展中国家为1~1.5;发达国家小于1。

(2) 客运:比货运呈较高比例增长。我国1981—2010年GDP年平均增长率为8%~10%,客运增长率为12%~15%。近20年来,国家城市 $\gamma_{经}$ = 8%~10%, $\gamma_{车辆}$ = 18%~20%以上, $\gamma_{道路(停车)}$ = 2%,比国外弹性系数1.95要高。

(3) 机动车:全国年增长率 $\gamma_{辆}$ 为4%~20%不等,这与城市采用的TDM政策有关。

### 3.3.3 科技发展水平

1) 通信活动可以替代部分交通出行活动

出行的目的在于创造价值,如果价值能以某种出行替代方式实现,就会减少出行的动力,减少出行的发生。随着现代信息技术(Fax、Email、Tel、计算机网络)的发展,很多社会经济活动不需要出行或短距离出行就可完成,因此电话上班(Teleworking)或远程办公(Telecommuting)易被大众接受。美国股市40%~60%的投资者在电脑上交易,上网交易便宜,已从大部分知识阶层转向一般的中低薪人员。1994年美国的1/3劳动力至少部分时间在家办公。

根据美国尼尔森统计公司 2001 年的调查,美国上网总人数已达 9 800 万,日本和德国分别为 1 500 万和 1 300 万。全世界上网时间最长的是香港(人均月上网停留 9.75 h),加拿大统计调查显示目前上网人数达 53%,年收入越高上网比例越大。

我国信息网基础设施建设已经跃居世界前列,固定网络和移动网络规模仅次于美国,信息产业对国民生产总值的贡献已超过 10%。中国互联网络信息中心从 1998 年开始,于每年 1 月和 7 月推出中国互联网络发展状况统计调查,定期发布相关信息。据调查,中国的网民总人数从 2007 年 1 月的 1.37 亿人至 2011 年 7 月的 4.85 亿人,年均增长 7 700 万人,增长率达 40%以上(图 3.13)。特别是 SOHO 族的出现,利用微型办公室或者在家办公的方式替代了传统的通勤上班方式,这支网上的"劳动大军"为交通需求的减少做出了贡献。

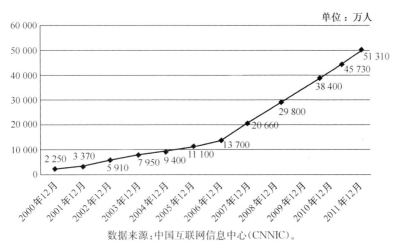

图 3.13 中国历次调查网民总数状况

网上银行、网上公用事业、网络办公、网上购物、找工作、买房等已经成为一种时尚与生活必需。网络的使用大大减少了人们的交通出行需求。交通在英文 communication 中本来就有交通与电信的意思,两者是互通的,这是交通具有可替代性的根源。

2) 信息化、智能化对交通出行的引导

智能交通系统的发展,将计算机、信息、通信、自动控制、电子和系统工程等当代高新科技运用于对区域交通的规划、建设与控制中,通过基于移动通信网络下的定位技术与基于 GIS 的城市交通信息数据库等高科技手段的发展与运用,更加推动智能道路系统、先进的车辆导航系统、先进的信息发布与停车诱导的运用与普及,从宏观上可以有效控制交通需求的生成与分布。对于每位出行者来说,信息化、智能化技术的运用适时提供"该不该出行,采用何种方式出行,选择哪条路径出行"等出行决策的重要信息,使出行者的出行行为能够更加理性。

### 3.3.4 交通政策和管理措施

1) 拥挤收费对需求的影响

拥挤收费是交通需求管理的一种手段,它通过价格杠杆来调节城市交通需求,达到减少拥挤区域的交通量、缓解交通拥挤的目的。拥挤收费的概念最早出现在 20 世纪 70 年代,现在已经逐步得到了重视和应用。新加坡是世界上最早实施城市道路收费并获得成功的国家之一,拥挤收费的实施取得了很好的效果,收费区的高峰小时交通量下降了约45%,车速提高了22%,总的交通流量下降幅度达到13%。伦敦也于2003年2月17日正式实施交通拥挤收费政策,实施后取得了很好的效果:第一年拥堵情况下降了30%,收费区总的交通拥挤等级下降了16%,车速的提高超过20%,公交出行更加可靠。可见,交通拥挤收费确实能达到提高车辆运行速度、控制交通量和缓解交通拥挤的目的。

交通拥挤收费目前在我国还没有实施的经验,北京、上海、广州等大城市虽然对城市的交通拥挤收费策略进行了研究,但是由于诸多方面的因素都没有开展,要顺利实施交通拥挤收费这项交通需求管理手段,必须要从城市自身的实际情况出发经过反复论证后制定收费方案。其中收费方案包括收费对象、收费时间、收费方式、收费模式和收费费率的确定,本书第7章具体介绍"拥堵收费影响下的交通出行方式选择"。

2) 停车收费对停车需求的影响

停车收费是指采用经济手段对进入某些停车区域(或停放点)的车辆收取停车费用,以增加车主的出行成本,达到调节交通需求和缓解交通拥挤的目的。停车收费可以影响停车需求在位置上分布的变化,比如说从停车拥挤区域转向非拥挤区域;可以影响停车需求在一天时间内的重新分配,比如说将部分高峰小时的停车需求转化为非高峰小时的停车需求;可以使出行需求在不同出行方式(比如说步行出行、自行车出行、公共交通出行等)之间重新分配,从而改变总的停车需求量。因此停车收费是重要的交通需求管理策略,本书第6章将具体介绍"基于停车收费的轨道交通停车换乘行为"。

## 3.4 交通需求管理的概念

### 3.4.1 交通需求管理的涵义

我国对交通需求管理的研究起步较晚,我国的城市规划和交通规划的研究者们从20世纪90年代开始引入交通需求管理理论。其对应的英文翻译有:Travel Demand Management, Traffic Demand Management, Transportation Demand Management,简称TDM。

早期的交通需求管理研究,其内涵的界定主要有两种,一种是以黄永根[55](1998)为代表的研究者们,认为交通需求管理就是通过交通政策等的引导,使得交通参与者改变交通出行行为,从而减少机动车出行量,缓解交通拥堵。以此理论作为指导,研究的范畴局限于交通需求管理的实施技术和具体措施。第二种是以周鹤龙[56](2003)、段进宇[57](2006)为代表的学者们,他们认为交通需求管理是指通过调整土地用地布局、控制土地开发强度、改变市民出行观念与模式、改变客货运输时空布局的方法来实现缓解城市交通拥堵、优化城市运输结构的目的。他们认为城市交通需求管理应当关注研究区域合理或可持续的综合交通系统结构,并通过各类政策措施引导人们理智地使用优先的交通资源,从而使交通系统达到一种安全、高效的平衡状态。

目前越来越多的研究者选择了第二种定义,认为交通需求管理应从交通拥堵的根本原因着眼,做好前期规划,采取合理的措施适当限制、引导需求,结合后期管理,使目前的交通系统正常运转,实现可持续发展。

## 3.4.2 交通需求管理的层次

根据交通需求管理的内涵,交通需求管理涉及的问题大致可分为四个层次[58]。

1) 城市战略总体规划层

城市战略总体规划层是最高层次,是从源头上解决交通问题的最佳层次。此时,对于城市的发展和功能定位应有一个明确的目标,对由此产生的交通需求结构和数量做出正确估计,加以正确的引导并做好未来相应交通发展的战略方案,认真处理好交通与城市发展的关系。

2) 城市总体规划层

城市总体规划层是基础层次,这个层次决定了土地利用、功能分区、人口和就业岗位等分布,也决定了交通发生、吸引、分布、积聚强度和城市交通的主要流向和流量。

3) 城市综合交通规划层

城市综合交通规划层是关键层次,这一层次的任务是落实城市道路网络、交通枢纽场站港口的布局及对外交通干线等专业规划,合理设置不同规模、不同等级的客运枢纽和物流中心,并通过基础设施合理引导适合的交通方式,加强公共交通吸引力。它是解决城市交通问题的重要阶段,对实现需求与供给的平衡起着关键性的作用。

4) 交通监控、组织管理层

交通监控、组织与管理层是交通需求管理的最后一个层次,也是实现交通安全畅通的最后保障。这一层次就是在现有既定布局的基础上通过调整交通发生的时间和空间来实施交通需求管理,做好车辆使用管理、引导公交出行、均匀交通流的时空分布,尽量做到人车分流、快慢分流、静动分流以改善交通秩序、提高交通运行质量与道路的通行能力。

## 3.4.3 交通需求管理的目的

交通需求管理希望通过控制土地开发强度、调整城市用地布局、改变居民出行观念和行为、改变运输时空分布等一系列政策措施,促进与完善交通规划与交通管理的互动反馈作用,减少或避免不必要的交通发生源和吸引源;协调和处理有限的城市空间与不同的道路交通设施之间的矛盾,实现在有限的城市空间内形成最大效能的交通设施能力;促进公共交通的发展,充分发挥公共交通的运能优势,引导其他交通方式的合理使用,形成城市最佳交通结构;缓解有限的道路资源同不断增长的交通需求之间的矛盾,合理控制道路上私车交通总量,引导理智使用道路交通资源,使道路交通设施得到最充分和最有效的利用。

## 3.4.4 交通需求管理具体措施

根据现有文献,交通需求管理在不同层次上的具体措施有:

在交通需求管理的第一、二层次上,普遍认为对于老城和已经建立起来的新城而言,土地利用、分区规划、功能定位和生产力布局已基本成型,交通需求管理难以采取措施。但是对于将要扩展的新区和拆旧翻新的小区,可采取以下措施:① 开发新区时应完善各种生活和市政配套设施,以减少不必要的出行;增加吸引老城区居民迁入的力度,以缓解老城区人口和就业岗位过分集中的现状,合理分散老城区交通需求量;② 若对老城区拆迁和更新,应合理规划、优化布局,使得居民的日常生活和上下班尽量在最短距离内实现,尽量避免工作地、学校、医院等和居住地跨越太长的距离,减少出行距离和总的交通运输量;③ 对部分交通节点或交通承载力较差的地区、地段,为防止吸引过多交通量导致拥堵,应严格控制土地使用功能和开发强度;④ 对于较大的城市新开发地区,为避免中心区过分集中,应在条件允许的情况下建立副中心。

在第三层次上,主要的措施有:① 优化不同等级道路组合与配比;② 合理选定客货运站场,以减少不必要与不合理的出行;③ 优化交通结构。可以通过优先发展公共交通,大力发展轨道交通、快速公交系统,配备停车换乘设施,鼓励短距离内步行或自行车出行等方式控制或削减时空资源消耗大、公害严重、运效不高的交通方式,以达到形成合理的交通方式结构的目的。

前三个层次受历史遗留因素较大,可操作空间较小。第四层次是学者们研究最多的层次,在这一层次上的交通需求管理的基本策略可以归纳为:① 通过对交通源的调整来减少交通发生量;② 通过对交通方式的引导和私人小汽车的高效利用来减少汽车交通量;③ 通过对出行车辆的出行时间和路径的诱导来使交通在道路的时空上均匀分布。

## 3.5 交通需求管理的经济原理

### 3.5.1 交通供需关系

从交通供给与需求的特点可以看到,需求是可以调节的,而供给是有限制的。但供给必须满足社会各项活动所必需的基本需求,保持交通运输系统在可接受的负荷状态下运行,否则城市就无法生存和发展;同样,由于供给的短缺,必须对需求进行调控,即发达国家城市常用的交通需求管理(TDM)。

交通供给与需求是一对错综复杂的矛盾,由于经济、社会和环境等方面的观念差异,处理这一矛盾的手段和实施效果会有很大的差异。我们在交通供需关系的处理上主要存在如下一些问题:

1) 过分强调供应不足

一种非常流行的观点是:"我国大城市道路设施的增长速度远远跟不上机动车的增长速度"。但实际上道路与机动车之间在数量上并不存在比例关系,车辆增长与交通量的增长也并非线性关系。从经济和资源上讲,我国大城市道路建设要满足需求是不可能的,因此道路建设的目标应定位在防止交通拥挤的过度恶化和为大多数地区提供必要的可达性。

2) 供给方向上的偏差

目前的交通供给过分集中在快速路、主干路、高架路、立交桥、地铁、轻轨等高投资的交通设施上,忽略了城市支路网的建设和常规公共汽(电)车的发展,对于停车、加油、步行、换乘等交通设施以及交通管理和服务的供给则一笔带过。这种方向上的偏差直接造成了城市交通系统运行的低效率。

3) 对部分需求的忽视

交通方式没有先进和落后之分,各有其优缺点,各有其适用的范围和程度。应该看到自行车在我国城市中所具有的不可替代的优势和适用性,国外的研究表明,摩托车是一种有生命力的交通工具。但是目前我们在对待自行车、摩托车等交通方式的态度上,往往采取歧视性的限制政策。另外,对于步行交通的忽视也是普遍存在的问题。

4) 价格政策不合理

价格是调节供需关系的重要手段。对于高效率的交通方式(如公共交通),价格过高会导致使用者减少,城市总体运输效率下降,成本升高;对于低效率的交通方式(如私人小汽车、出租车),价格过低会导致使用者增加,也会使总体运输效率下降,成本升高。而目前我们制定的很多价格政策则是背道而驰,导致城市运输成本的升高和总体运行效率的下降。如公交票价的上调会导致更加高昂的宏观经济代价,出租车票价不高则会导致政府投资效益的不合理转化等。如上海1995年底的公交票价上调导致公交客流大幅度下降,虽然公交公司的营业收入提高,政府补贴减少,但大量乘客转向自行车和助动车,造成全社会出行成本上升,交通拥挤加剧,道路需求增加和环境恶化。又如北京6万辆出租车每年向政府交纳的税费约2亿~3亿元,但出租车占市区道路上机动车交通量的30%~50%,而这些道路的建设和养护费用每年高达几十亿元。显然,大量的政府投资转化为出租车公司的收入以及出租车乘客的收益。出租车价格政策导致北京出租车乘客与公共汽车乘客的比例为1:4.5,使交通结构严重失衡,道路的运输效率大幅度降低。此类错误定价的例子尚有许多。

上述事例告诉我们:交通供需关系的正确处理,必须建立在综合而均衡的交通发展战略基础上,建立在社会、经济和环境影响分析和效用评价的基础上。供需关系必须有利于国民经济、产业经济的发展,有利于交通运输总成本下降和效率的提高。因此,把握正确的供求关系尤为重要。正确的供求关系应当包含以下几个方面:

(1) 明确供给与需求相对平衡的观念

在扩大交通有效供给的同时,建立以经济手段为主,多种手段并用的需求管理体系,使交通需求与供给能力相适应。应从城市土地利用着手改善可达性,减少交通需求;尽量使交通需求在时间和空间上的分布更加均匀;鼓励和保护高效率的交通方式,尤其是公共交通,从而达到供需关系的相对平衡。

(2) 保持供给方向的平衡

保持基础设施与服务供给的平衡;保持个人机动化交通与低成本交通设施供给的平衡;保持高等级道路与一般道路供给的平衡。交通服务的供给应涵盖交通的管理、法规、价格、运营、环境和安全等方面的政策。

(3) 交通需求管理应当体现社会公平

在符合使用者收费的原则下,各种交通方式都应有其存在的空间,使用者应有充分的选择自由;要关怀低收入阶层、处境不利者和易受伤害者的交通需求,向他们提供使用交通设施和服务的机会,以及必要的财政补贴,但在方法上必须符合市场规律。

(4) 正确应用价格机制,实现交通资源的有偿使用与合理分配

逐步建立完善的交通设施和服务使用收费制度,让个人机动化交通使用者承担全部成本,消除政府隐性补贴;税费的支付尽可能与使用行为直接挂钩,引导使用者作出对社会有利的选择。

## 3.5.2 交通需求管理的经济原理

简单地说,我们通过对交通供给、需求与均衡的分析,认为市场对交通供给与需求起着

主导作用,但由于道路具有准公共物品的特性,使得边际私人成本与边际社会成本产生偏离,以及人们在个体行为选择的过程中倾向于追求个体效用而忽视集体效用,进而使得城市交通管理陷入当斯定律描述的奇怪现象中,即新建的道路设施总会引发新的道路需求,且交通需求总是超过交通供给。

在这种情况下,要缓解交通拥堵,我们在尊重市场机制发挥主导作用的基础上,更需要交通需求管理措施来减少边际私人成本与边际社会成本之间的偏离,缓解个体理性与集体理性之间的矛盾,引导人们的交通行为,尽量避免当斯定律中的现象。

1) 供给曲线、需求曲线与均衡点

我们可以用经济学里最基本的供给、需求和均衡原理来讨论一下。交通需求曲线与一般商品的需求曲线具有相同的规律。需求曲线从左上方向右下方倾斜,表明出行者付出的价格越低,道路需求量越大,具体可以理解为出行总量的增大;如果我们把这里的 $P$ 理解为自驾车出行的价格,那么 $Q$ 就可以理解为自驾车的出行总量。

这里的供给量 $S$ 包含两个变量,一个是道路供给量,另一个是交通工具供给量。受城市面积和既定功能区的影响,道路供给具有有限性,在到达一定的道路供给量以前,尽管道路的修建受政策因素的影响更大,与出行者付出的价格多少没有直接的关系,但实践经验表明,随着经济社会的发展,道路供给一直在增加,人们出行付出的价格也一直在增加。因此,我们认为,就道路供给曲线而言,$k$ 是一条分为两段的曲线,在一定的道路供给量之前,曲线自左下方向右上方倾斜,当达到一定的道路供给量 $Q_1$ 之后,这条曲线变成一条垂直于 $x$ 轴的直线,即尽管自驾车出行价格一直在上升,道路供给将不再增加(如图 3.14)。就交通工具供给曲线而言,形状与道路供给曲线类似,也是在一定的交通工具供给量之前,曲线自左下方向右上方倾斜,当达到一定的交通工具供给量之后,尽管人们出行付出的价格继续上升,但交通工具供给量将不再增加。这个一定的交通工具供给量即是道路饱和量 $Q_2$,这是因为,在道路饱和之后,新的交通工具将无法进入道路,如图 3.15 所示。

综合以上道路供给曲线和交通工具供给量曲线,我们可以认为,交通供给曲线是一条分为两段的曲线,在达到交通供给量上限之前,曲线呈现出从左下方向右上方倾斜的特点(由于交通供给量受政策等其他因素的影响更大,因此在这一段供给曲线的斜率很大,几乎与 $x$ 轴垂直);在达到交通供给量上限之后,曲线垂直上升,如图 3.16 所示。

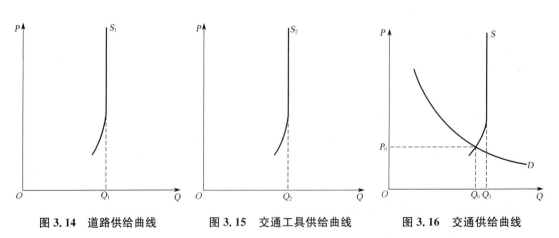

图 3.14 道路供给曲线　　图 3.15 交通工具供给曲线　　图 3.16 交通供给曲线

交通供给曲线与交通需求曲线相交于均衡的出行价格和数量处。在价格 $P_0$ 处,供给量与需求量恰好相等(等于 $Q_0$)。其中 $Q_3 = \max\{Q_1, Q_2\}$。

2) 供需曲线和均衡点的移动

(1) 当 $Q_0 < Q_3$ 时,均衡点为 $(Q_0, P_0)$,但在现实生活中,由于道路的准公共物品属性,出行者实际支付的出行价格往往低于均衡点的价格 $P_0$,我们假设为 $P_1(P_1 < P_0)$。在现实生活中,这样的情况出现时,交通供给量受价格变动的影响几乎很小,我们可以认为交通供给量还处于 $Q_0$ 水平,但交通需求量增加到 $Q_4$,此时 $Q_0 < Q_4 < Q_3$,交通供给量小于交通需求量,交通拥堵便产生了(图 3.17)。

若是按照"大修大建"的主导思想,政府将在不改变价格的情况下,着力于增加道路供给,即交通供给曲线产生移动,试图将均衡点移动至点 $(Q_4, P_1)$,如图 3.18。

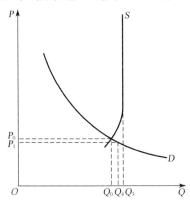

图 3.17 供需曲线之一

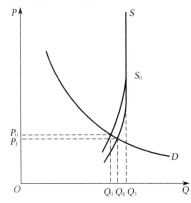

图 3.18 供需曲线的移动

当施政者以为新的均衡点 $(Q_4, P_1)$ 产生,道路供需平衡时,由于以上提到的道路的准公共物品特性使得出行者实际支付的价格往往低于均衡点的价格,需求点在需求曲线上再次发生移动,于是施政者再次从其他因素影响供给曲线,使得供给曲线移动,如此循环移动,直到进入下一种情况。

(2) 当 $Q_0 = Q_3$ 时,施政者发现无论怎样影响其他因素,交通供给量将无法增加。此时,要么想办法着力于需求曲线,要么任凭道路拥堵(图 3.19)。

3) 作用于需求曲线,缓解拥堵困境

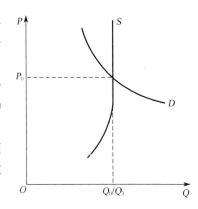

图 3.19 供需曲线之二

(1) 通过提高价格来影响均衡点。

① 当 $Q_0 < Q_3$ 时,如前所述,在价格为 $P_1$ 的时候,交通需求量为 $Q_4$,$Q_4$ 大于道路供给量 $Q_0$,因此造成交通拥堵。只要我们消除 $P_1$ 与 $P_0$ 之间的价格差,使得出行者付出的价格为 $P_0$,那么交通供需自然回到均衡状态,如图3.20。

② 当 $Q_0 = Q_3$ 时,如图 3.21,将 $P_1$ 提高为 $P_0$,交通供需将恢复均衡;若希望交通状况更加畅通,可将 $P_1$ 提得更高,假设为 $P_2$,这样,交通需求量 $Q_5$ 远远小于供给量 $Q_0$,治堵效果更加明显。

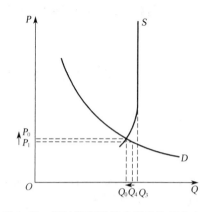
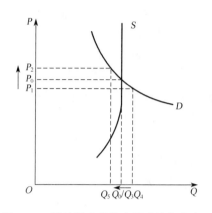

图 3.20　通过提高价格来影响均衡点之一　　图 3.21　通过提高价格来影响均衡点之二

(2) 通过非价格方式来影响均衡点。

① 当 $Q_0 < Q_3$ 时，如前所述，由于道路的准公共物品特性，出行者实际支付的价格在实际中往往低于 $P_0$，价格差为 $(P_0 - P_1)$。现在，我们通过非价格因素（如限制使用或购买自驾车）迫使需求量减少，即需求曲线由 $D$ 移动到 $D_1$，且满足 $P_3 - P_4 = P_0 - P_1$，这样交通需求量恢复到 $Q_0$，拥堵情况得到缓解，如图 3.22 所示。

② 当 $Q_0 = Q_3$ 时，此时交通需求量已经超过供给量上限。现在，我们通过非价格因素（如限制使用或购买自驾车）迫使需求量减少，即需求曲线由 $D$ 移动到 $D_1$，且满足 $P_3 - P_4 = P_0 - P_1$，这样，交通需求量恢复到 $Q_0$，拥堵情况得到缓解。需要注意的是，由于先前交通情况已经处于严重拥堵状况，我们的非价格手段需强烈到促使移动后的需求曲线 $D_1$ 向左移动相当大幅度，与供给曲线 $S$ 的相交点位于 $Q_3$ 的左边，如图 3.23 所示。

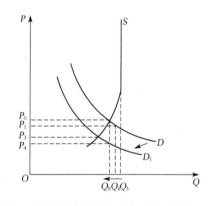
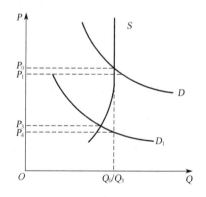

图 3.22　通过非价格方式来影响均衡点之一　　图 3.23　通过非价格方式来影响均衡点之二

(3) 两种方式并举。

① 当 $Q_0 < Q_3$ 时，通过提高价格使得交通需求量从 $Q_4$ 减少到 $Q_0$，再通过非价格手段使得需求曲线从 $D$ 移动至 $D_1$，交通需求量从 $Q_0$ 减少到 $Q_5$（图 3.24）。两种方式并举，对交通需求量的减少起到了更加明显的作用。

② 当 $Q_0 = Q_3$ 时，通过提高价格使得交通需求量从 $Q_4$ 减少到 $Q_0$，再通过非价格手段使得需求曲线从 $D$ 左移动至 $D_1$（图 3.25）。需要注意的是，由于先前交通情况已经处于严重拥堵状况，我们的非价格手段需强烈到促使移动后的需求曲线 $D_1$ 向左移动相当大幅度。

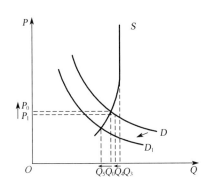
图 3.24 两种方式并举之一

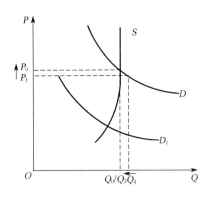
图 3.25 两种方式并举之二

# 第4章 典型交通需求管理措施

## 4.1 概述

交通需求管理主要包括对车辆拥有需求的管理和车辆使用需求的管理,通过相应的政策和措施抑制不恰当的车辆需求,通过协调、引导、控制等手段降低小汽车的使用时间或者减少其在高峰时间或拥挤路段的出行,鼓励出行者使用大容量、低能耗的公共交通[59]。

从交通出行的阶段来看,交通需求管理的内容包括:

(1) 在出行产生阶段,尽量减少出行的产生。如通过政策与宣传力量动员人们减少出行;以电信及网络代替出行(电讯会亲友、网上购物、电视电话会议等)。

(2) 在出行分布阶段,将出行由交通拥挤的终点向非拥挤的终点转移。

(3) 在出行方式选择阶段,将出行方式由拥挤方式向非拥挤方式转移。如对某些交通方式实行刺激或抑制措施(如停车费、通行费、公交优先),以促进人们利用大容量快速公共交通,保持各种运输方式宏观上的供需平衡。

(4) 在空间路线选择阶段,将出行由交通拥挤路线向非拥挤路线转移。如采用先进的信息技术,向出行者提供实时交通信息,或通过强制收费或价格优惠,使出行者避开拥挤路段;通过城市规划、交通政策等对交通发生源进行调整。

(5) 在时间段选择阶段,将出行由交通拥挤的时间段向非拥挤的时间段转移。如采用向出行者提供实时交通信息,或通过强制收费或价格优惠,使出行者避开拥挤时间段,实施错时出勤。

本章将从交通需求管理策略的基本概念介绍,各类措施将按照三大类进行分类,分别为:土地利用策略、优化城市交通结构策略、优化交通时空分布策略,见表4.1。

表 4.1 交通需求管理措施

| 策　　略 | 措　　施 |
| --- | --- |
| 土地利用策略 | 交通引导土地利用(TOD)<br>混合用地<br>交通影响评价<br>城市布局优化 |
| 优化城市交通结构策略 | 优先发展公共交通<br>拥堵收费、停车收费<br>限制使用摩托车<br>优化慢行交通体系 |

续表 4.1

| 策　　略 | 措　　施 |
|---|---|
| 优化交通时空分布策略 | 空间均衡措施:人车分离、单向交通、可变车道 |
| | 时间均衡措施:措施上下班、弹性上下班、货车限时管理 |
| | 高新技术应用措施:电子商务、电话会议、现代信息技术与卫星定位系统等 |

## 4.2　土地利用策略

土地利用策略包括交通引导土地利用、混合用地、交通影响评价、城市布局优化等。其中 TOD 模式可以协调城市交通与土地利用,有效提高城市的整体效率,是一种较为理想的城市土地开发模式,能为实现我国城市空间的有序增长,构建以公交为主体的可持续发展的城市交通系统,促进城镇化、机动化的健康发展提供一条有效的途径[60]。下面将重点介绍 TOD 发展模式。

### 4.2.1　TOD 模式的概念及定义

TOD 模式是以公共交通为导向的城市发展模式,强调公共交通在社区和城市建设中的地位。其具体的定义为:以公共交通站点为中心,在一定步行范围内建设高密度功能复合型的社区,强调公共交通站点对社区居民出行的吸引力,从而提高公共交通的出行率。高密度的建筑形式和功能复合提高了土地的利用价值,减少了居民不必要的出行。

TOD 是 Transit-Oriented Development 的缩写,通过字面意义可分为以下三点去理解:

1) Transit 交通

TOD 强调公共交通的作用,目前世界城市发展出现的问题大多与交通有关,大量的人口涌入城市,导致城市交通拥挤,通勤时间过长,降低了工作效率,造成资源浪费。良好的公共交通系统,可以有效地降低小汽车出行的使用率,缩短通勤时间。

2) Oriented 引导

由于交通规划与土地规划没有建立起良好的沟通与反馈作用,造成了需求型的交通规划与城市土地利用方案。需求型的规划在城市发展的初期能够有效地缓解城市的压力,但是缺乏前瞻性的规划与长远的目光,需求型的规划远远落后于城市的发展速度,摊大饼的城市发展模式就不可避免。TOD 模式具有引导性,通过引导型的发展方式来引导城市的发展与人口流动,能够有效地降低城市的无序蔓延,缓解城市的空间压力。

3) Development 发展

TOD 模式是一种能够很好地应对城市问题的城市发展模式,其重要性体现在引导性和未来的收益上,通过改变城市需求型规划的方式,使得在未来取得更多的收益,从而促进了城市经济的发展。

### 4.2.2 TOD 模式适用地区

在城市范围内,TOD 策略通常可用于新拓展地区、再开发地区及城市待发展区等。

1) 新拓展地区(New Growth Areas)

新拓展地区是指在城市外围尚未开发的大片地域,但其仍位于城市总体规划和未来城市发展范围内,未来这些地区将提供相应的公交服务设施。新拓展地区一旦成为城市拓展阻力最小的地区,最易于设计成为公交导向和行人导向的模式。在未来的规划中这些地区应被开发为一个 TOD 点或多个 TOD 点[60]。

2) 再开发地区(Redevelopable Sites)

再开发地区是城市已经开发的地域,结合新的用地开发和公交服务可赋予其新的活力。随着时间的推移,一些土地将逐步向新的用途过渡,闲置或未充分利用的土地也将得以更充分地利用。借此契机,在再开发的过程中,可采取 TOD 策略,将公交系统与土地利用紧密结合,创造适宜步行的环境,提高公交的乘坐率;同时,必须协调好再开发与现存风格保护的关系。

3) 城市待发展区(Urbanizing Sites)

城市待发展区是尚未开发的地区,是城市拓展过程中位于已开发地块中被"忽略"的空白点。在许多情况下,这些城市待发展区无完整的街道系统,但其常常与周边的街区相连或与商业设施邻近。这些地区往往比较大,可以开发为一个完整的 TOD 点或 TOD 点的主要部分;周边的街区则成为这些 TOD 点的次级区域。

### 4.2.3 TOD 模式的优劣势分析

TOD 模式与多中心、单中心等发展模式并不属于同类发展模式,而是单中心或者多中心发展模式框架下一个点的具体实施模式。通过对单中心发展模式的城市开展 TOD 模式,能够形成多中心的发展模式,在多中心发展模式的城市开展 TOD 模式,能够更好地应对城市问题,缓解城市空间和交通压力。TOD 模式可以作为单中心发展模式中这个中心的建设形式,也可作为多中心发展模式其中一个中心的开发形式,是属于城市发展模式中更具体一层的执行和规划。对 TOD 模式的优缺点进行分析,从而更好地在总体的城市规划下进行 TOD 模式的开发。

1) TOD 模式的优点分析

(1) 改变城市单中心的发展模式[61]

TOD 模式是一个高密度的功能复合型社区,通过便捷的公共交通连接城市的中心地区,这种高密度的开发模式会有更多的人前往居住,分担城市中心区的人口及空间压力。当人口和功能达到一定的程度就会形成多中心的城市发展模式,可以分担一部分城市中心区的压力而不丧失核心的主体功能,减少功能分配的不均和供给不足,很好地分担了城市功能的压力。

(2) 缓解城市交通压力

目前城市交通拥堵的问题成为了阻碍城市发展的重要原因,城市交通拥堵是因为城市人口的大量涌入和小汽车拥有量的迅速增加而造成的,大量的机动车集中在城市中心区域而造成了城市交通的拥挤,这个问题在城市发展的过程中也越加明显。TOD 模式通过便捷的公共交通和良好的步行环境的设计,能够有效地降低小汽车出行率,提高公共交通的乘坐率。公共交通的便捷性和通达性很好地减少了小汽车的出行,减少了城市空间内的小汽车数量,缓解了城市交通压力,缩短了居民日常的通勤时间。

(3) 提升土地的价值与土地使用效率,抑制城市的无序蔓延

由于城市周边土地的价值低廉,城市中心区的土地价值又过高,许多人选择迁往城市周边地区居住,而低廉的土地价格使得土地低密度的利用,低密度的扩张就形成了城市的无序蔓延。TOD模式能够有效地提高公共交通沿线和城市周边地区的土地价值与土地使用效率,鼓励高密度的土地开发利用,有效地抑制了城市低密度的无序蔓延,缓解城市土地利用压力。

(4) 提高居民生活满意度及美化城市环境

随着城市经济的发展,城市问题也在不断地扩大,居民日常通勤时间过久等问题使得居民的生活满意度在不断地下降。TOD模式能够有效地减少居民日常出行的通勤时间,通过良好的步行环境增加居民锻炼,减少了因小汽车出行方式而造成的能源消耗与环境污染,更能通过多样化的消费层次的住房满足不同消费层次人群的需求,通过美化社区环境,建设更加安全和谐的发展空间,提高居民生活的满意度。

(5) 引导型规划的实践

城市的发展经常是按照供需来实现的,规划往往会因为需求和供给的改变而发生变化,甚至不会起到作用。TOD模式通过公共交通和高密度的土地利用形式来引导城市发展,扭转以往的需求型的规划方式,按照引导型的规划方式来引导城市健康的发展。

(6) 构建和谐的发展空间为城市增添色彩

TOD模式不仅仅是一种城市发展模式,更是一种引导城市健康发展的方法。目前,紧张的城市空间压力和城市交通压力迫切地需要寻找一条解决之道,TOD正是这种良好的城市发展模式。TOD模式通过其引导性的作用为城市构建和谐的发展空间,通过特色的建筑模式来为城市增添色彩。

2) TOD模式的缺点分析

(1) 需要便捷的公共交通的支持

TOD模式是建立在发达的公共交通的基础之上的,这也就意味着城市采用TOD模式需要具备一定的公共交通条件。在理论与实践的过程中,轨道交通成为TOD模式比较好的一种公共交通工具,但由于其建设资金投入量大、回收慢、建设周期长、线路固定、受到地理条件等的限制,轨道交通的发展情况并不十分普遍。由于缺乏公共交通的支持,TOD模式的功能也无法实现。

(2) 资金投入风险大

由于TOD模式的实践还在进行中,关于TOD模式效益和成果的分析比较缺乏,许多城市会因为投入的风险大而放弃TOD模式。另外,由于TOD模式能够提供多样性消费的住宅,而购买这些房子的人群多为拥有小汽车的居民,这不仅没有降低小汽车的出行,反而使城市更加拥堵。

(3) 效益难以量化

TOD模式是一种能够很好地预防和控制城市问题扩大的城市发展模式。因为其不会将所得到的收益直接通过量化表现,而是在未来不断地得到收益,城市收益无法与未来发展

情况做比较,这就使得 TOD 模式的效益难以量化分析,也使得不少的城市因为缺乏实际的数据而放弃 TOD 模式。就目前美国实践的情况看,TOD 模式对于增加税收和提高公共交通收益起到了一定的作用,但是关于其他方面的收益还正在进一步的验证过程中。TOD 模式是在现有的城市发展模式的基础之上改进而得到的,尽管 TOD 模式存在着要求强有力的公共交通和效益难以量化的问题,但 TOD 模式的优点也使得其成为目前比较好的一种城市发展模式,特别是在应对目前城市发展过程中所出现的问题方面,在未来会得到更多的收益。

### 4.2.4 北京—亦庄 TOD 模式案例分析

我国城市经历了漫长的发展过程,直到 20 世纪 90 年代,我国城市正式进入了高速发展时期。这一时期,我国的城市人口不断增加,城市经济持续发展,城市规模不断扩大,但城市经济的发展总会留给城市一些问题,例如人口的涌入、交通的拥堵、城市空间的拥堵、房价的上涨。一些城市的交通问题甚至严重的阻碍了城市经济的发展,居民通勤时间过长,人们的生活质量和满意度下降,在这样的情况下我国的一些城市开始尝试 TOD 模式。

北京早期的城市规划是建国初期在前苏联专家的建议和帮助下编制的。这一规划方案为北京制定了分散组团的发展模式,由中心区域 10 个组团组成。然而在城市发展的过程中,这一规划并没有得到实施,北京以"摊大饼"的方式沿圈层向外扩张。

1) 北京发展 TOD 模式的背景

北京是我国目前城市问题最严重的城市,通勤时间远远高于其他城市,居民将大量的时间用在了通勤上,人口的涌入也使得轨道交通压力过大,无法满足众多人口的通勤需求。针对这样的情况,《北京城市总体规划 2004—2020 年》[62]提出了构建"两轴—两带—多中心"的城市发展模式,为了更好地应对城市问题,北京开启了"绿化隔离带"工程。"事实证明,面对经济增长的需求和压力,北京市中心城区蔓延的发展态势,仅靠修建绿化隔离带是'堵'不住的。"迫于这样的城市发展压力,北京开始寻找一条缓解城市问题的发展道路。北京拥有着我国最发达的轨道交通系统,从 1965 年 7 月 1 日开工建设至 2010 年 12 月 30 日,共有 12 条线路通车运行,运营总里程达到 336 km[63]。但轨道交通也因为高峰期乘客过多等问题阻碍着城市经济的发展,面对这样的情况,北京开始探索 TOD 模式的应用。

2) 北京 TOD 模式的规划

按照"两轴—两带—多中心"的发展模式,重点发展通州、顺义和亦庄 3 个新城,人口规模为 70~90 万,也增加了许多预留的空间。亦庄位于京津冀北区域的核心地区,是京津走廊上的经济重镇,其 TOD 模式主要以京津城际铁路与轻轨 L2 号线、市郊铁路 S6 号线和地面公共交通转乘系统为交通承载工具,主要目的是缓解北京城市空间和人口的压力,全功能地带动周边地区的经济发展。

亦庄 TOD 模式的发展主要包括:堡渠站、次渠站和亦庄火车站 3 个站点,主要对其站点周边 1 km 范围内的土地利用进行规划和发展,建成以亦庄火车站和次渠站为中心的"两站一街"的发展模式。亦庄 TOD 站点的开发吸取了香港地铁沿线的成功经验,对 3 个站点的功能进行了专业的区分和设计,对每个站点的功能进行详细划分,突出站点的主要功能,避免小而全的现象[64]。

亦庄 TOD 模式规划的另一个特点是多样化的公共交通换乘方式,在轻轨 L2 号线路的基础上还增加了快速公共交通系统（BRT），实现多种公共交通方式混合使用，并对站点周边的地区进行了详细的规划，通过地下商业街等形式来节省地面土地资源，提高土地的利用效率，增加汽车、自行车的停放空间。在环境设计方面，设计"米"字形的绿地规划，提高站点周边地区的环境和居住空间，提供一个良好的步行环境，提高了步行沿线土地的商业价值。

3）北京亦庄 TOD 模式经验总结

亦庄 TOD 模式是国内 TOD 模式发展的成功案例之一，其成功的很重要的一个原因是以轨道交通为依托，连接地铁、轻轨、汽车以及其他公共交通方式在北京城市周边地区建立起了高密度功能复合型社区。亦庄 TOD 模式成功的另一个重要原因是政策的支持与详尽的规划方案，给实施提供了指导。在具体实施方面，在招标完成后通过交通规划部门与土地利用部门的整合，实现轨道交通和土地的和谐发展，通过各部门的协力合作完成亦庄 TOD 模式的开发与利用，为我国城市发展 TOD 模式提供了借鉴之路。

北京亦庄 TOD 模式经验总结为以下几点：(1) 良好的站点选择与发展战略；(2) 发达的公共交通系统的支持；(3) 公开招标，集思广益；(4) 城市土地与地下土地的共同利用；(5) 良好的设计规划方案；(6) 多部门的鼎力协作；(7) 良好的政策支持；(8) 强有力的规划实施。

### 4.2.5 国内外成功案例对我国发展 TOD 模式的启示

1）协调的规划与城市和谐的发展

通过对国内外发展经验的总结，我们会发现，这些城市都非常重视城市交通与城市的和谐发展，应提升城市交通规划在城市发展过程中的地位。一个具有前瞻性的城市规划有着重要的作用，缺少了前瞻性的规划只能使城市处于一种盲目的、无序的发展状态。

2）完善的公共交通

纵观国内外成功发展 TOD 模式的典型案例，可以看出，完善的公共交通系统在 TOD 模式的开发中起着相当关键的作用，它是实现 TOD 模式的基础。在我国城市发展与交通现状的大背景下，虽然我国城市不一定非要严格采用 TOD 模式，但必须采用以公共交通为导向的城市发展模式，只有这样才能利于城市的可持续发展。

3）强有力的实施与监督

如果缺乏了强有力的实施，即使有再好的规划也难以实现其目的和作用，造成了资源的浪费和其他问题的出现。世界城市成功地发展 TOD 模式都离不开强有力地实施与监督，通过强有力地实施来按照规划的路径执行，通过监督来完善执行过程中的不足。

4）不同城市的 TOD 模式选择

TOD 模式能够很好地应对城市问题，但 TOD 模式的开发需要城市具备一定的条件，如果盲目地发展会造成资源的浪费，TOD 模式有不同的类型，不同类型的 TOD 模式适合不同规模的城市。有的城市并不完全具备发展 TOD 模式的条件，但其城市问题也已经给城市的发展造成了阻碍，因此要通过不同的交通方式和发展时机以及发展需要来区分不同城市所需要发展的 TOD 模式。

## 4.3 优化城市交通结构策略

合理的交通结构对城市交通发展起到重要作用,因此,交通需求管理措施应引导城市交通结构合理化发展,优先发展公共交通等集约化出行方式,合理限制私家车及摩托车的使用。

### 4.3.1 优先发展公共交通

1) 公共交通系统概述

在城市行政辖区内为本市居民和流动人口提供乘用的公共交通,包括定时定线行驶的公共汽车、无轨电车、有轨电车、中运量和大运量的快速轨道交通,以及小公共汽车、出租车、客轮渡、轨道缆车、索道缆车等交通工具及配套设施。各种公共交通工具之间相互配合,以不同的速度、运载能力、舒适程度和价格为乘客服务。从系统规划、建设和管理的角度看,城市公共交通系统可分为公共交通工具(车辆)、线路网、场站及公共交通运营管理系统等主要组成部分[65]。

2) 优先发展公共交通的内涵

"公交优先"是公共交通系统优先发展的简称,不仅仅是专指常规公交通行权上的一种片面优先,要明确它的具体涵义一般需从广义和狭义两方面来进行阐述。从广义上讲,凡是有利于公共交通优先发展的政策和措施均可称之为公交优先;从狭义上讲,则是指仅在交通工程范围内,采取适当的交通管理和道路工程等措施为公共交通车辆提供道路优先通行权利[66]。公交优先所包括的内容非常广泛,根据其广义上的涵义,我们对公交优先所包含的内容给出了确切的分类,所涉及的范围给出了明确的界定,公共交通系统优先发展内容框架如图 4.1 所示。

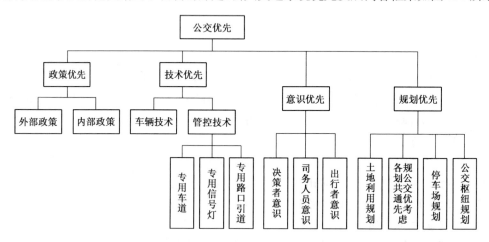

**图 4.1 公共交通系统优先发展内容框架图**

3) 优先发展公共交通的必要性

在城市道路交通的各种出行方式中,不同交通方式的道路空间占用要求、环境污染程度、能源消耗量有较大差异,优先发展人均占用道路面积最少、人均污染指标最低、人均消耗能源最少的公共交通,是解决各国交通拥挤的首要出路。

"公交优先"是20世纪60年代初由法国巴黎最先提出的,其后很快在欧美发达国家得以推行。30多年的探索和实践已经雄辩地证明,这种高效利用通道资源的交通方式是社会经济发展的必然选择。"公交优先"即公共交通优先,是指在城市发展和规划中,把公共交通的建设、管理放在优先的位置上,给予政策、资金、技术等方面的扶持,使其能以畅通的道路、良好的车况、纵横密集的线网站点,为公众出行提供更多、更好、更快的服务。

(1) 推动城市发展的客观要求

城市公交的正常营运,直接支撑着城市经济和社会活动的有序运转,直接影响着城市的生产和生活,也可以说城市的健康发展,离不开公共交通的优先发展。公共交通与城市发展方向、用地布局紧密相关,没有大运量的、快捷的公共交通出行方式,城市想要达到理想的空间布局几乎是不可能的。伴随着城镇人口的增加和交通需求的增长,建立区域公共交通体系,能更好地联系城市与周边地区的协调发展。可见,优先发展公共交通不仅是解决城市交通的需要,而且也是优化城市布局的必然要求。

(2) 解决能源问题的必然选择

公共交通的发展是决定城市形态和城市人口密度,节约使用土地、能源,实现城市可持续发展的关键措施。随着经济社会的快速发展,对能源的需求不断增加,能源已经成为涉及我国经济安全的战略资源。据统计,每百千米的人均能耗,公共汽车是小汽车的8.4%,电车为3.4%~4%,地铁为5%。如果采用个体小汽车出行的人有1%转乘公共交通,仅此一项全国每年节省燃油将达到0.8亿L。由此可见,在燃油费用上涨的今天,大力推广公交优先,是降低燃料消耗、解决能源问题的必然选择。

(3) 实现道路资源优化配置的有效途径

公共交通本身的优越性(人均占用道路面积小、污染指标低、能耗小)决定了其优先发展的地位。公共交通是大运量、集约化经营的交通模式,也是对道路公共资源高效利用的交通方式。据统计,每20辆自行车或4辆小汽车所占用的道路面积与1辆公共汽车所占面积是一样的,而后者的载客量是自行车的100倍、小汽车的30~40倍。运送同样数量的乘客,公共交通与小汽车相比,可节省土地资源3/4、建筑材料4/5、投资5/6,而空气污染只是小汽车的1/10,交通事故是小汽车的1/100。数据最能说明问题,城市公共交通是效率最高的交通方式,公交优先无疑是克服人多地少、车多路少、拥挤堵塞等基本矛盾和污染严重等问题的首选。

4) 保障优先发展公共交通的策略

在不同的层面上,优先发展公共交通有不同的内涵,公交优先绝不仅仅是设置一些公交专用道,还包括政策、资金、后方基础设施、管理措施等诸多方面的优先。它的实现带来的是现代化交通观念和意识。因此,公交优先主要从规划、政策、价格、运行等多方面加以体现,作为一项社会系统工程共同实施。

(1) 规划优先

城市公共交通的优先首先应该体现为公交规划和建设的超前性,以及其在城市发展总体规划中的优先地位。根据城市功能定位,结合城市发展总体规划,准确把握城市发展趋势,制定城市公共交通的中长期发展规划,尤其要搞好城市立体公交网络规划。

公共交通规划包括公交线路系统规划,公共电(汽)车运行系统规划,城市铁路、地铁、轻轨以及与出租车、货运等各种交通方式之间的协调、衔接,公共交通的站点、停车场等规划。

规划既要因地因时制宜,又要有超前和宏观意识,要根据市民出行的时空变化规律、城市未来发展战略、土地开发利用、布局和规模、主要商贸、旅游、居民点的客流及变化,确定公交线网、站点及停车场的布局。

(2) 政策优先

城市公交作为城市公共基础设施,其发展必须得到国家政策的扶持和保护。首先,在财政补贴方面,要建立科学的财政补贴政策。要区分公益性客运服务与经营性客运服务,划分政策性亏损和经营性亏损范围,政策性亏损由政府予以补贴。在税费方面给予优惠,尽量减轻公交企业的税费负担。根据实际情况还可实行合适的专项税收政策,如开征企事业单位公共交通税、征收机动车燃料税等。此外,政府在配置道路、开发交通、协调公共资源等方面,应尽可能向公交倾斜。其次,在投资政策方面,要加快招商引资的速度,实现投资主体多元化;要加大政府投资力度,完善政府投融资方式;银行信贷应向城市公共交通倾斜,对城市公共交通中的场(厂)站建设和车辆购置等项目,银行要在信贷和配套资产计划中优先安排,并确保资金及时到位。同时,政府可以鼓励公交企业"以副养主",发展旅游、物业开发等有效益的相关副业,通过公交企业的滚动开发,实现企业发展、政府增税,使有限的投资效益最大化。

(3) 完善公交价格体制

① 建立科学的定价机制

首先,要科学定价。公交票价的制定要依据公益性与经济性有机结合的原则,既要体现一定比例的公交企业运营成本,与公交所提供的服务价值保持阶段性的总体平衡,又要体现居民消费结构和出行需求的变化,使城市居民平均交通费用支出占平均总支出的比例保持在一定的水平。

其次,要依法定价。按照国家《价格法》的规定,采取价格听证会等形式,并广泛听取社会各界的意见和建议。建立价格评估体系,有关部门要对公交企业财务管理进行有效的监督,对企业的经营成本进行科学测算,政府授权的社会中介组织要对公交线路的成本—效益进行定期的动态监控,为政府科学定价提供准确依据。

② 要建立合理的价格补贴机制

在当前和今后相当长的时期内,公交都将是我国大量中低收入人群出行的主要方式,因此,"公交优先"实际上是群众优先。正因为公交的群众性、公益性,政府有必要建立合理的价格补贴机制,对公交企业予以扶持。首先,可以通过财政对在职职工发放交通费,按一定比例报销月票等形式,鼓励乘坐公交车。法国政府就规定企业职工只负担公交月票的一半,其余由所在单位补贴;而学生则半票,退休人员凭退休证免费乘车。这些都可以根据不同城市的实际情况作为优先发展公交对策的借鉴。其次,由于原材料和油费上涨等原因,在保证公交服务质量不下降的情况下,公交利润率没有达到一定的标准,公交企业可以向政府请求提高票价或申请政府补贴。例如深圳市政府在实施公交大巴专营管理以后,保证专营公交企业年收益达到年营收的 10%,不足时专营企业可以向市政府请求提高票价或给予补贴。

(4) 运行优先

① 道路使用优先保证运行的优先

公交运行优先就是要给予公交车辆优先行驶的"特权"。在空间上,要建立公交专用道网络。按照"分期建设、逐步成网"的方针,在部分路段采取公交车借用非机动车道、开辟专用道和设立港湾式停靠站等措施,在城区单行干道上设立公交逆行专用道,在交叉口进口设置公交专用进口道,逐步形成公交优先通行道路网络。如上海市正在建设公交专用车道、整理线网布局、改变站点设施,最终实现"五横五纵一环"的公交专用道系统,实现公交大提速。

在时间上,要实行公交信号优先。为保证公交车高峰期的优先权,在左转公交线路多的交叉口,可以实行交通高峰期不允许小汽车左转,只给公交车左转的特权。在建立公交专用道的基础上,实行交叉路口公交车辆的优先控制,保证公交车快速通过交叉路口。

② 提高技术水平保证运行的优先

加快技术进步,以技术的提升提高公交管理调度及运营水平,尤其要提高公交信息化水平。政府应鼓励公交企业建立公交智能中心,启动 GPS 卫星监控和无线电调度工程,普及电子月票、设置电子站牌等。增加低污染环保型绿色公交车辆的投入,逐步引入车辆自动定位系统,投入与车辆自动定位技术相结合的路边、车内电子显示设备,为出行中的乘客提供动态的实时信息服务。日本、美国在 90 年代初已经将智能运输系统(ITS)应用于公共交通领域,为乘客提供包括公交信息、选择出行时间和换乘车次的各种便利服务。

③ 控制非公交车辆保证公交车辆运行的优先

按照公交道路使用效率优先的原则,有必要在城市中心范围对容量小、效率低、占用道路资源多的其他交通工具采取限制性措施,为公交车最大限度地使用道路资源创造条件。对自行车运行路线和停车地点要进行合理的规划和安排;逐步提高小汽车在城市核心区域内的停车费,控制小汽车进入城市核心地区的数量。对摩托车和助力车等安全性低、污染严重的交通工具要严格控制,逐步压缩直至杜绝其发展。如法国在城市中心城区提高小汽车停车场收费,甚至在主要路口限制小汽车通行;德国许多大城市把私人停车场限制在市区之外,进入中心城区必须换乘公共交通工具。

5) 公交优先国内发展概况

20 世纪 80 年代初,公交优先的概念传入我国。由于当时我国城市机动化水平还比较低,城市道路与交通容量的潜力相对较大,汽车化发展时期产生的诸如停车难、城市生态环境急剧恶化等问题还不是十分突出。此后的一段时期内,机动车保有量以每年大约 12%～15%的速度增加,在我国许多大城市都先后出现了严重的交通拥堵问题。于是,公交优先被提到了议事日程上来。北京、上海、杭州、深圳等城市都根据自己的实际情况实施了公交优先。北京市于 1997 年开辟公交优先(公交专用)车道,至 1997 年底,又先后在崇文门大街、朝内大街等 4 条大街设置了公交专用车道,使当年公交专用车道总长度达到 40 km。上海市 1970 年就将公交优先列入"上海市公共交通综合治理的模式"开展可行性研究,研究形成了以 3 条南北向,3 条东西向公交专用车道为主干的公交快车线网。上海从 20 世纪 80 年代开始以"公交优先"为政策导向,发展轨道交通建设,90 年代中期以来,又把发展以大容量轨道交通为骨干的公共交通体系作为贯彻"公交优先"方针,解决市民出行难问题的重要措施。目前,上海已初步形成了一个立体化的城市交通网络。杭州市计划从以下 5 个方面来建立公交优先系统:

① 合理的公交线路布局;

② 形成公交专用车道系统,提高运送速度;

③ 完善公交场站基础设施;

④ 提高公交车保有量及服务性能;

⑤ 建立统一的公交信息网络管理和监控系统。

青岛在短短几年间,城市交通经历了由"杂乱"到"有序"、由"堵"变"通"的转变,其关键就是优先发展了城市公共交通系统,青岛城市公交优先主要表现在:

① 优化了交通结构,取消"小公交运营权",为发展大公交提供了广阔的空间;禁止农用三轮车入市,限制摩托车增长;

② 科学渠化路口,提高了公交车辆的通行能力;取缔"马路市场",扩大公交运行网络;

③ 城市中的主要区域开辟了 50 条公交专用车道;

④ 公交线路延伸至居民的新区,600 多辆超期服役的"大通道"被淘汰,换成了舒适的中巴车和专线车;

⑤ 青岛先后在关键地带建设了 135 处"港湾车站"。

但我国由于客观条件的限制,公交优先尚处于起步阶段,公共交通系统不但享受不到应该享受的特权,反而在整个城市客运形态的竞争中不是在同一起跑线上,而是处于极大的劣势。在公交优先实施时面临着难以解决的问题,具体有:

① 政府相关政策的力度不够,而且国家对于公交优先的政策没有给出明确的法律条文,加上资金投入有限、优先技术落后,公交优先落实困难、纸上谈兵现象严重;

② 公交企业时有亏损,资金极度紧张,国家所投入的资金大多被用来更新和新购车辆,而忽视了在公交专用车道、信号灯等公交优先技术措施等方面的投资;

③ 公交管理体制混乱,我国城市公共交通企业的经营模式主要有以下几种:车队—分公司—总公司—二级承包责任制、股份制企业、企业公司、联营公司;各种经营模式之间的相互协调能力比较弱,政府制定统一、适用的政策法规比较困难;

④ 公交优先的前提条件必须是交通秩序良好,而我国城市道路交通方式混杂、乱停车现象严重,行人的交通法规意识淡薄,实施公交优先难度较大;

⑤ 在发展城市公共交通事业上,没有一个鲜明的中长期规划。

随着我国经济的发展,各个城市的交通问题先后涌现出来,为了较全面地解决这些问题,采取以公交为主的出行方式,优先发展公共交通才是解决之道。

## 4.3.2 合理引导小汽车

庞大的小汽车数量是现代交通症结之一,在交通需求管理措施中的拥堵收费和停车收费,将通过经济杠杆合理引导小汽车出行,在一定程度上抑制小汽车数量的增长。

1) 拥堵收费

(1) 拥堵收费的概念

拥堵收费(Congestion Charging)是指对行驶于拥堵区域或路段上高峰时段的车辆征收额外费用,通过价格机制来调节车辆在城市路网时空上的分布,达到减少路网中的车流量,缓解拥堵状况的目的[67]。拥堵收费定价原理认为用户对出行成本的部分支付,将导致道路的潜在需求溢出和交通量的无节制增长,从而造成路网中某些路段车流量超过通行能力,产生交通拥堵问题[68]。

(2) 拥堵收费的意义

拥挤收费的作用和意义主要体现在以下几个方面[69]:

① 拥挤收费区域车辆出行的减少。通过收费的方式调节出行成本,促使一部分高峰时

② 拥挤收费区域交通状况的改善。通过对出行需求的控制可以带来交通供求紧张关系的缓和、交通拥挤程度的降低。

③ 促进城市公共交通需求量的增加。针对小汽车的拥挤收费会促使一部分出行转向成本低廉的公共交通。

④ 为提高城市公共交通服务水平提供资金支持。拥挤收费收入虽是副产品,但其取得的大量资金可以更好地用于公共交通设施的改善和服务水平的提高。

⑤ 拥挤收费区域停车需求的缓解。拥挤收费会使所控制的小汽车数量减少,同时也会带来停车需求的减少。

⑥ 减少拥挤带来的各种负面影响。通过降低拥挤的程度可以减少环境污染、能源消耗、时间延误等各种负面外部影响。

(3) 拥堵收费的设计[70]

拥堵收费设计的具体相关内容包括:收费区域设计;换乘衔接设计;收费系统设计等。

收费区域的设定,受拥堵范围、城市交通需求影响,与城市布局形态和交通布局规模等因素有关,并且与公交吸引范围有直接关系。涉及的吸引范围包括大容量公共交通站点 TOD 合理区域范围、大容量公共交通走廊 TOD 合理区域范围和多条公交走廊的合理吸引范围,在这些区域覆盖范围内的道路、出行起讫点设置收费设施。

为使拥堵收费得以顺利实施,合理引导市民的公共出行,需要对枢纽站点及其换乘衔接进行优化设计,特别是换乘衔接设计问题。拥堵收费中换乘衔接设计对枢纽站点在客流的中转换乘、不同交通方式衔接布局和交通组织协调等方面提出了新的要求,因此,在设计枢纽站点时要充分考虑旅客的流转便捷、不同交通方式顺利衔接和交通组织协调等因素。

收费系统设计的内容包括:收费模式设计、收费费率设计、收费时间设计、收费对象设计。收费时段应该是城市中心区交通的高峰时段,拥堵收费的直接目的是要控制城市中心区高峰时段的交通量,因此,收费时间设计两套方案:潮汐交通路段,高峰期收费,其他时段不收;饱和路段全天收费,费率随时间变化而变化。拥堵收费的主要目标是通过收费来限制个体机动化交通出行,比如私家车、公车、货车等,这些都是占用道路资源较大的交通工具,而且数量众多,是造成交通拥堵的主要元凶,因此,对使用这些交通工具的出行者进行收费。在交通拥堵收费中,技术上比较成熟的是不停车电子收费技术和自动车牌识别技术,如新加坡和英国伦敦的收费模式。因此,可以引进国外先进的收费技术并加以优化改进。

2) 停车需求管理

停车需求管理是交通需求管理的一个组成部分,通过停车需求管理的方式调节交通需求,减轻了城市中心区交通压力,是缓解城市中心区交通拥堵的手段之一。城市政府可以通过详细的规划、公共停车设施的改善等政策和措施来调节停车需求。在城市中心区限制停车位的数量,会影响人们的出行方式,提高小汽车合乘和乘坐公交的人员比例[71]。

停车需求管理主要有三种方式:①实行更严格的停车执法管理,既可以针对驾车者,也可以针对停车设施供应者。②改变停车供应。包括限制停车位供应数量(如限制社会停车场的修建、降低建筑物配建停车位指标、减少路边停车位)、改变停车供应的空间分布(如停车换乘)、缩短停放时间限制以及在特定时间或对特定停车者禁止停车。③改变停车收费水平或结构[72]。

停车需求管理对交通需求结构的影响是政府运用价格杠杆对居民出行方式、出行时间、行车路线、机动车拥有量产生影响。

当然,停车收费管理政策用于交通需求管理也有其自身的局限性,如停车需求管理受其是在出行终端处实施的性质所决定,对驾车者的出行距离影响不大,对中心区的过境交通也没什么作用。而且,我国城市还存在大量对停车管理政策不敏感的公车,所以,停车管理政策必须结合其他一些 TDM 策略,如征收燃油税、限制中心区过境交通、发展可以不受阻碍地穿过中心区的轨道交通、公交优先等政策,才能取得良好的效果[73]。

### 4.3.3 限制使用摩托车

摩托车是城市交通工具发展的中间产物。一般来说,在其没有充分发展之前,通常是自行车占据主导地位。当社会经济发展到一定阶段,城市土地使用布局、交通政策又比较适合摩托车发展时,摩托车开始步入高速发展时期,并可能占据相当长时间的主导地位。更为严重的是,由于摩托车交通的个体性和随意性,因而即使在其发展到顶峰之后,大量的摩托车又会逐步被更为舒适和同样自由的小汽车所替代,而不是为公共交通所替代。这样,摩托车过度发展带来的交通问题又会转化为小汽车过度发展的交通问题。显然,摩托车交通问题不仅关系到这些城市现在的交通问题,还涉及今后摩托车可能的交通工具转移问题。因此,如何对待高速发展中的摩托车、后摩托车时代的交通如何发展等问题是这些城市在发展战略中应该引起重视并优先予以解决的问题[74]。

1) 摩托车引起的交通问题

(1) 摩托车会引起城市的交通秩序混乱

摩托车具有与自行车相似的行驶轨迹,表现为自由、随意的特点。目前,许多城市并没有专用的摩托车道,作为机动车的一种,摩托车一般行驶在机动车道上。与自行车相比,摩托车行驶的自由性和随意性对其他机动交通工具的干扰更大,由于摩托车交通的存在,其他机动车辆的交通性能会有不同程度的下降。在路段上,摩托车的速度比其他机动车要慢,一般情况下,摩托车在最外侧的机动车道行驶基本上不会对其他机动车产生影响。但是,摩托车车身虽小,它的动态空间相对其几何尺寸而言较大,加上车道变换频繁,致使后续车辆超车困难,影响整条道路的车辆行驶速度,造成城市道路特别是在高峰时段拥挤不堪。由于摩托车的启动较快,可以在一定程度上利用这种特性尽快通过交叉口,减少交叉口的拥挤状况。但是,在红灯结束绿灯开始的时候,摩托车如果仍然抢道行驶,将会产生很大的安全隐患。摩托车在交叉口左转、右转、直行的情况不明确,影响其他机动车辆的行驶,使交叉口产生混乱,而且一般城市的道路条件现状较差,大部分城区内比较狭窄,而且交通流量大,大量摩托车与不断增长的其他机动交通工具混行在狭窄的道路上,使得城市的交通秩序更加混乱。

(2) 摩托车交通运行安全性差

摩托车行驶特性决定了其运行的安全性差,事故发生率显著高于其他交通方式。由于摩托车的个体特殊情况,其防护性能和被动安全性差,稳定性能低,事故一旦发生,死亡率更高。据 2003 年交通事故数据统计,摩托车交通事故起数占所有交通事故起数的 14.6%,死亡率占所有死亡人数的 20.3%,受伤人数占所有受伤人数的 25.1%,这远远大于小汽车和公共汽(电)车的比例。根据交通事故率的计算,摩托车交通是所有交通方式中安全度最低的方式,其交通事故率分别是自行车、小汽车和公共汽(电)车交通事故率的3.4倍、4.0倍和16倍。

(3) 摩托车交通效率低下,城市交通系统应符合社会资源使用效率最大优先原则

城市的资金、道路等社会资源是有限的,因此未来交通发展必须强调资源利用效率最大。但是摩托车是一种低效率的交通工具,其在行驶过程中使用效率仅相当于常规公共汽车、电车的1/10左右。据测算,一个人如果乘坐大型公交车,占有道路面积约为1 $m^2$,骑自行车占有道路面积约为4 $m^2$,乘坐出租车占有道路面积约为8 $m^2$,骑摩托车占有道路面积约为10 $m^2$,驾私家车占有道路面积约为14 $m^2$,从这些数字不难看出摩托车的人均动态占地面积仅次于私人小汽车,但是其运行效率却远远低于私家车。另外,交通流速度的降低会相应带来一系列问题:延误增加、能源消耗增加、排气和噪声污染加剧等。统计资料表明:随着机动车保有量逐年增加,特别是摩托车的剧增,尾气排放对空气污染的"贡献率"也越来越高,同时还带来了噪声污染。

2) 应对摩托车问题的对策

从世界范围看,摩托车发展存在两种模式:即意大利的适度发展模式和我国台湾地区的自由发展模式。按照这两种模式的成因,如果不对摩托车增长采取控制的政策,在空间有限、不利于小汽车发展的地区,摩托车会以很快的速度增长。

就国内情况而言,国内城市大多是典型的密集型发展城市。从各方面讲,城市摩托车的发展更趋向于我国台湾地区模式而不是意大利模式。随着经济的发展、人均收入的提高,摩托车会迅速增长并可能在相当短的时间达到饱和,这种例子在中国城市屡见不鲜。

要加强对摩托车的管理,可以通过有效实施交通管理限制摩托车拥有和使用。如:严格限制牌照发放并通过年检逐步淘汰旧摩托车;严格禁止城区以外的摩托车进城,在交通流量大的主要路段限制摩托车使用,部分交通紧张路段在高峰时段禁止摩托车行驶,减少摩托车的出行量;限制摩托车的停放,在市区开辟摩托车禁止停车路段,在指定停车场停放,并收取较高的停车费用;严禁摩托车搭客营运,减少摩托车吸引力,萎缩摩托车市场;在市区主要的一些干道两侧辟设3~5 m的摩托车专用道,从而限制摩托车在该专用道以外的道路行驶,合理渠化路口与路段,分离摩托车交通流,提高行车安全指数;加强摩托车交通的秩序管理,严格执法,减少摩托车违章和事故的发生。

要从根本上解决城市的摩托车交通问题,政府还应该根据各个城市的具体情况,制定和完善交通政策和法令,统一认识,提高公共交通的地位和作用,保证公共交通的发展与城市社会经济的发展相协调、相配合。首先,加大宣传的力度,使得市民从思想上提高对公交的认识,把优先发展公共交通作为未来城市建设的一个重要指导思想。其次,大力进行道路等基础设施建设,改善人、货、车出行条件,对支路系统进行改造,明确道路使用功能,为公交、步行提供道路基础,同时配足公交车辆,完善站、场设施和其他附属及生活设施,切实保证公交发展所需的硬环境;成立政府专门机构,对城市公共交通统一组织、统一规划、统一管理,保证公共交通措施得到全面落实;在交通管理方面给予配合,可以设立公交专用车道,在交叉口设计上体现公交车辆的优先;在公交车辆的税费上优惠或减免,并从交通管理的角度科学合理地规划公交线网和站点,提高公交车辆的硬件和服务,使车辆性能好、排放少、乘坐舒适,提高市民对公交的依赖性和信任度,建设一支高素质的公交车驾驶员队伍;在适当的路

段和时间对摩托车进行限制,对公交车行驶给予优先支持[75]。

### 4.3.4 优化慢行交通体系

1) 慢行交通的概念

慢行交通(Pedestrain and Bicycle Traffic),是相对于快速和高速交通而言的,也可称为非机动化交通。一般情况下,慢行交通是指出行速度不大于 20 km/h 的交通方式。慢行交通概念在国内最早出现于《上海市城市交通白皮书》[76],其中指出了慢行交通的发展目标:"保障步行交通、引导自行车合理运行、促使助动车向公交转移"。其中包含了慢行交通的主要构成:步行、自行车及助动车。而随着城市的发展,助动车作为一种过渡形式的交通工具将被逐步取代。本节所指慢行交通系统由步行系统与非机动车系统两大部分构成。

2) 慢行交通的特点

(1) 慢行交通的速度一般较低。

慢行交通主要是以人力为空间移动的动力,最近几年兴起的电动车是以电力为动力,速度较快,但是相对于机动车来说也较低。一般情况下,步行速度主要为 0.5~2.16 m/s,自行车的速度一般在 10 km/h 左右。电动车、电瓶车等以电力为动力的交通工具也被划归到慢行交通工具中,为了安全性,国家对其速度有限制,速度控制在 20 km/h 以内。

(2) 慢行交通具有绿色环保的特点。

首先,慢行交通出行的动力是人力和电力,都符合绿色环保的特点,对环境没有任何的危害;其次,人们利用步行、自行车等慢行交通方式出行,是以人力作为动力,在出行的同时也是身体的锻炼。现今人们社会生活的节奏太快,在这种环境下人们生活压力很大,很多人都处于亚健康的状态。这种亚健康状态不仅指的是人们身体的不健康,而且也指人们精神状态的不健康。利用慢行交通方式出行,一方面可以锻炼身体,另一方面人们在出行的时候能够与自然环境接触,与周围的人进行更多的交流,从而对于降低人们的精神压力有着很好的作用[77]。

(3) 利用慢行交通方式出行的人在交通系统中处于弱势地位。

每年世界上死于交通事故的人的数量都在百万以上,我国交通事故的死亡人数每年也都在十万人以上。利用慢行交通方式出行的人在交通事故的发生中一般都是受害严重的一方,特别是慢行交通与机动车冲突发生交通事故的时候,利用慢行交通出行的人一般受伤严重,甚至造成死亡。

(4) 慢行交通一般都具有经济性。

步行者在可以任意支配自身体力的情况下,不用借助其他手段和设备,就能够顺利完成一定距离的出行,而经济上没有直接的付出。但是这种出行只限制在一定的时间、距离内,因为一旦出行距离过长,身体体力透支,步行难度就会加大,所以很少会有人选择长距离、长时间步行出行。利用自行车出行也很少花费费用,如果自行车是租赁或者需要使用自行车停车场,则需要花费一定的费用,但一般较少。

(5) 慢行交通具有很强的独立性。

由于步行者不需要借助其他的交通工具,因而具有更高的自由度,可以自主决定路线、速度等。利用自行车等慢行交通工具出行,相对于机动车来说,自由度还是相当高的,而且新型折叠式自行车使自行车存放和携带更加便捷,提高自行车出行的自由度。

(6) 慢行交通具有无规则性和偶然性。

步行通常是在较短的距离之内完成的,而且具有自主性,自行车出行也是中、短距离的出行,所以在通过的过程中遇到换乘点或者自行车租赁站,步行或者利用自行车出行的数量就会发生变化,而且慢行交通的产生的分布规律性不强,随机性很大。

慢行交通的特点与机动车交通的特点有明显区别,二者如果混行在同一条道路上,不仅不容易管理,而且相互之间影响较大,降低了城市的交通通行效率。我国有许多城市的道路至今仍是人车混行,不仅会发生交通混乱或者堵塞,而且增加了交通事故发生的概率,给人们的生命财产带来了巨大的危害。结合慢行交通的特点,建立完善的慢行交通系统,对于城市交通的发展具有重要的意义。

3) 步行基础设施的改善

发展中国家城市交通构成中,步行比例通常较高,但步行基础设施水平仍有待改善。步行便道、过街天桥和地下通道、信号灯和人行横道斑马线是主要的步行设施。

步行通道应同时满足各种步行形式和人群的需要,如独行者、结伴步行者、溜宠物的行人、推车和手拉车使用者、跑步和轮滑者、观光游览者、嬉戏玩耍者等。许多步行便道还应容纳踏板车和自行车。不同群体需要不同的步行空间,独行者大约仅需要 45～60 cm 的步行宽度,两人并行、轮椅、手推车、跑步或自行车则需要更多的空间。

同一便道上的行人错身而过时还需保持一定的"安全空间"。由于便道空间经常被挪用,步行便道的使用宽度通常远小于设计宽度。因此,应在设计阶段充分考虑步行设施的实际用途和路况条件,加强路权管理,禁止各种侵占行为。

建立一套评价步行条件适宜性的评价体系可作为最初启动的基础工作。步行适宜性应包括行人设施的质量、便道条件、土地利用模式、社区支持力度、安全性及舒适性等指标。

许多物理措施可以用来改善步行环境:

① 宽阔的步行便道,明确标出步行区域。
② 彩色的、有明确标志的、醒目的人行横道。
③ 步行便道和街坊路上的安全照明灯。
④ 步行设施维护和路权管理,保证无废弃物和障碍物。
⑤ 行人倒数记秒信号灯,指示剩余通过时间。
⑥ 长座椅、路灯、公共厕所等街道设施。
⑦ 有遮盖的公交候车区域,可使公交乘客免受口晒雨淋。

(1) 人行横道和步行通道的设置

为了给行人提供安全的步行空间,城市道路都应设置机非分离区域。步行通道是一种常见的立体步行设施,它们高于道路路面,具有可见性和保护性。在许多国外城市还采用了一种新的"空间分享"方法,即利用路面材料、树木等方法降低车辆行驶速度,方便行人通行,保障行人安全。

人行横道设置是否合理是影响步行安全性的关键因素。当道路较宽时,为保障行人的安全,惯用的方法是在交叉口设置安全岛,而最为理想的情况是行人可以一次性通过人行横道,在不设置或较少设置信号灯的快速路和主干道上,可以利用过街天桥和地下通道为行人提供独立的过街设施。另外,过街天桥和地下通道的阶梯处有必要设置缓坡和自动扶梯,否则容易发生危险。为了避免自行车和行人间的冲突,现代化的步行通道还应设置步行和自行车分隔设施。

（2）步行区的设置

在步行需求较大的城市区域应设置步行区，禁止或限制机动车通过。步行区一般设置在道路狭窄的城市中心区或商业购物区。20世纪60年代以来，许多欧洲城市都在中心区和商业区建立了步行区。

4）自行车基础设施的改善

自行车是发展中国家城市居民的主要交通工具，但其使用环境和基础设施仍有待改善。常见的自行车设施类型，包括自行车道、自行车过街天桥和地下通道以及自行车停车场等。改善自行车基础设施也就是改善自行车出行条件，提高自行车出行的灵活性和吸引力。

（1）自行车专用道

提高自行车出行安全性和改善出行环境的措施是TDM战略中至关重要的内容。自行车专用道分配给自行车使用者合理路权，可以提高其安全性和舒适性。通常，在狭窄而繁忙的干道上，小汽车与自行车容易发生冲突，因而设置自行车专用道非常必要。自行车道可设置在道路边缘或机动车道与停车道中间，约1m宽，用不同颜色材质铺装，并设有自行车标志。

一些城市将自行车道设置在道路旁边，与道路设置成同一高度并用突桩或其他隔离物分离，或者设置在步行区域内。设置在人行道旁边的自行车道一般通过标志线或者不同颜色材质的路面来区分，但是这种"共用车道"比较容易误导出行者，同时仅能容纳少量的自行车通行。

（2）自行车停车设施

便捷安全的自行车停车服务是自行车基础设施的重要组成部分。在商业区和公交轨道车站周边应设置足量的自行车停车架。政府部门可要求在私人停车场、停车库以及居民住宅附近配建自行车停车场。目前比较流行的做法是在小汽车停车场周围设置自行车停车位，以免占用步行空间。在大多数情况下，自行车停车是免费的。一些城市自行车出行比率较高，为保障车辆安全，使用者需要缴纳一定的保管费[78]。

（3）公共自行车服务

公共自行车系统（Public Bicycle System，PBS）是由政府主导，依托公司或相关组织在城市客流集聚区域设置公共自行车租车站（各站间可通租通还），在服务时间内为不同人群提供适于骑行的公共自行车，根据使用时长征收费用，并以该服务系统和配套的城市自行车路网为载体，提供公共自行车出行服务的城市交通系统[79]。

公共自行车系统是城市公共交通系统的组成部分，主要承担与公交系统的接驳换乘功能，兼顾与私人小汽车接驳及满足市民短途出行需求等功能。通过公共自行车与城市公交系统的衔接，可有效扩大城市公交覆盖面，提升公交服务水平，以此提高城市公交分担率，切实体现公交优先发展。同时，通过公共自行车与私人小汽车的换乘为市民短途出行提供服务，亦可提供更多的出行方式选择，减少居民对机动交通的依赖，改善城市交通环境。对于深受交通问题困扰的国内城市，尤其是对特大城市、大城市而言，建设公共自行车系统十分必要[80]。目前，公共自行车交通系统在我国许多城市已开始逐步实行，杭州、上海、武汉、佛山、常州等城市的公共自行车交通系统运作相对较成熟[81]。

## 4.4 优化交通时空分布策略

### 4.4.1 空间均衡策略

顾名思义空间均衡策略是指从空间上将交通对象予以分离,如人车分离是通过物理设施实现人车各行其道,缓解交通问题。下面介绍人车分离、单向交通等空间均衡策略。

1) 人车分离

人车分离的方式包括平面分离、时间分离和立体分离。平面分离如路侧人行道、行人专用道路、绿化道路(是一种路旁已绿化的行人专用道路如公园道路)以及各种走街等。时间分离包括时间限制性走街。立体分离包括行人地盘式和立体"拉脱搬"式两种。前者是将交通分层,下层是车辆交通,中层是行人交通,上层是高层建筑物;后者是"拉脱搬"式人车分离的立体形式,就是把人们的活动局限在一个高层庞大的建筑物内,可以不用车辆而进行任何活动。人车分离的方式中最有名的是平面"拉脱搬"式的人车分离。"拉脱搬"式是一种最彻底的人车分离形式。美国纽约的卫星城市新泽西州的拉脱搬市为了使人车彻底分离,把街道规划成"拉脱搬"式。

拉脱搬的街道由一些行人专用道路、带状小路以及专供汽车使用的道路组成。拉脱搬的住宅、办公楼、学校和商店等所组成的区域对于汽车交通来说是封闭的,完全排除了过境交通,在此区域内行人走在行人专用道路上既安全又舒适。拉脱搬的建筑群背对汽车道路,如要到别的城市去仍然可以坐汽车,即可以用汽车交通把出境交通量"搬"走。而行人交通与汽车交通完全分离即"拉脱"之意,因此我们称这种人车分离形式为"拉脱搬"式,拉脱搬市的建设自1929年完成以来五十多年没有发生过一起死亡或严重伤人交通事故,人们对此评价很高[82]。

2) 单向交通

单向交通是指道路上的车辆只能按一个方向行驶的交通。当城市道路上的交通量超出其自身的通行能力时,将造成城市交通拥塞、延误及交通事故增多等问题。此时,在道路交通系统中,若对某条道路或几条道路,甚至对某些路面较宽的巷、弄考虑组织单向交通,则将会使上述交通问题得到明显的缓解和改善。故单向交通是在城市道路交通系统中,解决城市交通拥挤,充分利用现有城市道路网容量的一种经济、有效的交通管制措施。尤其在旧城区街道狭窄、路网密度很大的地方,需要且可能在一些街道上组织单向交通。

20世纪初,在美国的一些城市(如费城、纽约、波士顿)中,开始在两条毗邻的街道上实行单向交通,到20年代就出现了整个区域内的单向街道交通系统。这种办法得以广泛地推行,是因为它不需要很多投资就能较容易地达到大大改善交通条件的目的。到了30年代,仅纽约的单向交通街道总长度就已超过了2 000 km。同一年代,欧洲各国,如英国(伯明翰)、法国(巴黎)、意大利、瑞典、瑞士、希腊及其他国家的城市也开始推广这种单向交通的交通组织方式。苏联在50年代开始推广组织单向交通,已在莫斯科、列宁格勒(现名圣彼得堡)、巴库、图拉等许多城市实行单向交通并取得了成功[83]。

(1) 单向交通的种类

① 固定式单向交通:对道路上的车辆在全部时间内都实行单向交通称为固定式单向交通。常用于一般辅助性的道路上,如立体交叉桥上的匝道交通多是固定式单向交通。

② 定时式单向交通:对道路上的车辆在部分时间实行单向交通称为定时式单向交通。如城市道路交通在高峰时间内,规定道路上的车辆只能按重交通流方向单向行驶,而在非高峰时间内,则恢复双向运行。所谓重交通流方向是指方向分布系数大于三分之二的车流方向。必须注意实行定时式单向交通时,应给非重交通流方向的车流安排出路,否则会带来交通混乱。

③ 可逆性单向交通:可逆性单向交通是指道路上的车辆在一部分时间内按一个方向行驶,而在另一部分时间内按相反方向行驶的交通。这种可逆性单向交通常用于车流流向具有明显不均匀性的道路上。其实行时间应依据全天的车流量及方向分布系数确定,一般当方向分布系数大于四分之三时,即可实行可逆性单向交通。同时,应注意给非重交通流方向的车流以出路。

④ 车种性单向交通:车种性单向交通是指仅对某一类型的车辆实行单向行驶的交通。这种单向交通常应用于具有明显的方向性及对社会秩序、人民生活影响不大的道路。

(2) 单向交通的优缺点

① 单向交通的优点

单向交通在路段上减少了与对向行车可能发生的冲突,在交叉口上大量减少了冲突点,故单向交通在改善交通方面具有以下较为突出的优点:

➢ 提高通行能力。
➢ 降低交通事故。
➢ 提高行车速度。
➢ 其他优点。

为减轻复杂交叉口的交通拥挤与混乱,若将进口道改为单向交通,则可减少交叉口的停车次数,且汽车排气对空气的污染也会有所改善。此外,单向交通可充分利用狭窄的街巷,弱化主干道上的交通负荷,在一定程度上避免了旧城道路的改建,能带来较大的经济效益。

② 单向交通的缺点

➢ 增加了车辆绕道行驶的距离,给驾驶员增加了工作量。
➢ 给公共车辆乘客带来不便,增加步行距离。
➢ 容易导致迷路,特别是对不熟悉情况的外地驾驶员。
➢ 增加了单向管制所需的道路公用设施。

(3) 单向交通的实施条件

总的来说,单向交通对于改善交通条件,其优点多于缺点,但并非无论什么道路条件与交通条件,都可以实行单向交通。根据国内外实行单向交通的经验表明,实行单向交通一般应具备以下条件:

① 具有相同起终点的两条平行道路,相隔距离在 350~400 m 以内。

② 具有明显潮汐交通特性的街道,其宽度不足三车道的可实行可逆性单向交通。

③ 复杂的多路交叉口,某些方向的交通可另有出路的,才可将相应的进口道改为单向交通。

当各条平行的横向街道的间距不大,车行道狭窄又不能拓宽,而交通量很大造成严重交通阻塞时;当车行道的条数为奇数时;在复杂地形条件下或对向交通在陡坡上产生很大危险性时等等情况下,实行单向交通能取得很好的效果。

应当认识到,当现有的道路系统出现负荷过重,但尚未到达超负荷之前,就应根据条件着手考虑组织实施单向交通,规划出完善、合理并设置易于识别的交通标志的单向交通系统。例如:单向交通与双向交通的过渡段,提前设置预告标志、夜间照明及反光标志等。同时应该认识到,位于街道中心的有轨电车道是组织单向交通的严重阻碍[4]。

3) 可变车道

可变车道,又称"潮汐车道",是指利用交通流随时间变化的特点,依据不同时段的交通量动态调整某些车道上的行车方向或行车种类的一种交通组织方式,可设于交叉口和路段。可变车道的设置具有两方面作用:首先是适应潮汐交通流特征,有利于充分利用道路空间;其次,通过通行能力的差异,有目的地实现快进慢出,作为调整区域交通出入的手段。根据我国城市交通流的特点,大致分为下列几种[84]:

① 快车道变为慢车道。在自行车早高峰时间内,自行车多于机动车,甚至有些街道机动车很少。对于四车道道路,这时可将每个方向的一个快车道变为慢车道,在自行车高峰时间过后将慢车道改回快车道。

② 改变慢车道的方向。对于交通流方向性十分强的街道,比如在自行车早高峰时间内,除一侧的慢车道自行车单向行驶外,另一侧的慢车道自行车可以双向行驶;在自行车晚高峰时间内则反过来,其他时间按正常的行驶方法进行。

③ 改变快车道的方向。对于交通流方向性十分强的街道,比如在机动车早高峰时间内,可以把机动车交通量大的那个方向上的车道数加一个,即反方向上的车道数减少一个,其他时间按正常行驶方法进行。为了安全起见,可将增加的车道用塑料圆锥形标志标示,这在国外是常见的。

## 4.4.2 时间均衡策略

与空间均衡策略相对应的时间均衡策略是指通过时间的调控实现对交通需求的控制,其中错时上下班是比较常见的一种措施。

错时上下班是一种通过调整工作时间序列,错开车流和人流,进而达到有效缓解交通拥堵目的的交通控制和管理措施,它是道路交通管理工作中一项"削峰填谷"的有效管理措施。具体的错时设计方案需要结合不同行业特点,设计符合实际的有利于调节交通流量的日作息时间、周休息日和"黄金周"错位休假等系统的工作时间序列。错时上下班政策的实施除了缓解交通压力,减少人们上下班出行时间外,还有利于减少空气污染、提高空气质量[85]。

目前,在国内实施错时上下班的城市有温州、昆明、深圳、杭州、无锡、苏州、济南和石家庄等,这些城市所采取的主要方案是党政机关单位、企业、事业单位错开上下班时间,以避免人流和车流在相对集中的时间内流动。实践证明,错时上下班制度的施行,有效地缓解了这些城市的交通拥堵状况,尤其是高峰小时交通堵塞的缓解,缩短了人们上下班出行时间。错时上下班政策的实施在国外尤以美国为例比较普遍。美国国家人事管理办公室制定了可变工作时间制度执行手册,具体的企业和政府部门可以在手册规定框架下,灵活制定单位内部的工作时间制度。在洛杉矶、丹佛、旧金山、夏威夷以及佛罗里达州进行了很多可变工作时间制度试验,大量试验结果也表明,错时上下班制度的施行能够有效地缓解交通阻塞,减少通勤旅行时间,提高空气质量。

1) 国外城市错时上下班制度的类型

国外实施的可变工作时间制度主要包括以下三种类型:弹性上下班、压缩工作日和错开工作时间制度。

(1) 弹性上下班

把工作时间分为核心工作时间和非核心工作时间两段。在核心工作时间里,员工必须在现场工作;在非核心工作时间里,员工自己可以根据自己的情况选定上下班的时间。这种制度下,有的员工从早上 7:30 工作到下午 4:00,而有的员工可能从早上 9:00 工作到晚上 5:30。这种制度从几个方面潜在地影响着出行,在拥挤地区,它能够鼓励员工避开拥挤时段,从而拉平了高峰小时交通量。

(2) 压缩工作日

压缩工作日是允许公司员工在少数的几天比其他工作日工作更长的时间,减少一个记薪周期内的工作天数。采取这种制度时,为了保持部门业务的持续性,部门内的每个员工一般不会安排同一天休息。

(3) 错开工作时间

错开工作时间制度是将公司员工的上班和下班时间拓展到 30 分钟到两个小时的时间范围内。例如,有些员工的工作时间安排为 8:00~16:30,有些员工是 8:30~17:00,其他的可能是 9:00~17:30。这种制度与弹性上下班制度类似,不同的是没有赋予员工更多的选择他们自己工作时间的自主权。

2) 错时上下班的效果

首先,缓解了城市交通和公交的压力。实施错时制度后,分解了以往的交通高峰时间,使道路拥挤状况有所缓解,公交公司能更为合理地安排发车车次,充分利用公交资源。其次,"错时上下班"提高了行政机关、事业单位的工作效率,增加了劳动者的自由支配时间。另外,实行"错时上下班"后,商场的晚间经济得到了更大空间的拓展,产生了良好的经济效应。

现在我国越来越多的城市因为交通拥堵,拟采用错时制度。但是,我们在实施之前要研究清楚交通堵塞主要是什么原因导致的,和错时上下班是什么关系,以及有没有错时上下班的这种调整的可能性和必要性,首先要从这些方面进行调查研究分析。不过有一点是肯定的,那就是错时上下班绝不仅仅是交通问题,而是牵连到社会生活的方方面面,如果时间错得不恰当,会带来意想不到的社会后果[86]。

### 4.4.3 高新技术应用策略

运用高新技术减少出行,发挥道路设施的潜力。

1) 电子商务和电话会议

电子商务是指通过使用互联网等电子工具(包括电报、电话、广播、电视、传真、计算机、计算机网络、移动通信等)在全球范围内进行的商务贸易活动。是以计算机网络为基础所进行的各种商务活动,是商品和服务的提供者、广告商、消费者、中介商等有关各方行为的总和。

电话会议则是相对传统现场会议而言,通过现代发达的通信技术将不在同一空间的个体联系起来,完成各项会议议程。

电子商务和电话会议的共同点都是利用现代通信手段,减少人们参加商业活动和政治活动的出行,或代替部分出行[87]。

2) 利用现代信息技术与卫星定位系统

GPS 是 Global Position System 的缩写,即全球卫星定位系统,该系统由空间部分、用户设备部分及地面控制系统三部分组成。

当前,世界上正在运行的全球卫星定位导航系统主要有两大系统:一是美国的 GPS 系统,二是俄罗斯的 GLONASS(格鲁纳斯)系统。近年来,欧盟也提出了有自己特色的"伽利略"全球卫星定位计划。因此,未来密布在太空的全球卫星定位系统将形成美、俄、欧操纵的 GPS、"格鲁纳斯"、"伽利略"三大系统相互竞争的局面。而我国的"北斗一代"导航系统则是世界上第一个区域性卫星导航系统。通过高新技术,为司机选择行车路线[88]。

GPS 导航系统与电子地图、无线电通信网络和计算机车辆管理信息系统相结合,可实现车辆跟踪与交通管理等诸多功能,这些功能主要有以下几个方面:

(1) 车辆跟踪

通过车载 GPS 接收机,使驾驶员能够随时知道自己的具体位置。通过车载电台将 GPS 定位信息发送给调度指挥中心,调度指挥中心便可随目标移动,及时掌握各车辆的具体位置,并在大屏幕电子地图上显示出来,还能实现多窗口、多车辆、多屏幕同时跟踪。利用该功能可对重要车辆及货物进行跟踪运输,能促进交通管理及物流事业的快速发展。

(2) 话务指挥

指挥中心能够监测区域内车辆运行状况,对被监控车辆进行合理调度。指挥中心还能随时与被跟踪目标通话,进行实时管理。

(3) 紧急援助

通过 GPS 定位及监控管理系统能够对发生事故或遇有险情的车辆进行紧急援助。监控台的电子地图显示报警目标和求助信息,规划最优援助方案,并以报警声光提醒值班人员进行应急处理。

(4) 信息查询

为用户提供主要物标,如旅游景点、宾馆、医院等数据库,用户可以在电子地图上根据需要进行查询。查询的资料能以文字、语言和图像的形式显示,并在电子地图上显示其位置。同时,监测中心能够利用监测控制台对区域内的任意目标所在位置进行查询,车辆信息将以数字形式在控制中心的电子地图上显示出来。

(5) 提供出行路线规划和导航

提供出行路线规划是汽车导航系统的一项重要辅助功能,它包括人工线路设计和自动线路规划。人工线路设计是由驾驶者根据自己的目的地设计起点、终点和途经点等,自动建立线路库。自动线路规划是由驾驶者确定起点和目的地,由计算机软件按要求自动设计最佳行驶路线,包括最快的路线、最简单的路线、通过高速公路路段次数最少的路线等的计算。线路规划完毕后,显示器可在电子地图上显示设计线路,并同时显示汽车运行路径与运行方法。

全球卫星定位系统可以有效减少无用线路,从而缓解城市交通问题。

# 第5章 差异化交通出行选择行为

## 5.1 概述

### 5.1.1 问题的引出

交通需求管理是解决城市交通拥挤问题的重要思路和方法。交通需求管理通过对交通源进行管理，引导居民合理出行，调整出行结构，减少和均衡道路交通流，从而达到缓解城市交通拥堵的目的。

交通需求管理已经在交通管理中得到了广泛的应用，取得了一定的成效。例如，北京于2011年提出治理城市交通拥堵的《二十八条措施》，从提高公交出行比例、改善交通运行状况、减少机动车尾气排放和提高道路安全水平等多个角度提出了交通需求管理的系统方案，在实施半年后就取得了明显的效果——拥堵里程减少33%，路网运行速度整体提高10%，平均拥堵时间减少1小时，城市交通运行状况出现好转[89]。然而，虽然交通需求管理措施的实施在部分城市取得了效果，但是也存在效果不佳的例子。例如，新加坡曾尝试过错时上下班、合乘等交通需求管理措施，但是在实施效果不明显后停用；再如，荷兰实施P&R(停车换乘)措施后发现效果欠佳，吸引到换乘的驾驶员数量未能达到期望值[90]。为什么交通需求管理措施在不同城市的实施效果却不相同？是什么导致了这种差异性？其中的机理值得研究。

出行是交通需求的外在表现。交通需求管理的对象是出行者，交通需求管理措施的实施效果很大程度上取决于措施对居民的出行行为产生的影响。出行者交通需求的差异性对交通需求管理措施实施效果存在显著的影响。一方面，交通需求的差异性会导致交通需求管理措施对不同出行者影响的差异性；另一方面，不同城市社会经济发展的差异性导致不同属性出行人群比例的差异性，进一步导致交通需求管理措施在不同城市实施效果的差异性。合理有效的交通需求管理应该考虑到不同出行者之间的交通需求的差异性，针对精细化的出行者人群，制定相应的交通需求管理策略，而目前交通需求管理措施制定时，往往忽略了出行者之间的差异性。因此，本章着重研究差异化交通出行选择行为，对出行者进行差异化分类，研究基于差异化分类的出行方式决策因子，并在此基础上研究每一类出行者的出行方式的优化措施，这对于提升交通需求管理的科学性具有重要的现实意义。

### 5.1.2 国内外研究与应用概况

1) 出行影响因素

S. Algers(1993)[91]在研究瑞典居民的出行方式和目的地选择联合模型时考虑了出行

者的社会经济属性、出行时间(包括接入和离去时间)、出行成本和目的地的用地性质等因素。Narisra Limtanakool等(2006)[92]在研究长距离和短距离的出行方式选择时考虑了出行者的个人和家庭特征,包括年龄、性别、教育程度、家庭的年收入、可用的小汽车数、家庭的大小、家庭中工作的成年人数、小于12岁的儿童数等。另外,研究中还考虑了用地性质对出行方式选择的影响。Zhang Junyi等(2008)[93]研究了仰光市出行方式的服务水平因素(出行时间、出行成本、到达和离开最近的巴士站或铁路站所需的时间等)以及收入因素对出行方式选择行为的影响。Ching-Fu Chen和Wen-Tai Lai(2011)[94]通过问卷的形式收集了调查者的社会人口信息(性别、年龄、收入、小汽车数量和摩托车数量),出行方式选择信息(出行方式选择、通勤出行时间和出行成本等细节),心理和习惯信息三部分信息,研究了公交服务水平不同的两个台湾城市的出行方式选择情况。

宗芳和隽志才(2007)[95]认为影响出行方式选择的因素有出行者特性(性别、年龄、总收入、家中儿童情况、家中车辆拥有情况),出行特性(出发时间、一阶活动、二阶活动、中间驻停、是否有工作子往返)和交通工具特性(上车前步行时间、候车时间、乘车时间、总行程时间),并研究了这些特性对出行方式选择的敏感性。黎冬平和陈峻(2007)[96]建立了公交出行决策与出行目的、到目的地距离、步行至公交站台时间、乘坐公交需要的换乘次数、拥有私人交通工具之间的关系。刘志明等(2008)[97]在交通方式分担率预测中选取了性别、职业、年龄、收入、出行目的、出行时间作为出行方式选择的影响因素。杨敏等(2010)[98]研究了生存型、维持型、休闲型出行链与个体属性(性别、年龄、职业、是否有驾照、受教育程度)、家庭属性(学龄前儿童数、小汽车数、摩托车数、家庭拥有自行车及电动车数、家庭年总收入)以及活动参与特征之间的关系,建立了出行链个数模型和个体出行需求行为模型。

从国内外研究成果可以总结得出影响出行的因素大致可以归为:个人属性、家庭属性、出行特征属性、交通方式的服务水平属性等。个人属性包括性别、职业、年龄、收入、是否有驾照、受教育程度等。家庭属性包括家庭总人数、工作人数、学龄前儿童数、自行车及非机动车数、摩托车数、小汽车数等。个人属性和家庭属性在某些研究中统称为出行者的社会经济属性。出行特征属性包括出行目的、是否在高峰期出行、出行距离等。交通方式的服务水平属性包括出行成本、出行时间、出行距离、等待时间、步行时间、准点率等。另外,一些研究中还考虑土地使用性质、心理、习惯等属性的影响。不同的研究选取的出行影响属性不同,这主要是由研究的具体内容和研究的区域所决定的,如表5.1所示。

表5.1 已有研究出行影响因素选择

| | | Algers | Narisra | Zhang Junyi | Ching Fu Chen | 宗芳 | 黎冬平 | 刘志明 | 杨敏 |
|---|---|---|---|---|---|---|---|---|---|
| 个人因素 | 性别 | √ | √ | | √ | √ | | √ | √ |
| | 职业 | | √ | | | | | √ | √ |
| | 年龄 | √ | √ | | √ | √ | | √ | √ |
| | 收入 | √ | √ | √ | √ | √ | | √ | |
| | 驾照 | | | | | | | | |
| | 受教育程度 | | √ | | | | | | √ |

续表 5.1

| | | Algers | Narisra | Zhang Junyi | Ching Fu Chen | 宗芳 | 黎冬平 | 刘志明 | 杨敏 |
|---|---|---|---|---|---|---|---|---|---|
| 家庭因素 | 总人数 | | √ | | | | | | |
| | 非机动车数 | | | | | √ | | | √ |
| | 摩托车数 | | | | √ | √ | | | √ |
| | 小汽车数 | √ | √ | | √ | | | | |
| | 学龄前儿童数 | | √ | | | | | | √ |
| 出行特征因素 | 出行目的 | | | | | √ | √ | | |
| | 出行距离 | | | | | √ | | | |
| 交通方式服务水平因素 | 出行时间 | √ | | √ | √ | | | √ | |
| | 出行费用 | √ | | √ | √ | | | | |
| | 步行时间 | | | √ | | √ | √ | | |
| | 等待时间 | | | | √ | | | | |
| | 准点率 | | | | | | | | |

2) 出行者差异化分类

Jordan P. W(1997)[99]认为分群体研究能够对问题有一个更深入的认识,其效果要强于单独对个体的研究。José María Grisolía 和 Francisco López del Pino[100]认为人们有关交通政策的观点都是在一定的社会背景下产生的,所以通过对人群进行分类能够更好地理解交通行为。

José María Grisolía 和 Francisco López del Pino[100]按照是否为驾驶员、性别和年龄三个属性将调查对象分为了 10 组,研究了不同人群对交通收费措施的态度之间的差异性。Darrian Collin 和 Clemtisdell(2002)[101]研究认为男性和女性在交通出行中存在不同,并对比了两者在交通出行中的差异性。Hainan Li(2004)[102]也认为男性和女性在出行上存在差异,并对比了美国亚特兰大市男性和女性通勤出行链的差异。Gila Albert 和 David Mahalel(2006)[103]将调查对象根据出行时间分为在高峰时间出行和在平峰时间出行两类,分别研究了拥挤收费和停车收费对出行方式选择行为的影响。Hunecke M 和 Schweer I(2006)[104]研究表明通过生活周期来研究出行方式选择的差异性要比基于家庭的分类更加准确。Tina Gehlert 等(2011)[105]在研究交通拥挤收费的公众支持率时通过聚类分析的方法根据调查者的社会经济属性将调查者分为了三类:年轻家庭、近郊家庭、单身和夫妻家庭,研究显示这三类人群在对拥挤收费的支持率和减少小汽车使用的程度上有显著的差异。

王方(2005)[106]将调查对象根据个人特性(有车、无车)、出行目的(HBW、HBO & NHB、BU)、交通方式(小汽车、地铁、公交)和出行距离(短距离、长距离)四个因素分为 36 类,并对每一类人群标定了其行为时间价值的模型。杨敏等(2010)[98]根据出行目的的不同将人群分为:生存型出行人群(上班、公务、回家、回单位)、维持型出行人群(购物、接送他人回家、其他)、休闲型出行人群(体育休闲娱乐),并建立了这三种情况下的出行需求行为模型。吴文静等(2010)[107]将出行者按照职业的不同分为:全日制工作者、非全日制工作者和学生,建立了出发时间与出行方式、出行路线的影响模型。王健等(2011)[108]将出行者人群分为中低收入人群、高收入人群两类,研究了不同的收费标准下出行者的路径选择行为的变化。

可见,国内外研究中已经认识到不同出行者人群之间的出行行为存在差异,以及基于出行者差异化分类的出行行为研究的重要性。

3) 出行方式决策

随机效用理论是目前国内外研究出行方式行为决策的主要理论之一。随机效用理论假设出行者完全理性地选择自己的出行方式,因此,出行者会在出行方式的集合中选择效用最高的方式,而出行者的社会经济因素、出行特征因素和出行方式的服务水平因素等对出行方式的效用均有决定作用。离散选择模型是随机效用理论解决出行方式选择问题的常用模型,其中 Logistic 模型是应用最多的离散选择模型。Mohammad M. Hamed 和 Hatem H. Olaywah(2000)[109]建立了 Logistic 方式选择模型来对早晨离开时间和工作后活动类型进行决策。Raquel Espino 等(2007)[110]采用嵌套 Logit 模型对 RP(Revealed Preference)和 SP(Stated Preference)调查的数据进行了参数估计,得到了公交特性(出行时间、费用和发车频率)的弹性值和与小汽车特性(出行时间、停车费用、路上费用)的交叉弹性值。

当出行方式影响因素中考虑到潜变量的影响时,结构方程模型成为研究出行方式决策行为的主流方法。Simma A(2000)[111]采用结构方程模型研究了基于澳大利亚居民出行行为的车辆使用者、出行方式和出行距离之间的空间结构。Yang M 等(2010)[112]采用结构方程模型分析了以家庭为基础的社会人口、活动参与和出行链行为。Dan Li 等(2012)[113]采用结构方程模型分析了男性和女性在出行时间使用和出行时间选择方面的差异性。

4) 现有研究总结

通过分析可以看出,现有的研究主要存在以下两个方面的缺陷:

① 现有的研究对出行者差异性的研究不够完善。现有的研究虽然考虑到出行者的差异性,但是往往根据某一个或几个对出行有显著影响的因素对出行者进行分类,未能全面地从出行者的角度考虑影响出行的因素。国外已有研究通常针对某项具体的交通需求管理措施如交通拥挤收费对出行者进行了差异化分类,但是还没有研究对一般情况下的出行者进行差异化分类。

② 现有的研究没有提炼出出行方式决策的关键因子。现有的研究往往通过建立 Logistic 模型或结构方程模型来研究出行影响因素对出行方式选择行为的作用,但是模型建立后对影响因素对于出行方式影响程度的研究较少,很少关注影响决策的关键因子。

## 5.1.3 交通需求管理作用于出行选择的机理

1) 出行行为分析

出行是一个过程,是居民出行行为决策的结果。出行是指为完成某一目的(如上班、上学、购物)从起点到讫点的全过程。出行具有以下基本属性:① 每次出行都有起讫两个端点;② 每次出行都有一定目的;③ 每次出行采用一种或几种交通方式;④ 每次出行必须通过有路名的道路或街巷;⑤ 步行单程时间 5 分钟以上或自行车单程距离 500 m 以上[4]。

从出行行为发生的角度来看,出行是个体活动模式和活动物理分布在空间和时间上的相互作用的表现[114];从心理学角度来看,人的出行行为可以大概描述为下面的过程:人在产生某种出行的意愿后,便会根据自身以及外部的各种环境条件(供给品质、气候等),选择一种具体的出行需要实现过程,由于在这个过程之中受某些动态条件的影响,选择具体的出行行为可能会发生变化[115]。

根据出行心理的观点,出行选择行为可以理解为出行者为实现出行目的,按照其出行的意愿所需,在外部各种条件约束下,结合自身条件及经验,对出行方式进行决策,选择一个最为满意的出行方案的过程。影响出行决策的因素主要包括个人属性、家庭属性、出行特征属性、交通方式的服务水平属性等几个方面。其中,个人属性包括性别、职业、年龄、收入、是否有驾照、受教育程度等;家庭属性包括家庭总人数、工作人数、学龄前儿童数、自行车及非机动车数、摩托车数、小汽车数等;出行特征属性包括出行目的、是否在高峰期出行、出行距离等;交通方式的服务水平属性包括出行成本、出行时间、出行距离、等待时间、步行时间、准点率等(图 5.1)。

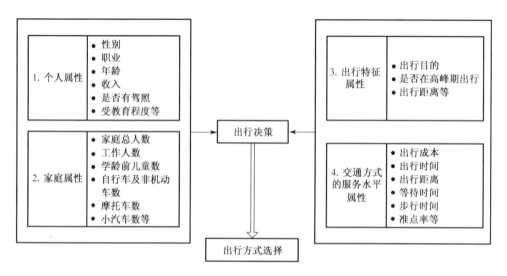

**图 5.1　出行行为分析图**

2) 出行品质

出行者选择一种出行方式进行有目的的出行时,一般会对不同方式的出行品质进行心理判断比较,做出最有利于自己出行的决策。出行品质主要包括以下四个方面:

(1) 费用

出行经济性是出行效用理论研究的重点,出行者往往想通过最低的出行费用完成最为满意的出行行为,从而实现自己效用的最大化。通常,中低收入者对于费用的关注度较高,但随着人民生活水平的提高,人们对于出行的考虑更加全面(包括方便性、舒适度等),不再一味追求出行费用最低,而是物有所值。因此,对于我国城市公共交通系统而言,必须不断提高其准点率、方便性、舒适度等,满足居民出行的品质要求,吸引居民选择公交出行。

(2) 速度

速度是居民出行的重要衡量指标。出行者都希望尽可能地缩短出行时间,快速抵达目的地。研究发现,不同出行目的下,居民在出行时耗上有容忍的限额,倾向于选取可在容忍时间内抵达目的地的出行方式,具体如表 5.2 所示[4]。

表 5.2　不同出行目的的出行容忍时间

| 出行目的 | 理想出行时间(分钟) | 不计较出行时间(分钟) | 能忍受的出行时间(分钟) |
|---|---|---|---|
| 就业 | 10 | 25 | 45 |
| 购物 | 10 | 30 | 35 |
| 游憩 | 10 | 30 | 85 |

（3）舒适度

舒适度是出行者在出行过程中的主观感受,可以描述为:旅客乘车舒适可以减轻疲劳,良好的服务可以保证精神愉悦,另外还要求设施良好、行驶平稳、不拥挤等。舒适性一般可以通过旅客出行满意度调查和"人均空间"等角度计量[116]。出行者都希望获得有利于自己喜好或生活习惯的舒适乘车环境,但是由于主观感受差异较大,舒适度的评价指标难以明确界定,但从交通方式选择的角度来看,舒适度是吸引出行者乘坐小汽车的关键因素之一。

（4）方便性

方便性主要体现在各种交通方式的换乘方面,出行者由于受生理和心理的限制,往往只能承受一定的换乘时间和换乘距离。根据广州市对中心区步行系统的研究[117],大多数人可以承受 60～120 min 或者是 1 200～3 000 m 的最大步行阀限值,一般可接受的步行距离为 400～500 m,而由步行换乘为其他交通方式出行的距离一般不超过 300 m,超过 500 m 的换乘距离会让出行者产生抗拒心理。

3）交通需求管理作用于出行选择的机理

交通需求管理是一种管理的激励行为,通常包括奖励和惩罚两种方法诱导人的行为,在采取交通需求管理措施时,也要通过正效应和负效应两个方面的共同作用,来保持居民出行方式处于一个合理的水平[118]。居民在一定的出行需求引导下,通过交通需求管理的激励作用,选择自身利益最大化的出行方式。

影响居民出行选择的因素包括个人属性、家庭属性、出行特征属性、交通方式的服务水平属性等,但出行选择的共性心理实质是出行品质的最优化过程。居民出行的品质将影响居民出行方式的选择,而交通需求管理措施可以通过改变不同出行方式的品质,达到改变居民出行方式选择的作用(图 5.2)。

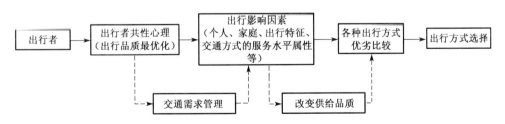

图 5.2　交通需求管理作用于出行选择的机理

例如,小汽车因其满足舒适度、速度和方便等的要求,近年来出行量大大增加,引发了交通拥堵等一系列问题。若对小汽车实行拥堵收费措施,限制小汽车的使用,很多小汽车出行者会考虑使用其他交通工具。假设同时采取公交优先策略,开辟公交专用道,实行信号优先,全面提升公交速度;同时改善公交乘车环境,提高发车频率减少车内拥挤,提高舒适度;完善公交线网,提高公交换乘的便捷性;加之公共交通出行自身费用低的优势,小汽车出行者会逐渐放弃小汽车出行而选择公共交通出行。通过优先发展公共交通的正效应和拥堵收费的负效应,达到优化交通出行结构的目的,交通需求管理策略将取得显著成效(图5.3)。

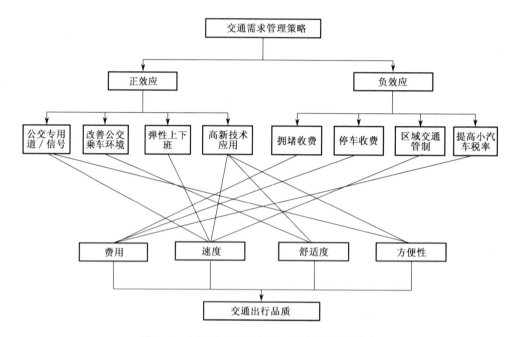

图5.3 交通需求管理措施对出行品质的影响

### 5.1.4 本章主要内容

本章在对北京市的调查数据进行分析的基础上,详细研究差异化交通出行选择行为。通过对出行者差异化分类与出行方式决策关键因子分析,得到出行者分类方法和出行方式选择的关键因素,为交通需求管理的研究提供基础和依据,提升城市交通需求管理措施的有效性和可靠性。

本章的研究内容主要包括:

1) 出行调查及特征分析

采用RP调查的问卷设计方法和网络调查的方式,调查出行者的个人属性、家庭属性、出行特征等信息以及是否选择某种出行方式考虑的主要因素。在对调查数据的有效性和可靠性进行检验的基础上,对出行特征和出行方式选择影响因素进行统计分析。

2) 出行者差异化分类

对常用的差异化分类的方法进行对比研究,选取适合的分类方法,并对出行者进行差异化分类,对每个聚类集的群体特征和出行特征进行分析和归纳。

3) 出行方式决策关键因子分析

在出行者差异化分类的基础上,采用数理统计的方法,针对不同类型的出行者分别从宏观和微观角度研究出行者是否选择某种出行方式考虑的主要因素,分别归纳提取了三类人群的出行方式决策关键因子。

4）基于出行者差异化分类的政策应用研究

基于出行者差异化分类和出行方式决策关键因子分析的结论，从出行方式的服务水平因素的角度，研究吸引小汽车交通向公交转移的方法，探索提高公交吸引率的政策措施。

本章技术路线如图5.4所示：

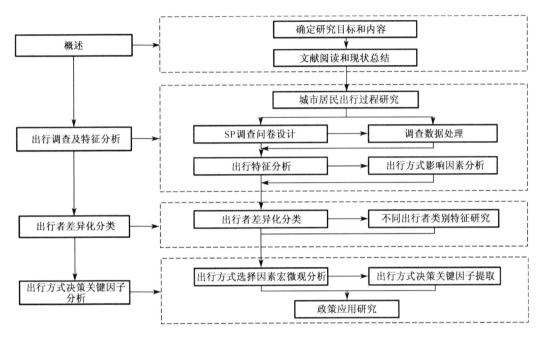

图5.4 技术路线图

## 5.2 出行调查及特征分析

### 5.2.1 调查设计

1）调查目的

根据研究的主要内容，一方面，需要对出行者的个人属性、家庭属性和出行特征等数据进行调查，作为出行者差异化分类的数据支撑；另一方面，需要对出行者对各种出行方式服务水平属性的感知和进行出行方式选择考虑的主要因素进行调查，为探究出行方式决策的关键因子提供依据。

2）调查问卷设计

调查问卷主要有两种：SP调查（Stated Preference Survey）和RP调查（Revealed Preference Survey）。其中，RP调查[119]主要是对出行者实际发生的出行情况进行调查，SP调查[120]是模拟出行的情景，让出行者根据自身的情况做出相应的出行决策。由于RP调查是对已经发生的或者是可观察到的出行行为进行调查，而SP调查是对尚未发生的出行情景下的出行行为进行调查,因此,本节此次调查问卷设计采用 RP 调查的形式。

本次调查主要对小汽车、公交和非机动车三种出行方式进行研究,分别设计了针对采用小汽车、公交和非机动车出行的三类人群的三份调查问卷。每份问卷均包括两个部分:第一部分,对出行特征和出行选择情况的调查;第二部分,对个人属性和家庭属性的调查。具体的调查问卷如附录所示。

需要说明的是,为了保障调查问卷的有效性,在问卷的设计中进行了一些重复设计项目。例如,单独设计问题"可供您使用的小汽车数量为(包括单位车)",以及在问题"您本次出行不选择小汽车的原因是[可多选]"多包含"还没有买车"的选项。通过类似问题的设计,旨在提高调查问卷有效性检验的效率和精度。

3) 调查实施

预调查在南京采取面对面调查的方式进行,即调查员在指定的时间、地点,向调查者发放问卷,并待调查者填写完成之后回收问卷,在调查过程遇到被调查者不明确或者提出疑问的地方,调查员进行现场解答,并指导被调查者完成问卷。根据设计的三份问卷,分别在小汽车停车场、公交站台和非机动车停车场,向三类出行者进行问卷调查。调查时间为 2012 年 5 月,在晴好天气的工作日进行,调查的时段覆盖高峰和平峰时段。预调查发放小汽车、公交和非机动车出行调查问卷各 50 份,共 150 份。

通过对预调查数据的统计分析,发现在某一特定的调查地点,往往被调查者的出行特征存在一定的倾向性。例如,在社会停车场调查得到的 50 份小汽车出行问卷中,出行目的为非通勤的问卷共 43 份,占 86%,这是因为采用小汽车进行通勤出行的出行者往往会将车停在单位提供的停车位,在公共停车场调查的调查对象多为以娱乐等非通勤为目的的出行者。为了尽量减少调查引起的数据误差,在正式调查时选取网络调查的方式进行,对网络用户离填写问卷时间最近的一次出行方式进行调查。网络调查的调查地点选在北京。

在互联网飞速发展的当今社会,网络调查具有易操作、数据的有效性高、回收周期短等优点,但是必须注意到网络调查也存在一定的弊端,例如,网络调查的调查对象均为会上网的人群,调查对象存在一定的偏向性。但是考虑到目前电脑和网络在北京等特大城市的普及率较高,据北京通信管理局调查显示[121],互联网网民数达 1 379 万人,普及率为 70.3%,居全国首位。选取北京市作为网络调查的对象,要比选取其他城市的覆盖面更大。

4) 样本量确定

本次网络调查采用的抽样方法类似于随机抽样,因此采用简单随机抽样的方法对样本量进行研究,对于简单随机抽样,样本量大小可由下式计算:

$$n = \frac{P(1-P)}{\frac{e^2}{Z^2} + \frac{P(1-P)}{N}} \quad \text{式}(5.1)$$

式中:$e$——误差度,反映基于样本的估计值与母体的实际值(总体值)之间的绝对差异水平,通常由决策者对允许误差的大小需求决定;

$Z$——一定置信度下的概率度,根据正态分布的特性,一般根据一定置信水平下(即占标准正态分布曲线下方的总面积的比例)对应的标准正态分布的双侧分位数(也称概

率度)得到,95%的置信度要求 Z 的统计量为 1.96,90%的置信度要求 Z 为 1.65;

$P$——倾向度,它反映所抽取样本倾向某种情况的可能性。在倾向度 $P$ 难以估计时,通常取 $P(1-P)$ 的数学最大值 0.25,这是因为此时 $P(1-P)$ 在所有可能的水平下达到最大。

$N$ 取为北京市 2012 年常住人口数 2 069.3 万人,$e$ 取为 0.05,90% 的置信度下 $Z$ 取为 1.65,$P$ 为 0.5,计算得出样本量大小为 272。

5) 数据处理

本次调查中,分别回收小汽车出行者、公交出行者和非机动车出行者调查问卷 121、119、127 份,共 367 份。数据本身已经过 IP 地址(省份)、系统陷阱题、是否存在缺失数据的筛选,后续又对数据进行了人工筛选,人工筛选主要关注:

第一,根据问卷重复设置的问题,删除前后回答不一致的数据;

第二,删除明显不合理的数据,包括家庭总人数小于就业人数或小于 12 岁儿童数的数据;个人收入大于家庭总收入的数据;家庭总收入 5 000 元以下,小汽车数量 2 辆及以上的数据等。

经过数据筛选最终得到有效小汽车、公交和非机动车出行者调查问卷 111、105、120份,共 336 份,总体上,人工筛选的结果显示数据有效率达 91.6%,满足样本量的要求。

## 5.2.2 出行特征统计分析

针对小汽车、公交、非机动车出行者进行调查,三类问卷回收的数量基本一致,出行方式的统计结果中三种出行方式所占的比重基本相同,如图 5.5 所示。对出行目的的统计中,可以看出通勤出行所占的比重较大,占调查样本量的 67%,非通勤出行比例占 33%,如图 5.6 所示。这可能是由于大部分出行者的上网时间在晚上下班以后,问卷填写依据的最近的一次出行一般是晚上下班。

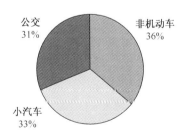

图 5.5 出行方式统计结构图

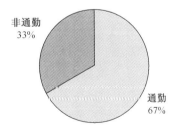

图 5.6 出行目的统计结构图

出行时间的统计结果显示 39%、50% 和 11% 的出行者的出行时间分别分布在 0～30 min、30～60 min 和 60 min 以上,如图 5.7 所示。根据《中国新型城市化报告 2012》[122],北京市人均正常上班出行需 38 min,实际人均上班出行用时 52 min,因交通拥堵人均上班出行多耗时 14 min。本调查得到的人均出行时间由于包括通勤和非通勤出行,出行时间的调查结果合理。对出行距离的统计结果如图 5.8 所示,出行距离在 5 km 以下的出行者占 16%,在 5～30 km 的占 54%,还有 30% 的出行者出行距离超过 30 km。5 km 以上的中长短距离出行占有较大的比重,与北京市市域范围较大有关。

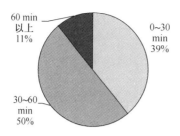 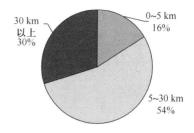

图 5.7　出行时间统计结构图　　图 5.8　出行距离统计结构图

小汽车的普及率为 60%,其中有 7% 的家庭小汽车数量在两辆以上,如图 5.9 所示,小汽车的普及率较高,与北京市的经济发展水平基本一致。非机动车的拥有量为 78%,如图 5.10 所示,非机动车在普通家庭中的普及率较高。

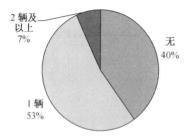 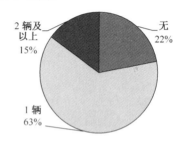

图 5.9　小汽车数量结构统计图　　图 5.10　非机动车数量结构统计图

性别的比例中,女性占 57%,男性占 43%,如图 5.11 所示,女性的比重较高可能与女性更配合调查有关。年龄的结构中,21～40 岁的出行者占 87%,如图 5.12 所示,这与网民的年龄分布基本一致。

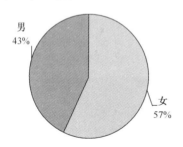 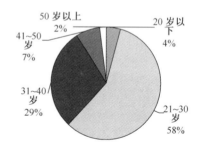

图 5.11　性别结构统计图　　图 5.12　年龄结构统计图

婚姻状况的统计结果显示已婚的出行者占 60%,其中已婚有子的出行者占 39%,如图 5.13 所示。职业统计的结果显示民营企业、国有企业、政府机关或事业单位的出行者最多,如图 5.14 所示。

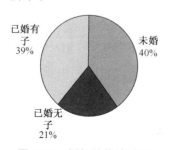 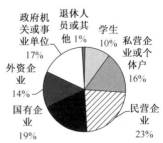

图 5.13　婚姻结构统计图　　图 5.14　职业结构统计图

收入的统计结果可以看出,个人月收入主要集中在 2 000~10 000 元,占总样本的 64%,由于高、中、低收入的划分并没有统一的结论,本章以 5 000 元、10 000 元分别作为低、中、高收入出行者个人月收入的临界指标,可以看出:月收入 5 000 元以下的低收入出行者占 31%,月收入 5 000~10 000 元的中等收入出行者占 45%,月收入 10 000 元以上的高收入出行者占 24%,如图 5.15 所示。以 10 000 元、30 000 元分别作为低、中、高收入出行者家庭月收入的临界指标,可以看出:月收入在 10 000 元以下的低收入家庭占 37%,月收入在 10 000~30 000 元的中等收入家庭占 54%,月收入 30 000 元以上的高收入家庭占 9%。家庭月收入主要集中在 5 000~15 000 元,占总样本的 60%,如图 5.16 所示。

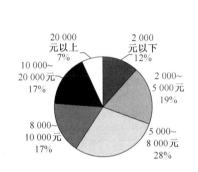

图 5.15　个人收入结构统计图　　图 5.16　家庭收入结构统计图

家庭人数的统计结果可以看出,家庭人数以三口之家为主,占总样本的 55%;其次为两口之家,占总样本的 24%,如图 5.17 所示。70% 的家庭中就业人数为 2 人,如图 5.18 所示。

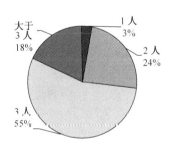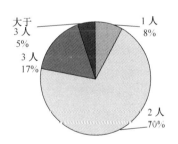

图 5.17　家庭总人数统计图　　图 5.18　就业人数统计图

家庭中有小于 12 岁儿童的出行者占 37%,绝大部分的家庭仅仅一个小于 12 岁的儿童,如图 5.19 所示。以城八区——东城区、西城区、崇文区、宣武区、朝阳区、海淀区、丰台区、石景山区作为北京城区,以北京其他区域作为郊区,对出行者居住和工作的区位进行分析,结果显示:71% 的出行者在城区居住,只有 29% 的出行者在郊区居住;81% 的出行者在城区工作,19% 的出行者在郊区工作。在城区居住的出行者中,94% 均在城区工作,只有 6% 在郊区工作;在郊区居住的出行者中,48% 在城区工作,52% 在郊区工作。这主要是由于城区的发展水平显著高于郊区,能够提供的工作岗位数以及工作岗位的吸引程度均要大于郊区。

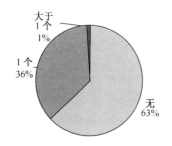
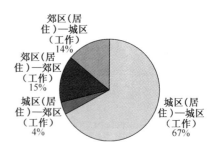

图 5.19　小于 12 岁儿童数统计图　　图 5.20　居住与工作区位结构统计图

通过对出行特征的统计分析，可以看出，虽然本次调查由于样本量较小，但基本能够反映北京市民的出行情况，调查数据可以作为北京市出行者差异化分类和出行决策关键因子研究的基础数据。

## 5.2.3　出行方式选择影响因素

采用 SPSS 软件的交叉连列表的方法检验出行者各属性是否对出行方式选择有显著影响，检验结果如表 5.3 所示。

表 5.3　显著性检验结果（Pearson Chi-square Test）

|  |  | Value | df | Asymp. sig. (2-sided) |
|---|---|---|---|---|
| 个人属性 | 性别 | 7.704 | 2 | 0.021 |
|  | 年龄 | 5.568 | 8 | 0.000 |
|  | 职业 | 26.302 | 12 | 0.010 |
|  | 婚姻状况 | 16.940 | 4 | 0.002 |
|  | 个人月收入 | 21.408 | 10 | 0.018 |
| 家庭属性 | 家庭总人数 | 10.306 | 6 | 0.112 |
|  | 就业人数 | 11.750 | 6 | 0.068 |
|  | 小于 12 岁儿童数 | 6.594 | 4 | 0.025 |
|  | 家庭月收入 | 20.766 | 10 | 0.023 |
|  | 居住区位 | 1.435 | 2 | 0.048 |
|  | 工作区位 | 6.370 | 2 | 0.041 |
|  | 小汽车数量 | 82.166 | 4 | 0.000 |
|  | 非机动车数量 | 55.333 | 4 | 0.000 |
| 出行特征属性 | 出行目的 | 31.739 | 14 | 0.004 |
|  | 出行时间 | 42.862 | 4 | 0.000 |
|  | 出行距离 | 492.282 | 22 | 0.000 |

注：Value 为卡方计算值，df 为自由度，sig 为显著性，当 sig 值小于等于 0.05 时，认为检验的结果显著。

从上表可以看出，个人属性中，性别、年龄、职业、婚姻状况和个人月收入对出行方式选择均有显著影响；家庭属性中，小于 12 岁儿童数、家庭月收入、小汽车数量、非机动车数量、居住区位和工作区位对出行方式选择有显著影响，家庭总人数、就业人数的影响不显著；出行特征属性中出行目的、出行时间和出行距离对出行方式均有显著影响。

## 5.3 出行者差异化分类

根据研究目标和研究内容,首先对出行者进行差异化分类,然后根据差异化分类的结论提取每类出行者的出行方式决策关键因子,流程如图5.21所示。

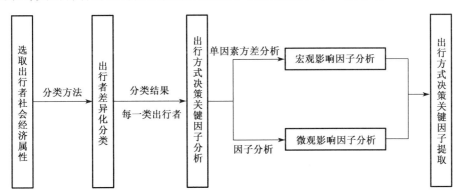

图 5.21 出行者差异化分类和关键因子提取流程图

### 5.3.1 差异化分类方法

1) 传统分类方法与聚类分析对比

传统的分类方法即选取一个变量或者若干个变量对数据进行分类的方法,如果选取大于一个变量进行交叉分类,分类的结果为每个变量类别数的乘积。例如,如果选取性别、个人月收入和出行方式对出行者进行分类,性别的类别为男、女两类,个人月收入为中、高、低三类,出行方式为小汽车、公交、非机动车三类,那么按传统的方法进行交叉分类后出行者的类别共有18项,分类较为繁琐。

聚类分析是对多个对象的集合进行分类,将相似的对象组合成类的过程。聚类分析对采集的数据依据相似性进行分类,它将具有较高的相似度的数据对象分到同一组,将差异性较大的数据分到不同组,以使组与组之间的差异最大。聚类分析是一种探索型的分类方法,可以在没有先验分类的情况下通过观察对数据进行分类,在科学研究中得到了广泛的应用。

本章中研究出行方式决策考虑影响因素较多,涵盖个人属性、家庭属性、出行特征属性等,研究结论显示,许多变量都对出行方式有显著的影响,如性别、年龄、职业、个人收入、婚姻状况、家庭收入、居住区位、工作区位、小汽车数量、非机动车数量、出行目的、出行时间、出行距离等,变量的个数较多,如果按照传统的交叉分类对出行者进行分类,分类的类别将有几十甚至上百种,传统的分类方法显然不适合出行者差异化分类的研究。而聚类分析能够有效地针对传统交叉分类方法的缺点,根据多变量数据按照相似程度进行归类,能对出行者进行较好的分类探索,且可有效控制分类的类别数,给差异化分类后续的出行决策关键因子的研究奠定较好的基础。

2) K-Means 聚类与两阶段聚类对比

K-Means 聚类法(K-Means Cluster)是常用的非系统聚类方法。主要原理是:根据预先设定的分类数量(例如 $n$ 类),人为给定或者根据某种规则自动生成 $n$ 个初始的凝聚点作为初始聚类中心,根据距离远近将其他观测值向这 $n$ 个初始聚类中心凝聚,形成初始的聚类方案,计算每个聚类项的均值,作为新的聚类中心,再一次进行聚类,如此循环,直至聚类中心的距离改变很小为止即达到收敛要求即可停止迭代,得到的聚类方案即为最终的分类方案。K-Means 聚类只适合于连续变量的聚类,对于离散变量并不适用。

两阶段聚类法(Two-Step Cluster)的第一步是准聚类过程,将原始的输入数据压缩为可管理的子聚类的集合,第二步是具体的聚类分析,通过信息准则确定最优分组个数对各个结点进行分组,使用层级聚类方法将子聚类一步一步合并为更大的聚类。两阶段聚类是适用于连续变量的聚类,也适用于离散变量的聚类,对于连续变量和离散变量组合的情况,也具有较好的效果。另外,两阶段聚类还具有一个突出的优点,即自动确定聚类数量,自动选择最优的聚类数量,也可以由用户指定固定的聚类数量。

针对本研究,在选择聚类的方法时,考虑到变量的类型均为分类变量,常用的 K-Means 聚类要求变量必须是连续变量,不能对离散变量进行处理,因此,考虑采用两阶段聚类,根据出行者的社会经济属性对出行者进行聚类分析,对出行者进行人群归并,形成出行者差异化分类的分类集。

3) 聚类评价指标分析

根据戴米尔曼[35]提出的树状结构图分类准则,任何类都必须在邻近各类中是突出的,即各类重心之间的距离必须大。本聚类中根据戴米尔曼准则进行最优聚类结果的选取,计算得出重心间距离最大的聚类方案即为最优方案。

## 5.3.2 基于个人属性的出行者差异化分类

1) 聚类变量选取

采用两阶段聚类对出行者进行差异化分类之前,首先要解决选取哪些变量进行聚类的问题。本章中采集的出行者的变量包括个人属性(性别、年龄、职业、婚姻状况、个人月收入)和家庭属性(家庭总人数、就业人数、小于 12 岁儿童数、家庭月收入、居住区位、工作区位、小汽车数量、非机动车数量)等共 13 个变量。对出行方式有显著影响的属性包括个人属性(性别、年龄、职业、婚姻状况、个人月收入)和家庭属性(小于 12 岁儿童数、家庭月收入、居住区位、工作区位、小汽车数量、非机动车数量)等共 11 个变量,基于个人的出行者差异化分类的研究中,选取与个人相关的对出行方式有显著影响的 9 个变量进行聚类,分别为:性别、年龄、职业、婚姻状况、个人月收入、居住区位、工作区位、小汽车数量、非机动车数量。

在聚类前需要计算变量之间的相关性大小,判断是否需要降维处理。系统聚类中的 R 型聚类(变量聚类)可以得到聚类变量之间的"相似性矩阵"。采用 SPSS 软件进行 R 型聚类,用相似性来测度,度量标准选用 Pearson 系数,聚类方法选用最远邻元素,得到相关性矩阵里的数字即为变量之间的相关系数。相关性矩阵如表 5.4 所示。如果有某两个变量的相关系数绝对值接近 1,说明这两个变量可互相替代,需进行降维处理。通过相关性矩阵的结果可以看出没有变量之间的相关系数的绝对值接近 1,因此,在进行两阶段聚类前不需要进行降维处理。

表5.4 聚类变量相关性矩阵

| 变量 | 性别 | 年龄 | 婚姻状况 | 职业 | 个人月收入 | 居住区位 | 工作区位 | 小汽车数量 | 非机动车数量 |
|---|---|---|---|---|---|---|---|---|---|
| 性别 | 1.000 | −0.193 | −0.127 | 0.099 | −0.212 | 0.034 | −0.030 | 0.005 | −0.130 |
| 年龄 | −0.193 | 1.000 | 0.548 | −0.287 | 0.301 | −0.159 | −0.102 | 0.118 | −0.042 |
| 婚姻状况 | −0.127 | 0.548 | 1.000 | −0.202 | 0.414 | −0.006 | 0.067 | 0.186 | −0.001 |
| 职业 | 0.099 | −0.287 | −0.202 | 1.000 | −0.275 | 0.039 | −0.016 | −0.115 | −0.081 |
| 个人月收入 | −0.212 | 0.301 | 0.414 | −0.275 | 1.000 | −0.202 | −0.170 | 0.274 | −0.028 |
| 居住区位 | 0.034 | −0.159 | −0.006 | 0.039 | −0.202 | 1.000 | 0.542 | −0.055 | 0.089 |
| 工作区位 | −0.030 | −0.102 | 0.067 | −0.016 | −0.170 | 0.542 | 1.000 | −0.080 | 0.151 |
| 小汽车数量 | 0.005 | 0.118 | 0.186 | −0.115 | 0.274 | −0.055 | −0.080 | 1.000 | −0.132 |
| 非机动车数量 | −0.130 | −0.042 | −0.001 | −0.081 | −0.028 | 0.089 | 0.151 | −0.132 | 1.000 |

2) 两阶段聚类分析

采用两阶段聚类,选取的聚类指标为性别、年龄、职业、婚姻状况、个人月收入、小汽车数量、非机动车数量、居住区位、工作区位9个变量,样本量为336。根据戴米尔曼提出的树状结构图分类准则,任何类都必须在邻近各类中是突出的,即各类重心之间的距离必须大。选取自动确定最优聚类数量的方法,得到的聚类数分别为1~15类时的距离度量的比率如表5.5所示。

表5.5 两阶段聚类信息准则输出

| 聚类数 | (BIC) | BIC变化 | BIC变化的比率 | 距离度量的比率 |
|---|---|---|---|---|
| 1 | 6 149.987 | | | |
| 2 | 5 729.414 | −420.573 | 1.000 | 1.522 |
| 3 | 5 500.946 | −228.468 | 0.543 | 1.563 |
| 4 | 5 389.006 | −111.941 | 0.266 | 1.365 |
| 5 | 5 344.254 | −44.752 | 0.106 | 1.073 |
| 6 | 5 312.045 | −32.209 | 0.077 | 1.216 |
| 7 | 5 310.385 | −1.660 | 0.004 | 1.030 |
| 8 | 5 312.864 | 2.480 | −0.006 | 1.055 |
| 9 | 5 322.547 | 9.683 | −0.023 | 1.078 |
| 10 | 5 341.590 | 19.042 | −0.045 | 1.095 |
| 11 | 5 371.101 | 29.511 | −0.070 | 1.150 |
| 12 | 5 414.945 | 43.844 | −0.104 | 1.057 |
| 13 | 5 463.924 | 48.979 | −0.116 | 1.031 |
| 14 | 5 515.633 | 51.709 | −0.123 | 1.022 |
| 15 | 5 569.229 | 53.596 | −0.127 | 1.045 |

注:BIC即Schwarz的Bayesian准则,是两阶段聚类自动判断聚类数的常用计算方法;BIC变化是相对于表中先前的聚类个数而言;BIC变化的比率与两个聚类解的变化相关;距离度量的比率以当前聚类的个数为基础而不是以先前的聚类个数为基础[126]。

通过上表可以看出,当聚类数取为3时,各聚类项重心之间的距离最大,聚类效果最佳,即为基于个人属性的差异化分类的最优方案。聚类数为3时,聚类分布结果如表5.6所示。

表5.6 聚类分布结果

| 聚类 | N | 组合(%) | 总计(%) |
| --- | --- | --- | --- |
| 1 | 95 | 28.2% | 28.2% |
| 2 | 115 | 34.2% | 34.2% |
| 3 | 126 | 37.6% | 37.6% |
| 组合 | 336 | 100.0% | 100.0% |

3) 聚类变量对聚类过程贡献分析

两阶段聚类后,采用单因素方差分析法,进一步分析变量对聚类结果的贡献度,如果某些变量对分类没有作用,应该剔除。注意此时,因子变量选择聚为3类的结果,而将聚类变量作为因变量处理。单因素方差分析结果如表5.7所示,9个聚类变量对聚类结果的作用均显著,聚类分析选择的9个变量对分类有显著作用,因此作为聚类变量是合理的。

表5.7 单因素方差分析结果

| 因素 | F | Sig. |
| --- | --- | --- |
| 小汽车数量 | 21.139 | 0.000 |
| 非机动车数量 | 3.941 | 0.020 |
| 性别 | 7.335 | 0.001 |
| 年龄 | 222.076 | 0.000 |
| 婚姻状况 | 267.475 | 0.000 |
| 职业 | 28.130 | 0.000 |
| 个人月收入 | 77.148 | 0.000 |
| 居住区位 | 47.980 | 0.000 |
| 工作区位 | 27.433 | 0.000 |

注:F为F检验计算值,Sig为显著性,当Sig值小于等于0.05时,认为检验的结果显著。

4) 基于个人属性的出行者差异化分类

通过对聚类结果的分析,对三个聚类项的社会经济属性总结如表5.8所示。

表5.8 聚类项特征分布汇总表

| | 第一聚类项 | 第二聚类项 | 第三聚类项 |
| --- | --- | --- | --- |
| 样本量大小 | 95 | 115 | 127 |
| 年龄 | 30~50[2,3] | 20~40[1,3] | 全年龄段[1,2] |
| 性别(男) | 52%[2,3] | 44%[1,3] | 35%[1,2] |
| 婚姻状况(已婚) | 97%[2,3] | 48%[1] | 45%[1] |

续表 5.8

|  | 第一聚类项 | 第二聚类项 | 第三聚类项 |
|---|---|---|---|
| 婚姻状况(已婚有子) | 83%[2,3] | 17%[1] | 27%[1] |
| 月收入 | 8 000 元以上[2,3] | 5 000~10 000 元[1,3] | 2 000~8 000 元[1,2] |
| 小汽车普及率 | 88%[3] | 77%[3] | 25%[1,2] |
| 非机动车普及率 | 70%[2,3] | 79%[1] | 84%[1] |
| 职业 | 政府机关、事业单位、国有企业、民营企业 | 政府机关、事业单位、外资企业、国有企业 | 民营企业、私营企业或个体经营、学生 |
| 居住区位(城区) | 77%[2,3] | 89%[1,3] | 49%[1,2] |
| 工作区位(城区) | 85%[3] | 94%[3] | 67%[1,2] |

注:上标的数字表示该群体与哪些群体之间有显著差异(通过非参数方差分析检验各群体之间的差异性,$p<0.05$)

结合各聚类项和变量的统计分布结果,对每个聚类项代表的出行者人群进行了归纳和命名,第一项为高收入有车人群,第二项为中等收入有车人群,第三项为中低收入无车人群。

(1) 第一类人群——高收入有车人群/小汽车出行为主

① 群体特征:该群体占全部样本量的 28.2%,男性所占比重较大,为 52%,女性占 48%,年龄主要集中在 30~50 岁之间,占 74%,婚姻状况大部分为已婚,占 97%,其中已婚有子的占 83%。该群体最显著的两个特征是月收入和小汽车普及率是三个群体中最高的,68%的个人月收入在 10 000 元以上,收入水平属于中高水平,小汽车普及率高达 88%。

② 出行特征:该群体出行的总体特征是以小汽车出行为主,小汽车在其出行中分担率高达 65%,公交出行的比重为 11%,非机动车出行的比重为 24%。结合出行距离,该群体在 5 km 以下的短距离、5~30 km 的中等距离、30 km 以上的长距离出行中均以小汽车为主,短距离出行时,非机动车占有相当重要的比重,中等距离出行时,公交占有相当重要的比重。结合出行目的,该群体在通勤出行和非通勤出行中采用小汽车的比重基本一致。

(2) 第二类人群——中等收入有车人群/公交、小汽车出行并重

① 群体特征:该群体占全部样本量的 34.2%,男性占 44%,女性占 56%,年龄主要集中在 20~40 岁,占 90%,婚姻状况中已婚和未婚比例大致相等。该群体的显著特征是有较高的小汽车普及率但是月收入处于中等水平,84%的人个人月收入在 5 000 元以上,其中 71%在 5 000 至 10 000 元之间,小汽车普及率为 77%。

② 出行特征:该群体出行的总体特征基本上是小汽车、公交并重,小汽车在其出行中分担率为 34%,公交为 43%,非机动车为 23%。结合出行距离,在 5 km 以下的短距离出行中以非机动车为主,公交和小汽车也占有相当比重,5~30 km 的中等距离出行中以公交为主,30 km 以上的长距离出行中,该群体倾向于选择小汽车,可见在中短距离出行中该群体倾向于选择公交,在长距离出行中该群体倾向于选择小汽车。结合出行目的,该群体在通勤出行中倾向于选择公交,在非通勤出行中倾向于选择小汽车,可见通勤出行中该群体更倾向于使用准时性和稳定性高的公交,而非通勤出行中更倾向于使用舒适性高的小汽车,另外,该群体的收入水平适中,在进行通勤出行方式选择时,出行成本也是考虑的主要因素之一,所以

通勤出行中公交的比重较大。

(3) 第三类人群——中低收入无车人群/公交和非机动车出行并重

① 群体特征:该群体占样本量的37.6%,男性占35%,女性占65%,年龄分布相对比较均匀,婚姻状况中未婚和已婚中所占比重基本相当。该群体最显著的特征是月收入水平低和小汽车拥有率低,其平均月收入在三个群体中最低,个人月收入在5 000元以下的占62%,5 000元至10 000元之间的占36%,小汽车拥有率也是最低,仅为25%。

② 出行特征:该群体出行的总体特征是以公交和非机动车为主,其公交和非机动车出行的比重是三个群体中最高的,分别为36%和55%,但小汽车出行比重是三个群体中最低的,为9%。结合出行距离,该群体在5 km以下的短距离出行中以非机动车为主,在5~30 km的中等距离出行中公交和非机动车所占比重基本持平,30 km以上的长距离出行中,该群体更倾向于公交,可见非机动车由于在短距离出行中相对于公交出行灵活性较强,出行成本较低,有很强的优势,但随着出行距离的增加,非机动车出行的优势显著下降,公交出行的比重显著上升。结合出行目的,通勤出行中该群体使用公交的比重要比非通勤出行略高,但是非机动车出行在通勤和非通勤出行中的比重基本相当,可见通勤出行中该群体更倾向于使用准时性和稳定性高的公交,而非机动车受城市高峰影响要比公交小,所以不同出行目的下非机动车的比重基本稳定。

通过上述的出行者差异化分类,可以看出对分类结果贡献最大的两个指标是收入和有无小汽车,由表5.4可知,北京市出行者的个人月收入和有无小汽车之间没有完全的相关性($r=0.274$)。根据北京市实际情况,一般中高收入的群体能支付得起小汽车的购买成本,低收入的群体买车相对困难。北京市域面积大,机动车出行已经成为了趋势,但收入与有无小汽车并不完全相关,受北京交通影响,高等收入群体基本都拥有小汽车,中等收入群体由于自己对出行成本、出行速度和出行舒适度等要求的差异性部分已购买小汽车,部分未购买小汽车,低收入群体小汽车普及率较低。出行者差异化分类的结论与北京市实际情况基本相符。

## 5.4 基于差异化分类的出行方式决策因子分析

从出行者差异化分类可以看出,三类群体的社会经济属性具有较大的差异,这种差异性将进一步导致出行方式决策上的差异性。本节将重点分析影响出行者出行决策的主要因素,探究不同群体出行者出行方式决策的关键因子,主要从出行方式的经济性、方便性、舒适性、快速性等宏观和微观两个方面对出行方式选择的影响因素进行考察,关注出行者是否选择某种出行方式的主要影响因素。采用单因素分析和因子分析等数理统计方法,对三类出行者出行决策时考虑的宏观和微观因素进行研究,提取出行者出行方式决策的关键因子。

在进行问卷调查时,在宏观方面调查了出行者在出行时考虑的主要因素,包括费用、速度、舒适、方便。根据以往研究的经验以及与被调查者的交流,本章在微观方面对出行者出行时考虑的主要因素进行了进一步调查,三种出行方式考虑的主要微观因素如表5.9至表5.11所示。通过从宏观和微观两个角度对不同的出行者在进行出行方式选择时关注的因素进行分析和研究。

表 5.9 小汽车出行主要调查因素

| | 正面 | 因素 | 反面 | 因素 |
|---|---|---|---|---|
| 小汽车 | 花费时间短 | 速度 | 还没有买车 | |
| | 出行方便,能实现门到门 | 方便性 | 还没有驾照 | |
| | 乘坐舒适 | 舒适度 | 油价太高 | 费用 |
| | 停车方便 | 方便性 | 路上太堵 | 速度 |
| | 有免费的停车位 | 费用 | 停车位比较难找 | 方便性 |
| | | | 停车费太贵 | 费用 |

表 5.10 公交出行主要调查因素

| | 正面 | 因素 | 反面 | 因素 |
|---|---|---|---|---|
| 公交 | 出发地离公交站距离较近 | 方便性速度 | 没有直达公交 | 方便性 |
| | 有直达的公交 | 方便性 | 公交车速度太慢 | 速度 |
| | 公交站离目的地距离较近 | 方便性 | 等车时间太长 | 速度 |
| | 等车时间短 | 速度度 | 起终点离公交站的距离太远 | 方便性 |
| | 公交车乘坐舒适 | 舒适度 | 车上太拥挤 | 舒适度 |
| | 公交车的票价便宜 | 费用 | 票价比较高 | 费用 |

表 5.11 非机动车出行主要调查因素

| | 正面 | 因素 | 反面 | 因素 |
|---|---|---|---|---|
| 非机动车 | 基本上不需要花钱 | 费用 | 没有自行车或电动车 | |
| | 可以避免路上拥堵 | 速度 | 路途太远,不适合骑车 | 舒适度 |
| | 距离较近,适合骑车 | 方便性 | 骑车太慢,花费时间太长 | 速度 |
| | 出行方便,可以实现门到门 | 方便性 | 找不到非机动车停放的地方 | 方便性 |
| | 可以锻炼身体 | | 路上车辆较多,不安全 | 安全 |
| | | | 骑车太累,不舒服 | 舒适度 |

## 5.4.1 宏观分析

单因素方差分析(One-way ANOVA)是检验单因素对实验结果是否有显著影响的方法。本节将通过单因素方差分析的方法,研究各类人群在对出行方式费用、速度、舒适度和方便性的要求方面是否有显著差异。分别选取费用、速度、舒适度和方便性作为因子,聚类的结果作为因变量,得到单因素方差分析的结果如表5.12所示,结果显示三类出行者在对费用、速度和舒适度方面的要求有显著差异,但是对方便性的要求方面差异不显著。

表 5.12　单因素方差分析

|  | F | Sig. |
|---|---|---|
| 费用 | 6.254 | 0.002 |
| 速度 | 5.501 | 0.004 |
| 舒适度 | 6.997 | 0.001 |
| 方便性 | 0.718 | 0.488 |

注：F 为 F 检验计算值，Sig 为显著性，当 Sig 值小于等于 0.05 时，认为检验的结果显著。

单因素方差分析的结论显示三类出行者在费用、速度、舒适度上有显著差异，在方便性上无显著差异，下面将对三类出行者出行时考虑的宏观因素进行统计分析，以观察三类出行者在宏观因素上的具体偏向性。统计结果如图 5.22 至图 5.24 所示，可以看出：三类出行者对速度的要求比重从高到低依次为第二类、第一类、第三类出行者，对费用的要求比重从高到低依次为第三类、第二类、第一类出行者，对舒适度的要求比重从高到低依次为第一类、第二类、第三类出行者，三类出行者对方便性的要求均较高。

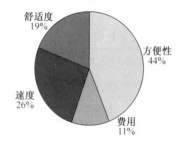

图 5.22　第一类出行者出行考虑的主要因素　　图 5.23　第二类出行者出行考虑的主要因素

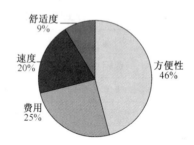

图 5.24　第三类出行者出行考虑的主要因素

结合单因素方差分析的结果和统计分析的结果，可以得出以下结论：

（1）第一类和第二类出行者在进行出行方式选择时舒适度和速度是考虑的首要因素，出行成本的关注较少，而第三类出行者在进行出行方式决策时首要考虑的是出行成本，然后是速度，对出行舒适度的关注较少。

（2）三类出行者对出行方式方便性的关注都较高，这是导致三类出行者对方便性要求无显著差异的主要原因。

### 5.4.2　微观分析

1）关键因子提取方法研究

目前识别关键因子归纳起来主要有三大类：

(1) 主要依赖分析者的主观认识,即"主观认定法"。

专家打分法(德尔菲法)即属此类。专家评分法(Experts Grading Method)是一种对定性描述进行定量化研究的方法,对需要研究的定性问题先确定评价项目,制定出一定的指标体系和评价标准,再由行业内经验丰富的相关专家按评价标准根据自己的经验进行打分,例如,让专家根据重要性从1~9进行打分,从而将定性问题转化为定量问题研究。

(2) 间接推断法。借助于其影响因素的变化对结果产生影响的量化大小对比,即结果对变量的敏感性或灵敏度来找出关键因子的一种间接方法。灵敏度分析即为间接推断法的典型方法。

灵敏度分析法(Sensitivity Analysis Method)通过研究输出量变化对系统变量的敏感程度来决定哪些变量对结果或模型有较大的影响,从而提取关键因子。

(3) 直接寻找法。比如两两比较法、层次分析法、因子分析等。通过数理统计的方法,根据一定的既有程序,按照主观认定与间接推断相结合的原则,直接寻找对结果有显著影响的关键因子。

层次分析法(Analytic Hierarchy Process)是一种与专家打分法相结合处理定性问题定量化研究的多准则决策方法。首先把研究中的各种因素建立层次结构模型;其次,通过对客观现实的主观判断结果(主要是两两比较)将专家意见和分析者的客观判断结果相结合,让同一层次元素进行两两比较重要性,从而实现定量描述。

因子分析法(Factor Analysis Approach)是将大量的彼此之间可能存在相关关系的变量,转化为较少的彼此之间不相关的概括性综合指标的一种统计分析方法,适用于变量较多且繁琐的情况。

结合调查数据的特点,出行方式决策微观因素包括三大类问题,选择某种出行方式的原因以及不选择另外两种出行方式的原因,每大类又从费用、舒适、方便和速度等方面散发出若干条具体原因,变量较多。根据以往的研究可以发现[124],采用因子分析的方法可以有效探讨变量之间是否存在不能直接观察到的,但对可观测变量的变化起支配作用的潜在因素,将较大数量的变量转换成较少的彼此不相关的综合指标。因此,本节将选择因子分析的方法对出行者出行方式决策时考虑的微观因素进行研究,提取出行方式决策时的关键因子。

选用SPSS软件进行因子分析,操作步骤如下:

(1) 选取变量。根据具体情况选取进行因子分析的变量。

(2) 描述统计。描述统计选项卡中,为了得到各变量的描述统计信息,需要选择"单变量描述性",为了对比因子提取前后的方差变化,需要选择"原始分析结果";由于基于相关矩阵提取因子,所以需要选定相关矩阵的"系数和显著性水平";另外,为了判断该数据集是否适合采用因子分析,需要KMO和Bartlett球形度检验,一般认为当KMO接近1时,因子分析的效果好,当KMO大于0.7时,因子分析的效果较好,当KMO小于0.5时,不适合做因子分析[128]。

(3) 抽取。抽取选项卡主要用于设置提取因子的方法,提取因子的方法较多,例如极大似然法、主成分法、最小平方法,这里选择最常用的主成分法进行抽取。

(4) 因子旋转。为了便于对因子给予命名和解释,选择"最大方差法"进行因子旋转。

(5) 保存因子得分。因子得分作为变量保存,便于以后的深入分析。

2) 第一类出行者出行决策分析

第一类出行者中采用小汽车出行的出行者占 65%，采用公交出行的占 11%，采用非机动车出行的占 24%。对其中占主体的采用小汽车出行的用户进行出行方式选择中的微观因素进行因子分析，步骤和结果如下：

选取第一类出行者中采用小汽车出行的用户选择小汽车的原因：① 花费时间短，② 出行方便，能实现门到门，③ 乘坐舒适，④ 停车方便，⑤ 有免费的停车位；不选择公交的原因：① 公交车速度太慢，② 没有直达公交，③ 起点和终点离公交站的距离较远，④ 等车时间太长，⑤ 车上太拥挤，⑥ 票价比较高；不选择非机动车（自行车或电动车）的原因：① 没有自行车或电动车，② 路途太远，不适合骑车，③ 骑车太慢，花费时间太长，④ 找不到非机动车停放的地方，⑤ 骑车太累，不舒服，⑥ 路上车辆较多，不安全等 17 个调查问题作为因子分析的变量，得到因子分析的结果，对其结果的分析与解释如下：

（1）验证数据是否适合做因子分析

KMO 和 Bartlett 球形度检验的结果显示：KMO 统计量的结果为 0.720，大于 0.5，Bartlett 球形检验的结果为 Sig＝0.000，小于 0.05，说明该调查数据适合做因子分析，且效果较好。

（2）因子方差表

根据因子分析，得到旋转后的载荷因子矩阵，得出采用小汽车出行用户的出行决策的微观因素中公因子方差均较大（均大于 0.4），不需要对因子分析的变量进行删除。

（3）因子得分

根据因子贡献率的结果，输入的 17 个变量的方差信息主要集中在前两个因子中，这两个因子的特征值大于 1，且这两个因子的特征值之和占总特征值的 66.27%（超过 60%），贡献率分别为 39.52% 和 26.75%，由此可见，这两个因子能够解释 17 个变量中大部分的变量信息，另外，各变量因子荷载系数的绝对值均较高，说明各因子中的原始变量之间显著相关。

（4）因子总结

因子荷载值的结果如表 5.13 所示，可以看出，每个因子中只有少数几个变量的因子荷载较大，这些变量对因子的解释有重要的作用，第一因子在舒适度方面有较高载荷（A3、B5、C6），主要表现为小汽车的舒适和公交、非机动车的不舒适；第二因子在方便方面有较高载荷（A2、A5、B1、B3、B4），主要表现为小汽车的方便性以及公交的不方便性。

表 5.13　第一类出行者小汽车用户因子分析结果

| 类别 | 变量 | 因子 1 | 因子 2 |
|---|---|---|---|
| 选择小汽车的原因（A） | 花费时间短（A1） | −0.039 | 0.130 |
| | 出行方便，能实现门到门（A2） | 0.097 | **0.562** |
| | 乘坐舒适（A3） | **0.535** | 0.009 |
| | 停车方便（A4） | 0.084 | −0.302 |
| | 有免费的停车位（A5） | −0.144 | **0.400** |

续表 5.13

| 类别 | 变量 | 因子 | |
|---|---|---|---|
| | | 1 | 2 |
| 不选择公交的原因(B) | 没有直达公交(B1) | 0.050 | **0.407** |
| | 公交车速度太慢(B2) | −0.015 | 0.015 |
| | 等车时间太长(B3) | −0.074 | **0.395** |
| | 起终点离公交站的距离太远(B4) | 0.021 | **0.360** |
| | 车上太拥挤(B5) | **0.502** | 0.099 |
| | 票价比较高(B6) | −0.094 | 0.049 |
| 不选择非机动车的原因(C) | 没有自行车或电动车(C1) | 0.236 | 0.213 |
| | 路途太远,不适合骑车(C2) | −0.030 | 0.048 |
| | 骑车太慢,花费时间太长(C3) | 0.048 | 0.025 |
| | 找不到非机动车停放的地方(C4) | −0.012 | 0.168 |
| | 路上车辆较多,不安全(C5) | −0.141 | −0.197 |
| | 骑车太累,不舒服(C6) | **0.418** | −0.039 |

注:加粗斜体的系数均大于 0.35,对因子有显著贡献。

3) 第二类出行者出行决策分析

第二类出行者中采用小汽车出行的出行者占 34%,采用公交出行的占 43%,采用非机动车出行的占 23%。该类出行者以小汽车和公交出行为主。对采用小汽车出行的用户和对采用公交出行的用户进行出行方式选择中的微观决策原因进行因子分析,因子分析的步骤参照上节,不再赘述,下文将仅对因子分析的结果进行分析:

(1) 采用小汽车出行的用户

选取第二类出行者中采用小汽车出行的用户的调查数据中的——选择小汽车的原因:① 花费时间短,② 出行方便,能实现门到门,③ 乘坐舒适,④ 停车方便,⑤ 有免费的停车位;不选择公交的原因:① 公交车速度太慢,② 没有直达公交,③ 起点和终点离公交站的距离较远,④ 等车时间太长,⑤ 车上太拥挤,⑥ 票价比较高;不选择非机动车(自行车或电动车)的原因:① 没有自行车或电动车,② 路途太远,不适合骑车,③ 骑车太慢,花费时间太长,④ 找不到非机动车停放的地方,⑤ 骑车太累,不舒服,⑥ 路上车辆较多,不安全等 17 个调查问题作为因子分析的变量,得到因子分析的结果,对其结果的分析与解释如下:

① 验证数据是否适合做因子分析

KMO 和 Bartlett 球形度检验的结果显示:KMO 统计量的结果为 0.757,大于 0.5,Bartlett 球形检验的结果为 Sig=0.000,小于 0.05,说明该调查数据适合做因子分析,且效果较好。

② 因子方差表

根据因子分析,得到旋转后的载荷因子矩阵,得出采用小汽车出行用户的出行决策的微观因素中公因子方差均较大(均大于 0.4),不需要对因子分析的变量进行删除。

③ 因子得分

根据因子贡献率的结果,输入的 17 个变量的方差信息主要集中在前两个因子中,这两个因子的特征值大于 1,且这两个因子的特征值之和占总特征值的 69.08%(超过 60%),贡献率分别为 37.65% 和 31.43%,由此可见,这两个因子能够解释 17 个变量中大部分的变量信息,另外,各变量因子荷载系数的绝对值均较高,说明各因子中的原始变量之间显著相关。

④ 因子总结

因子荷载值的结果如表 5.14 所示,可以看出,每个因子中只有少数几个变量的因子荷载较大,这些变量对因子的解释有重要的作用,第一因子在速度方面有较高载荷(A1、B2、B3、C3),主要表现为小汽车的速度快和公交、非机动车的速度慢;第二因子在方便方面有较高载荷(A2、B1、B4、C2、C4),主要表现为小汽车的方便性以及公交、非机动车的不方便性。

表 5.14 第二类出行者小汽车用户因子分析结果

| 类别 | 变量 | 因子 | |
|---|---|---|---|
| | | 1 | 2 |
| 选择小汽车的原因(A) | 花费时间短(A1) | **0.556** | −0.007 |
| | 出行方便,能实现门到门(A2) | 0.159 | **0.531** |
| | 乘坐舒适(A3) | −0.018 | −0.190 |
| | 停车方便(A4) | 0.075 | 0.199 |
| | 有免费的停车位(A5) | 0.012 | 0.063 |
| 不选择公交的原因(B) | 没有直达公交(B1) | −0.073 | **0.432** |
| | 公交车速度太慢(B2) | **0.454** | 0.049 |
| | 等车时间太长(B3) | **0.595** | −0.131 |
| | 起终点离公交站的距离太远(B4) | 0.097 | **0.441** |
| | 车上太拥挤(B5) | 0.049 | −0.195 |
| | 票价比较高(B6) | 0.048 | 0.105 |
| 不选择非机动车的原因(C) | 没有自行车或电动车(C1) | 0.015 | −0.014 |
| | 路途太远,不适合骑车(C2) | −0.346 | **0.395** |
| | 骑车太慢,花费时间太长(C3) | **0.638** | −0.097 |
| | 找不到非机动车停放的地方(C4) | 0.136 | **0.378** |
| | 路上车辆较多,不安全(C5) | 0.159 | −0.101 |
| | 骑车太累,不舒服(C6) | 0.005 | −0.104 |

注:加粗斜体的系数均大于 0.35,对因子有显著贡献。

(2) 采用公交出行的用户

选取第二类出行者中采用公交出行的用户的调查数据中的——选择公交的原因:① 出发地离公交站距离较近,② 有直达的公交线路,③ 公交站离目的地距离较近,④ 等车时间短,⑤ 公交车乘坐舒适,⑥ 公交车的票价便宜;不选择小汽车的原因:① 还没有买车,② 还没有驾照,③ 油价太高,④ 路上太堵,⑤ 停车位比较难找,⑥ 停车费太贵;不选择非机动车的原因:① 没有自行车或电动车,② 路途太远,不适合骑车,③ 骑车太慢,花费时间太长,④ 找不到非机动车停放的地方,⑤ 路上车辆较多,不安全,⑥ 骑车太累,不舒服等 18 个调查问题作为因子分析的变量,得到因子分析的结果,对其结果的分析与解释如下:

① 验证数据是否适合做因子分析

KMO 和 Bartlett 球形度检验的结果显示:KMO 统计量的结果为 0.765,大于 0.5,Bartlett 球形检验的结果为 Sig=0.000,小于 0.05,说明该调查数据适合做因子分析,且效果较好。

② 因子方差表

根据因子分析,得到旋转后的载荷因子矩阵,得出采用公交出行用户的出行决策的微观因素中公因子方差均较大(均大于 0.4),不需要对因子分析的变量进行删除。

③ 因子得分

根据因子贡献率的结果,输入的 18 个变量的方差信息主要集中在前两个因子中,这两个因子的特征值大于 1,且这两个因子的特征值之和占总特征值的 70.99%(超过 60%),贡献率分别为 39.54% 和 31.45%,由此可见,这两个因子能够解释 18 个变量中大部分的变量信息,另外,各变量因子荷载系数的绝对值均较高,说明各因子中的原始变量之间显著相关。

④ 因子总结

因子荷载值的结果如表 5.15 所示,可以看出,每个因子中只有少数几个变量的因子荷载较大,这些变量对因子的解释有重要的作用,第一因子在方便方面有较高载荷(A2、A4、B5、C3),主要表现为公交的方便性和小汽车、非机动车的不方便性;第二因子在费用方面有较高载荷(A6、B3、B6、C1),主要表现为公交的低费用以及小汽车的高费用。

表 5.15 第二类出行者公交用户因子分析结果

| 类别 | 变量 | 因子 | |
|---|---|---|---|
| | | 1 | 2 |
| 选择公交的原因(A) | 出发地离公交站距离较近(A1) | 0.038 | 0.012 |
| | 有直达的公交线路(A2) | **0.353** | 0.431 |
| | 公交站离目的地距离较近(A3) | 0.014 | 0.020 |
| | 等车时间短(A4) | **0.435** | 0.099 |
| | 公交车乘坐舒适(A5) | 0.010 | −0.225 |
| | 公交车的票价便宜(A6) | 0.007 | **0.364** |
| 不选择小汽车的原因(B) | 还没有买车(B1) | −0.117 | −0.053 |
| | 还没有驾照(B2) | 0.058 | 0.180 |
| | 油价太高(B3) | 0.189 | **0.464** |
| | 路上太堵(B4) | −0.006 | 0.054 |
| | 停车位比较难找(B5) | **0.371** | 0.184 |
| | 停车费太贵(B6) | −0.087 | **0.418** |

续表 5.15

| 类别 | 变量 | 因子 | |
|---|---|---|---|
| | | 1 | 2 |
| 不选择非机动车的原因（C） | 没有自行车或电动车(C1) | −0.075 | **0.598** |
| | 路途太远,不适合骑车(C2) | −0.003 | 0.039 |
| | 骑车太慢,花费时间太长(C3) | **0.498** | −0.287 |
| | 找不到非机动车停放的地方(C4) | −0.547 | −0.145 |
| | 路上车辆较多,不安全(C5) | −0.034 | 0.066 |
| | 骑车太累,不舒服(C6) | −0.038 | −0.134 |

注：加粗斜体的系数均大于 0.35,对因子有显著贡献。

4) 第三类出行者出行决策分析

第三类出行者中采用小汽车出行的出行者占 9%,采用公交出行的占 36%,采用非机动车出行的占 55%。该类出行者以公交和非机动车出行为主。对采用公交出行的用户和对采用非机动车出行的用户进行出行方式选择中的微观决策原因进行分析,统计结果如下：

(1) 采用公交出行的用户

选取第三类出行者中采用公交出行的用户的调查数据中的——选择公交的原因：① 出发地离公交站距离较近,② 有直达的公交线路,③ 公交站离目的地距离较近,④ 等车时间短,⑤ 公交车乘坐舒适,⑥ 公交车的票价便宜；不选择小汽车的原因：① 还没有买车,② 还没有驾照,③ 油价太高,④ 路上太堵,⑤ 停车位比较难找,⑥ 停车费太贵；不选择非机动车的原因：① 没有自行车或电动车,② 路途太远,不适合骑车,③ 骑车太慢,花费时间太长,④ 找不到非机动车停放的地方,⑤ 路上车辆较多,不安全,⑥ 骑车太累,不舒服等 18 个调查问题作为因子分析的变量,得到因子分析的结果,对其结果的分析与解释如下：

① 验证数据是否适合做因子分析

KMO 和 Bartlett 球形度检验的结果显示：KMO 统计量的结果为 0.720,大于 0.5,Bartlett 球形检验的结果为 Sig=0.000,小于 0.05,说明该调查数据适合做因子分析,且效果较好。

② 因子方差表

根据因子分析,得到旋转后的载荷因子矩阵,得出采用公交出行用户的出行决策的微观因素中公因子方差均较大(均大于 0.4),不需要对因子分析的变量进行删除。

③ 因子得分

根据因子贡献率的结果,输入的 18 个变量的方差信息主要集中在前两个因子中,这两个因子的特征值大于 1,且这两个因子的特征值之和占总特征值的 75.76%(超过 60%),贡献率分别为 49.25% 和 26.51%,由此可见,这两个因子能够解释 18 个变量中大部分的变量信息,另外,各变量因子荷载系数的绝对值均较高,说明各因子中的原始变量之间显著相关。

④ 因子总结

因子荷载值的结果如表 5.16 所示,可以看出,每个因子中只有少数几个变量的因子荷载较大,这些变量对因子的解释有重要的作用,第一因子在费用方面有较高载荷(A6、B1、

B3),主要表现为公交的低费用和小汽车的高费用;第二因子在方便方面有较高载荷(A1、A2、A3、C2),主要表现为公交的方便性以及非机动车的不方便性。

表 5.16 第三类出行者公交用户因子分析结果

| 类别 | 变量 | 因子 1 | 因子 2 |
|---|---|---|---|
| 选择公交的原因(A) | 出发地离公交站距离较近(A1) | −0.081 | **0.434** |
| | 有直达的公交线路(A2) | −0.039 | **0.466** |
| | 公交站离目的地距离较近(A3) | −0.145 | **0.543** |
| | 等车时间短(A4) | 0.016 | −0.002 |
| | 公交车乘坐舒适(A5) | −0.112 | 0.059 |
| | 公交车的票价便宜(A6) | **0.519** | 0.136 |
| 不选择小汽车的原因(B) | 还没有买车(B1) | **0.479** | 0.434 |
| | 还没有驾照(B2) | 0.218 | −0.059 |
| | 油价太高(B3) | **0.343** | −0.107 |
| | 路上太堵(B4) | 0.078 | 0.266 |
| | 停车位比较难找(B5) | 0.285 | −0.078 |
| | 停车费太贵(B6) | 0.004 | 0.101 |
| 不选择非机动车的原因(C) | 没有自行车或电动车(C1) | 0.017 | 0.028 |
| | 路途太远,不适合骑车(C2) | −0.062 | **0.435** |
| | 骑车太慢,花费时间太长(C3) | 0.273 | 0.246 |
| | 找不到非机动车停放的地方(C4) | −0.011 | −0.099 |
| | 路上车辆较多,不安全(C5) | 0.141 | 0.044 |
| | 骑车太累,不舒服(C6) | −0.154 | 0.085 |

注:加粗斜体的系数均大于 0.35,对因子有显著贡献。

(2) 采用非机动车出行的用户

选取第二类出行者中采用非机动车出行的用户的调查数据中的——选择非机动车的原因:① 基本上不需要花钱,② 可以避免路上拥堵,③ 距离较近,适合骑车,④ 出行方便,可以实现门到门,⑤ 可以锻炼身体;不选择小汽车的原因:① 还没有买车,② 还没有驾照,③ 油价太高,④ 路上太堵,⑤ 停车位比较难找,⑥ 停车费太贵;不选择公交的原因:① 公交车速度太慢,② 没有直达公交,③ 起点和终点离公交站的距离较远,④ 等车时间太长,⑤ 车上太拥挤,⑥ 票价比较高等 17 个调查问题作为因子分析的变量,得到因子分析的结果,对其结果的分析与解释如下:

① 验证数据是否适合做因子分析

KMO 和 Bartlett 球形度检验的结果显示:KMO 统计量的结果为 0.770,大于 0.5,Bartlett 球形检验的结果为 Sig=0.000,小于 0.05,说明该调查数据适合做因子分析,且效果较好。

② 因子方差表

根据因子分析,得到旋转后的载荷因子矩阵,得出采用非机动车出行用户的出行决策的微观因素中公因子方差均较大(均大于 0.4),不需要对因子分析的变量进行删除。

③ 因子得分

根据因子贡献率的结果,输入的 17 个变量的方差信息主要集中在前两个因子中,这两个因子的特征值大于 1,且这两个因子的特征值之和占总特征值的 79.90%(超过 60%),贡献率分别为 43.25% 和 36.65%,由此可见,这两个因子能够解释 17 个变量中大部分的变量信息,另外,各变量因子荷载系数的绝对值均较高,说明各因子中的原始变量之间显著相关。

④ 因子总结

因子荷载值的结果如表 5.17 所示,可以看出,每个因子中只有少数几个变量的因子荷载较大,这些变量对因子的解释有重要的作用,第一因子在方便方面有较高载荷(A3、A4、C2、C3),主要表现为非机动车的方便性和公交的不方便性;第二因子在费用方面有较高载荷(A1、B1、B3、B6),主要表现为非机动车的低费用以及小汽车的高费用。

表 5.17　第三类出行者非机动车用户因子分析结果

| 类别 | 变量 | 因子 | |
|---|---|---|---|
| | | 1 | 2 |
| 选择非机动车的原因(A) | 基本上不需要花钱(A1) | 0.123 | **0.604** |
| | 可以避免路上拥堵(A2) | 0.021 | 0.123 |
| | 距离较近,适合骑车(A3) | **0.482** | 0.071 |
| | 出行方便,可以实现门到门(A4) | **0.536** | −0.114 |
| | 可以锻炼身体(A5) | 0.101 | −0.074 |
| 不选择小汽车的原因(B) | 还没有买车(B1) | 0.095 | **0.675** |
| | 还没有驾照(B2) | 0.062 | −0.198 |
| | 油价太高(B3) | −0.019 | **0.446** |
| | 路上太堵(B4) | 0.107 | −0.246 |
| | 停车位比较难找(B5) | −0.268 | 0.119 |
| | 停车费太贵(B6) | 0.270 | **0.434** |
| 不选择公交的原因(C) | 公交车速度太慢(C1) | 0.170 | 0.102 |
| | 没有直达公交(C2) | **0.346** | 0.034 |
| | 起点和终点离公交站的距离较远(C3) | **0.434** | 0.146 |
| | 等车时间太长(C4) | −0.192 | −0.020 |
| | 车上太拥挤(C5) | 0.134 | −0.099 |
| | 票价比较高(C6) | −0.053 | −0.036 |

注:加粗斜体的系数均大于 0.35,对因子有显著贡献。

### 5.4.3 基于差异化分类的出行方式决策因子总结

对出行方式决策的宏观和微观因素总结如表 5.18 所示,可以看出,宏观关键因子和微观关键因子基本对应,对其归纳为:第一类出行者,高收入有车人群,在出行方式选择时关注的主要因素为舒适度和方便性;第二类出行者,中等收入有车人群,关注的主要因素为速度和方便性;第三类出行者,中低收入无车人群,关注的主要因素为费用和方便性。

表 5.18 出行者出行方式决策宏观和微观关键因子总结表

|  | 宏观关键因子 | 微观关键因子 |
| --- | --- | --- |
| 第一类出行者 | 舒适度、方便 | 小汽车的舒适和公交、非机动车的不舒适<br>小汽车的方便性以及公交的不方便性 |
| 第二类出行者 | 速度、方便 | 小汽车的速度快和公交、非机动车的速度慢<br>小汽车的方便性以及公交、非机动车的不方便性 |
|  |  | 公交的方便性和小汽车、非机动车的不方便性<br>公交的低费用以及小汽车的高费用 |
| 第三类出行者 | 费用、方便 | 公交的低费用和小汽车的高费用<br>公交的方便性以及非机动车的不方便性 |
|  |  | 非机动车的方便性和公交的不方便性<br>非机动车的低费用以及小汽车的高费用 |

## 5.5 基于差异化分类的政策应用研究

通过 5.3 节和 5.4 节的研究,对不同社会经济属性的出行者进行了差异化分类,并对不同类型的出行者在进行出行方式决策时的关键因子进行了研究。如何利用出行者差异化分类和出行方式决策关键因子研究的结论为改善城市交通服务是本节关注的重点,下文将从出行方式的服务水平出发,针对不同类型的出行者,研究了优化城市交通出行方式结构,减少小汽车出行,提高公共交通分担率的政策措施。

### 5.5.1 第一类出行者出行方式优化措施

第一类出行者,即高收入有车人群,该人群对出行的舒适度和方便要求较高,对出行费用关注较少,在出行中偏向于小汽车出行。此类出行者在城市小汽车出行用户中占重要组成部分,是引导城市居民出行方式向公交转移的难点。

除了实施限制小汽车使用的措施(例如单双号限行、车辆按尾号限行)等措施外,根据表 5.13 小汽车用户选择小汽车出行和不选择公交和非机动车出行的显著原因,还可以从以下几个方面开展优化措施:

1) 有免费的停车位(A5)对应的建议措施

取消公费停车位,合理设置停车的价格杠杆,建立差别化的区域停车供应及收费管理策略,充分发挥停车对车辆使用、城市交通方式结构的调控作用。建立停车政策分区,针对各个区域不同的停车需求,制定合理的停车收费价格体系,调节汽车出行需求和道路交通负荷的时空分布,包括停车收费费率在核心区、中心城区、外围地区的差别化,路内、路外的差别化以及不同时段的差别化,从而引导小汽车交通向公共交通转移。

2) 没有直达的公交(B1)对应的建议措施

合理规划公交路网线路,增强公交覆盖率;建立一个主次分明、均衡分配运能的网络结构,可根据城市自身特点,设置公交快线、普线和支线,既能提供快速大运量运输服务,又可以满足居民内部出行的需求,方便快捷;此外,倡导单位开通通勤班车,鼓励员工乘坐通勤班车上下班。

3) 等车时间太长(B3)对应的建议措施

增加公共交通运营班次,增加公交车辆数,提高发车频率,减少延误;通过站台显示装置,提供与乘客出行相关的综合信息以及公益宣传、新闻等实时信息,减少乘客心理候车时间;推进智能化的公交技术的发展,建立一套完备的公交管理系统,将交通运营与信息服务融为一体,通过全球定位系统技术和智能运输系统技术,实时获取公交信息,有效控制发车班次。

4) 起终点离公交站的距离太远(B4)对应的建议措施

注重公交站点规划建设,改善公交车站位置、站台空间和辅助设施,提高公交站点覆盖率;重视 P&R 模式,在公交站点周围合理布局停车场,与小汽车、非机动车和步行等交通方式有效衔接,换乘便利。

5) 车上太拥挤(B5)对应的建议措施

完善公交车辆配置,改善公交乘车环境;增加公交车辆,提高公交发车频率,降低公交的满载率;根据客流情况,分线路分时段配置车辆,高峰时间可采用大运量公交车辆,减少车内拥挤。

### 5.5.2 第二类出行者出行方式优化措施

第二类出行者,即中等收入有车人群,该人群对出行的速度和方便要求较高,对舒适度和出行费用也有一定的要求,但对舒适度的要求比第一类人群低,对出行成本的要求比第三类人群低,此类出行者试图在出行速度和出行费用之间达到一个平衡。该类出行者的出行方式以小汽车和公交为主,当选择小汽车出行的出行成本较高或道路拥堵时,该类出行者倾向于公交出行,当公交出行不便利、换乘次数多、起终点离公交站距离较远以及等车时间较长时,该类出行者倾向于小汽车出行。此类出行者是引导城市居民出行方式向公交转移的重点。

根据表 5.14 小汽车用户选择小汽车出行和不选择公交和非机动车出行的显著原因,还可以从以下几个方面开展优化措施:

1) 公交车速度太慢(B2)对应的建议措施

设置公交专用道,保证公共交通专有路权,同时在交叉口配置公交信号等,实施公交信号优先,提高公交的运行速度;增强对公交专用道的管理,对违章驶入的车辆严格处罚;此外根据各个城市的实际情况,完善公共交通运输方式组成,针对地铁、轻轨等快速交通方式制定可行策略,形成高效率的公共交通网络体系。

2) 找不到非机动车停放的地方(C4)对应的建议措施

增加非机动车的停车点,尤其是在轨道交通站、公交站附近设置非机动车的停车泊位,尽量减少换乘距离,加强非机动车出行和公交出行的接驳。

根据表5.15公交用户选择公交出行和不选择小汽车和非机动车出行的显著原因,还可以从以下几个方面开展优化措施:

1) 公交车的票价便宜(A6)对应的建议措施

降低公交的出行成本,对于长期使用公交的乘客有一定的价格优惠措施,鼓励乘客使用智能卡;对于需要换乘,尤其是换乘次数较多时出行者对公交的积极性较低的情况,必须完善公交换乘的价格优惠政策,通过较低的换乘成本来弥补出行者对公交的积极性;各种公共交通方式之间要建立合理比价关系,实现优势互补,实现公交系统运营服务的一体化;此外,可以考虑错峰票价、里程差价票制等一系列措施,通过价格杠杆平衡出行客流,提高公共交通的管理水平。

2) 停车位比较难找(B5)对应的建议措施

合理调节停车位的时间和空间分布,通过停车位供给来引导停车需求;完善小汽车与公交的换乘接驳设施,例如在市区外围的地铁站设置P&R停车场,通过停车收费的价格杠杆和提高公交的服务水平可以有效地吸引住在郊区、工作在市区的这部分人群转向公交出行。

3) 停车费太贵(B6)对应的建议措施

通过停车收费等收费措施的价格杠杆,提高小汽车的出行成本,引导小汽车出行向公共交通出行转移。

### 5.5.3 第三类出行者出行方式优化措施

第三类出行者,即中低收入无车人群,该群体希望通过较低的成本完成出行,对出行的舒适度要求较低。该类人群在中长距离出行中倾向于选择公交,在短距离出行中倾向于选择非机动车。此类人群的小汽车拥有率较低,成为限制此类人群采用小汽车出行的主要原因,但是必须继续进一步保障甚至提高公交对此类人群的吸引力。

除了提高公交的服务水平外,根据表5.16公交用户选择公交出行和不选择小汽车和非机动车出行的显著原因,还可以从以下几个方面开展优化措施:

还没有买车(B1)对应的建议措施

通过限制小汽车牌照、提高小汽车税率、拥堵收费等交通需求管理措施,进一步消减出行者购买小汽车的欲望;完善公交网络,提高公共交通服务水平,增强公交吸引力,引导居民乘坐公交出行。

除了加强非机动车路权管理,保障非机动车出行的通行环境外,根据表5.17非机动车用户选择非机动车出行和不选择小汽车和公交出行的显著原因,还可以从以下几个方面开展优化措施:

1) 基本上不需要花钱(A1)对应的建议措施

通过进一步降低公交票价,改善公交乘车环境,使公交在短距离出行中在出行成本方面具有一定的竞争力。

2) 起点和终点离公交站的距离较远(C3)对应的建议措施

通过在轨道交通站和公交站以及小区、商业中心等客流较多的地点设置公共自行车,方便乘客进行公交和自行车之间的换乘;科学规划公交线网,注重公交站点规划建设,提高公交站点覆盖率。

# 第6章 基于停车收费的轨道交通停车换乘行为

## 6.1 概述

### 6.1.1 问题的引出

随着我国城市化进程的不断推进,城市机动车保有量不断增加,大城市交通形势日益严峻,不仅动态交通问题严重,停车问题也越来越突出。实践证明,单方面地扩大交通设施的供给不能满足城市机动车发展的需要,不仅耗费资源,不符合可持续发展理念,还会诱发更多的交通需求,从而引发新的交通问题。而停车需求管理(PDM)作为交通需求管理的重要手段,在限制小汽车拥有和引导小汽车合理出行上能起到显著的作用。

在停车需求管理的诸多措施中,收费政策是一种被广泛采用且相对有效的手段。停车费用是构成机动车使用成本的重要因素,通过价格杠杆来宏观调控停车需求,引导小汽车合理出行,与政府使用强制手段进行管理相比,更加公平、有效。

停车收费政策的影响具体可以归纳为:对城市居民的出行方式以及出行目的地产生影响,引发出行行为的改变[126],进而影响城市居民的出行需求以及交通流在网络上的重分布[127];同时,停车收费的增加将导致机动车出行者的出行成本增加,在中心商业区提高停车费用必然对该地区的商业繁荣带来负面影响[128];此外,出行方式和目的地选择的变化也将对目的地的土地利用模式和土地价格带来影响[129]。

中心区的停车收费费率提高后,有些出行者仍然选择开车出行,有些出行者会选择其他出行方式,甚至还有些人会取消出行或换到其他地点完成出行需求。取消出行固然可以在一定时间和一定程度上减少中心区的拥堵,但是它属于一种消极的行为,会影响中心区合理的交通需求,最终会对中心区的发展产生不利影响。此外,仅仅提高中心区的停车收费来限制中心区的停车需求是一种简单的抑制手段,必须考虑如何合理引导被限制的小汽车出行需求转换为采用大运量的公共交通方式出行。

轨道交通作为低污染、高效、快捷的城市大运量公共客运方式,是公认的城市中长距离出行的最佳运输工具。进入21世纪,我国的城市轨道交通建设进入蓬勃发展阶段,到2012年,我国已有17个城市累计开通70条城市轨道交通运营线路(含试运营线路),城市轨道交通运营总里程2 064 km,其中2012年新增投运营里程321 km,轨道交通在城市公共交通系统中的骨干作用越来越突出。随着我国大城市轨道交通系统的不断建设和完善,以及城市中心区交通拥堵和停车矛盾日益突出,与轨道交通衔接的停车换乘(Park and Ride, P&R)

模式逐渐成为居民重要的出行方式选择之一。以北京为例,停车换乘设施的数量以及利用率已经越来越高,越来越多的居民已经开始接受这种"新型"的出行方式。

本章着眼于轨道交通停车换乘模式,对出行者的出行选择行为进行研究。考虑中心区收费和中心区外围换乘停车场收费"两个杠杆"同时调节、相互作用,一方面通过中心区的收费政策限制中心区的停车需求,另一方面通过外围停车换乘设施的低廉收费政策鼓励小汽车使用者停车换乘轨道交通进入中心区,从而更加合理地缓解中心区停车问题。

## 6.1.2 国内外研究与应用概况

1) 国外研究概况

Hamerslag,Rudi[130]等人(1995)研究了公交优先发展模式下的停车政策对出行方式选择和目的地选择的影响。

Peng Z 等人[131](1996)研究了波特兰地区停车收费政策对城市居民出行方式选择的影响。作者考虑了公交便利程度、居住地位置、工作地位置三个因素,研究表明停车费率对通勤出行方式的选择有着显著影响,提高停车费率和公共交通服务水平更能有效地减少居民对小汽车的使用,并使其转移到公共交通方式。

"Strategies to Attract Auto Users to Public Transportation"[132](1998)对美国20个都市区以及波特兰做了两个独立的研究,分析了停车收费的提高以及公交服务水平的改善对出行方式的影响。研究表明:停车收费政策比提高公共交通服务水平更加能够有效地降低单独驾车的通勤出行,增加公共交通的利用程度;增加公交车的发车频率比增加公交的通达性更加能够有效地降低单独驾车的通勤出行,同时增加公共交通的利用程度。如果把提高公共交通的发车频率与停车收费结合起来,将对居民出行方式的选择产生显著影响。

Bianco M. J[133]等人(2000)研究了在波特兰商业区实施停车收费、公交刺激等交通需求管理政策的影响。通过在停车咪表安装前后对1 000个雇员的随机抽样调查,研究了停车收费和方式选择之间的关系。

Daniel Baldwin Hess[134](2001)利用多项式Logit模型分析通勤出行者对工作地停车收费政策的反应,研究他们出行方式的选择。根据该模型的预测结果,当免费停车时,62%的通勤者会选择自驾车出行,10%会选择合乘车,22%会选择公共交通。当停车费高至6美元/天时,46%的通勤者将会选择自驾车出行,4%会选择合乘车,50%会选择公共交通。

David A. Hensher 和 Jenny King[135](2001)通过嵌套Logit模型对各种停车政策的影响进行研究,结果表明,时段控制对城市CBD的停车选择影响仅为3%,而停车收费的影响却可达97%。从短期来说,出行者可以选择把车辆停放至CBD之外,或者是采用其他方式出行,前往CBD的总出行量并不会因此而减少。

Washbrook[136]等人(2006)通过离散选择模型分析了道路收费和停车收费政策对通勤出行者出行方式选择的影响。结果表明,收费政策能有效地减少机动车的出行需求,并引导机动车出行者向其他出行方式转移。

Gila Albert,David Mahalel[137](2006)通过对出行者进行意愿调查,用多项式Logit模型研究了停车收费和拥挤收费对公共交通、小汽车、停车换乘和改变出行时间四种出行选择方式的影响。结果显示出行者对拥挤收费更敏感,但其影响主要在改变小汽车出行时间上;而停车收费的影响则主要在出行方式的选择上。

Raquel Espino[138](2007)等利用嵌套 Logit 模型,通过弹性分析发现公交特性值变化对方式选择的影响较小,而提高停车收费和进行燃油收费比改善公交服务水平对方式选择的影响更大。

William E. Hurrell[139](1994)提出对已有或规划换乘设施进行需求预测的流程,基本步骤为确定出行产生区域、确定出行吸引区域、确认出行吸引区域的特性(如停车成本、可靠性等)、计算区域间总出行量、计算停车换乘方式和公共交通方式的分担率,最后得出停车换乘需求。

Hendricks[140](1998)基于停车换乘设施的泊位数和收费费率等因素,对停车换乘设施选择行为的影响因素进行分析,并对相关指标进行了量化处理。

Ilona Bos[141]等人(2002)通过调查,研究居民对 P&R 设施的认知结构,选出了 6 组 30 个因素,并测算出这些影响居民是否选择 P&R 设施的因素的相对重要程度。研究表明,换乘时间是最为重要的因素,费率其次,停车环境再次。

Arne Risa Hole[142](2004)利用二项 Logit 模型,对主要服务于通勤出行的 P&R 停车需求进行预测,考虑的变量为总的出行时间和出行费用,设置 9 种不同情形对通勤者进行 SP 调查,计算得出停车换乘方式的分担率。

Karlaftis Matthew G[143]等人(2010)结合遗传算法,建立了财务分析模型,研究了 P&R 设施的最佳收费政策,计算结果表明该模型能够在短期内提供 P&R 设施的最佳收费方案。

2)国内研究概况

吴涛[144](1999)提出了停车收费影响下的出行选择模型,对小汽车、公交、步行和自行车四种方式分别建立了效用函数,研究了停车收费对出行方式选择的影响。

田琼,黄海军[145](2005)假设出行者前往目的地可选三种交通方式:全程驾车、地铁直达、在瓶颈处停车换乘地铁,以瓶颈模型为基础建立了基于 Logit 随机均衡的交通方式选择模型,研究在系统最大化和地铁收益最大化情况下,如何设置合理的地铁票价和停车费率。

云美萍[146](2012)等人选取上海市典型停车换乘站对驾车通勤者与公共交通通勤者进行了 RP 调查与 SP 调查,基于调查数据分析了选择停车换乘与否的影响因素,并针对道路交通通畅、堵塞两种状态分别建立了是否停车换乘的二项 Logit 模型。

赵路敏[147](2007)基于非集计 Logit 模型,建立了停车收费影响分析模型,并对因素进行了弹性分析。同时,以北京市调查数据为基础,研究了不同的停车收费组合、不同支付方式下停车收费对出行选择的影响。

秦焕美[148](2005)基于北京进行的 P&R 行为调查数据,通过初步统计分析得出了一些基本统计结论,然后利用最优尺度分析方法对不同性别、年龄、职业、收入等群体的 P&R 选择意愿进行了分析,根据随机效用理论建立了 P&R 选择行为 Logit 模型,并对模型进行了分析和检验。

张戎[149](2009)等人基于在上海市三个停车换乘设施的换乘需求调查,构建了以停车换乘费用为主要影响因素的 Logit 模型,分析了停车换乘分担率与停车换乘费用的函数关系。

何保红[150](2009)等人通过对南京市小汽车出行者的偏好调查,应用二项 Logit 模型建模分析,结果显示个人特征、出行特性以及对出行环境的评价等都在不同程度上影响出行者 P&R 的选择行为。其中出行者驾龄、收入、出行目的以及道路拥挤、中心区停车位供给和停车收费对 P&R 的选择最为显著。

乔小艳[151](2011)从出行者特性、出行特性、出行方式特性三个方面对停车换乘选择行为的影响因素进行了分析和量化处理,构建了考虑土地利用的停车换乘设施需求预测模型。

3) 国内外研究概况小结

国外对停车收费影响下的出行行为研究主要以 Logit 模型为基础,从不同出行目的、不同出行范围等多个角度出发,并考虑公共交通、停车换乘(P&R)等其他可选交通方式,衍生出不同模型研究停车收费政策影响下的居民出行选择行为。对于停车换乘模式,由于国外轨道交通发展较早,相关研究已经比较成熟,研究内容包括停车换乘需求预测、停车换乘点布局、停车换乘选择行为等多个方面。

不难看出,国外对停车收费和停车换乘的研究已经非常深入,模型选择和影响因素选取等方面的考虑较为完善,对本章的研究具有较大的借鉴意义。然而,由于不同的社会经济、文化差异、偏好以及习惯,很难将国外的研究成果直接应用于中国城市。

目前,国内的停车收费理论研究主要集中在停车收费的必要性以及停车收费对出行方式的影响上,模型和参数的选取大多借鉴国外的研究,但缺乏结合停车换乘模式的考虑,研究数据大多是停车换乘模式尚未兴起时获取的。随着北京等大都市停车换乘设施的数量以及利用率越来越高,越来越多的居民已经开始接受这种"新型"的出行方式,对停车换乘选择行为需要进行进一步的调查和研究。

所以,本章的研究结合停车收费与停车换乘模式,综合考虑中心区的停车费率和换乘停车场的停车费用,通过调查获取最新的数据,借鉴国内外的研究成果,选取典型的影响因素进行建模分析。

## 6.1.3 本章主要内容

本章的研究意义在于:通过对停车收费影响下的轨道交通停车换乘行为(小汽车换乘)进行研究,为停车换乘设施运营管理和中心区停车收费费率的制定提供理论与数据支撑,从而提高停车换乘设施的服务水平以及经济、社会、环境等方面的综合效益,进而对城市道路交通和城市居民的日常生活和出行产生积极的影响。

本章的研究内容主要包括:

1) 停车换乘系统概述

对我国大城市中心区的交通问题进行总结和分析,介绍停车换乘方式,包括停车换乘的定义和分类、停车换乘在国内外的发展和应用情况、停车换乘方式的正负效应等,并对停车换乘行为的影响因素进行分析。

2) 问卷设计与调查

调查分为停车收费现状调查、停车换乘设施现状调查、停车换乘行为和意向调查。设计停车换乘行为调查问卷,通过问卷调查方案的实施,初步了解北京市中心区外围居民的出行特性,整理调查数据,并进行统计性分析。

3) 建立停车换乘选择行为模型

设定模型的选择肢和解释变量,按照不同出行目的,构建停车收费影响下的轨道交通停车换乘选择行为多元 Logit 模型,模型包含三个选择肢:停车换乘轨道交通、全程驾车前往中心区、全程乘坐公共交通前往中心区,分别建立效用函数,并利用调查数据对模型进行标定和检验。通过模型分析被调查对象个人属性、公交票价、中心区停车收费费率、换乘停车场收费费率、不同出行方式花费的时间等因素对出行行为选择的影响。

4) 停车换乘选择行为弹性分析

利用模型对出行行为进行分析预测,对时间、费用等影响因素进行弹性分析,并提出对停车收费系统,尤其是停车换乘方面的政策建议。

## 6.2 轨道交通停车换乘系统

### 6.2.1 停车换乘的定义和发展

1) 停车换乘的定义

停车换乘是指低承载率交通方式向高承载率交通方式转换的一种交通方式。在我国,停车换乘主要指小汽车这种低承载率交通方式向大运量公共交通方式(轨道交通)的转换。

狭义的停车换乘系统是指在城市外围轨道车站附近设置换乘停车场(免费或者低廉收费),引导乘客换乘公共交通进入城市中心区。P&R模式在道路交通拥堵和目的地停车难的地区容易发挥其优势,尤其是当换乘停车场与轨道交通站无缝衔接时。

停车换乘设施的类别可按照设施功能或设施所处的区位进行划分,如表6.1所示。

表 6.1 停车换乘设施的分类[151]

| 设施类别 | | 特性描述 |
| --- | --- | --- |
| 按设施功能划分 | 联合使用 | 停车场非P&R专用,与其他建筑(如大型娱乐场所、购物中心等)共享,适用于高密度混合开发的大型城市 |
| | 城郊专用 | 以P&R为主要功能,吸引城市外围客流换乘公共交通方式进入城市中心区,适用于低密度蔓延、中心区交通拥挤的城市 |
| | 公共交通枢纽 | 依托大型公共交通换乘枢纽建设,往往能实现停车和换乘之间的无缝衔接,满足多种交通方式换乘需求 |
| | 特殊区域边缘 | 服务城市中心区、机场等地区,更接近目的地,投资成本高,其功能尚在争议中 |
| 按设施所处区位划分 | 中心区边缘地区 | 优化交通方式结构,截断进入中心区的机动车流,减少中心区停车需求 |
| | 近郊区 | 转换交通方式,截断进入中心区的机动车流,减少低密度地区公交的高额运营成本,减少小汽车长距离出行,节约能源,减少污染 |
| | 远郊区(含卫星城) | |

2) 停车换乘系统的发展历程

停车换乘系统主要经历过两次发展热潮[148]。20世纪六七十年代,停车换乘风靡一时,当时的停车换乘模式多为小汽车与公共汽车或通勤铁路的换乘,目的是拓展公交市场,并转移部分进入城市中心区的小汽车交通流。可是,其应用并没有取得预想的效果,又迅速转入低潮。英国在20世纪30年代,为了保护古城遗迹,一些大城市开始在郊区公交或铁路车站附近建设停车场,鼓励出行者停车换乘进入中心区,以限制中心区的交通量。20世纪60年代,英国更多城市加入这一行列,然而要让人们改变开车出行的习惯难度较大,兴建的停车换乘设施几乎在 70 年代都被废弃了,只有极少的停车换乘设施沿用至今。20 世纪 70 年代,由于油价攀升,美国的部分城市开始重视公共交通的发展,兴建了一批停车换乘设施,然而随着石油危机结束,美国的停车换乘系统建设也转入低潮。新加坡于 1975 年开始在城市郊区主要交通出入干道附近建设停车场,吸引小汽车驾驶者换乘大运量公共交通方式进入中心区,但由于停车场位置设计不当、公交系统换乘衔接缺乏连续性等原因,该项政策效果甚微。

随着世界各大城市机动化程度加剧和城市空间急剧扩张,城市交通拥堵压力日益沉重,21 世纪初停车换乘模式迎来第二波热潮。现代停车换乘模式的发展更加注重整个停车换乘系统的规划与设计,其功能定位是:为通勤、旅游、购物等多种出行需求提供到达城市中心区的便捷服务。在欧洲,英国、德国、荷兰等国家投资建设了一批成功的停车换乘设施,很多大城市的停车换乘设施已经相当普遍。北美现代停车换乘系统的主要组成部分是地铁和轻轨,也有由快速公交线连接构成的停车换乘系统,如费城港务运输公司的轻轨线,其中 89% 的乘客为停车换乘出行者,运营十分成功。亚洲国家中,日本、韩国主要围绕城际通勤铁路建设停车换乘设施。总体来说,由于城市人口的高密度聚集,依托高承载率、快速便捷的公共交通是现代停车换乘设施的主流形式。

目前,停车换乘系统的发展有两种趋势:一种是在低密度蔓延的城市(如美国、加拿大的一些城市),停车换乘系统的功能主要是提高通勤出行效率,保护环境;另一种是在城市中心区高密度发展的城市(如英国的一些城市),停车换乘系统的功能主要是引导居民在城市外围换乘公交进入中心区,减少中心区交通压力。

3)停车换乘系统在我国的发展

我国停车换乘系统建设的初衷与欧洲类似,目的是解决大城市中心区的交通压力,主要形式是私家车与轨道交通之间的换乘衔接。

香港在 20 世纪 90 年代开始规划建设停车换乘设施,集中布置在人口分散化趋势明显的地区,配合轨道交通等大运量交通方式的建设,2007 年香港停车换乘设施已达到 266 个,大部分归政府所有,换乘停车较长期停车优惠约 50%[148]。

北京、上海等也从 2007 年开始兴建停车换乘设施。截至 2010 年年底,北京市已建成 19 处停车换乘设施,停车位数量达到 2 726 个,收费标准为 2 元/次,停车时间为当日 4 时 30 分至次日零时 30 分,按照北京市停车换乘设施建设规划方案,至 2020 年,北京市将建设 500～1 000 个停车换乘停车场,每个停车场可提供 200～500 个停车位。目前上海市已投入运营的停车换乘场地有 6 处,衔接上海市 5 条轨道交通线,停车泊位数达 2 250 个,分布在中心城区北、西、南三个方向,为中心区外围居民停车换乘提供服务[148]。

2011 年 4 月,广州市发改委发布的《广州经济社会白皮书 2010—2011》中也表明:广州市将在未来五年内以地铁车站为中心,规划建设奥体中心、天河客运站等 15 个停车换乘设施,用地规模超过 25.6 万 m²[148]。

2012 年 2 月 1 日,南京市开始实行新的停车收费政策,中心区白天长时间停车的成本大大提高,而停车换乘模式在悄然盛行。地铁 2 号线的学则路站、仙林中心站、羊山公园站、经天路站都建设了大型换乘停车场,这些换乘停车场经常爆满,车位"一位难求"。南京地铁 1 号线规划时,停车换车模式在我国还没有流行,1 号线周边的停车场预留地有限,但是地铁 2 号线建设时沿线预留了换乘中心用地,比如马群站、油坊桥站、仙林大学城的中心站、经天路站等,包括 3 号线、10 号线也都预留了换乘用地。

可以看出,随着我国城市轨道交通服务水平的快速提高,停车换乘模式具有广阔的发展前景。

### 6.2.2 停车换乘的正负效应分析

建设停车换乘系统的战略目标是引导居民出行方式结构的转变,缓解中心区交通压力,促进公共交通为导向的城市土地开发模式(TOD 模式,Transit Oriented Development)。根据国外的发展经验,停车换乘系统会给城市发展带来有利的方面,同时也可能产生负面的影响。

停车换乘系统的正面效应主要体现在以下几个方面[148]:

1) 缓解中心区的交通压力

出行者通过 P&R 设施停车换乘公共交通,降低小汽车对城市中心区有限道路资源的占用,缓解中心区的交通拥堵和停车问题。

2) 提高中心区可达性并带动城市外围区域发展

在城市外围区域可以方便快捷地换乘大运量公共交通进入中心区,提高了中心区的可达性,所以 P&R 设施的建设与发展也将带动城市外围区域的土地利用开发,促进城市"多中心"组团式发展。

3) 减少城市中心区的交通事故

改善城市中心区的交通环境,降低交通事故的发生概率。

4) 保护环境

由于城市中心区机动车流量的减少,汽车尾气排放和汽车鸣笛等现象也得到抑制,从而达到保护环境的目的。

5) 间接效应

P&R 系统的完善,将会推动相关产业的发展,提高人们生活质量和绿色交通意识。

其负面效应主要体现在以下两个方面:

1) 可能会诱增中心区交通量

由于停车换乘设施的推行,中心区交通压力大大减小,导致附近区域更多的小汽车驶入中心区,诱增了中心区的交通量。

2) 可能会提高对于小汽车出行的依赖性

P&R 设施对停车提供的便利性越高,人们对小汽车出行的依赖性就越强,导致城市外围地区公共交通客流量很小,而中心区公共交通服务压力很大。同时,P&R 设施会将中心区的交通负荷转嫁给外围地区,造成外围地区产生新的交通问题[148]。

总的来说,在停车换乘系统运营过程中,可能还会产生其他的正负效应。但是在我国大城市中心区交通形势日益严峻的大背景下,推行停车换乘系统利大于弊,在停车换乘系统合理规划情况下,其更能发挥自身的正面效应。

### 6.2.3 停车换乘行为影响因素

1) 城市公共交通服务水平

公共交通环节是整个停车换乘出行过程中极为重要的组成部分。美国和英国的研究证实:"公交车内出行时间必须大于总出行时间的 50%"是一个重要的停车换乘设施布局准则[152]。美国的调查还发现：公交票价、车内拥挤状况、线路的非直线系数、准点率等与公交服务水平相关的各种特性也对停车换乘行为产生影响[152]。

国内学者的研究表明，在家庭购买小汽车的原因中排在首位的是个人工作需要，其次是出行方便和经济条件允许，而公交服务水平不高并不是主要的原因[152]。许多居民即使能够获得较高水平的公交服务，仍然倾向于选择开车出行。相对于机动车出行者个人属性而言，公交服务水平对停车换乘的行为影响程度不大，究其原因，一方面是国内小汽车出行过程中的使用成本与一次性购置成本的比例较小，另一方面是公共交通方式与小汽车出行方式相比优势并不明显[152]。

随着我国大城市中心区的拥堵问题、停车问题日益严重，公共交通作为停车换乘方式出行过程的一个重要组成部分，对停车换乘行为的影响将越来越重要，停车换乘系统也将逐渐成熟和完善。

2) 城市交通政策

推广停车换乘设施是城市停车管理政策手段之一，通过停车供给引导出行行为，以获取交通模式新平衡，会对停车换乘行为产生较大影响。

欧美发达国家在 20 世纪 60 年代之前由于采取鼓励小汽车使用的政策，导致小汽车交通量迅速增加，从而引发了交通拥堵、城市环境恶化等问题。为了引导出行需求向大运量公共交通方式转移，解决城市中心区的拥堵和环境恶化，城市交通政策转变为控制停车需求、限制小汽车使用[152]。例如，美国芝加哥、波士顿等大城市采取降低中心区的建筑物停车泊位配建标准的方法，控制城市中心区的停车供给水平；伦敦市中心区建立了按照停车时长划分停车收费费率的体系，有效削减了早高峰的通勤小汽车交通；新加坡通过许可证制度对进入城市中心区等拥挤地区的小汽车交通进行限制[152]。

还有其他一些配套措施包括：公交优先策略、拥堵收费政策等，它们的实施可以引导小汽车出行向大运量公共交通出行转变，改变了公共交通与小汽车交通间的竞争关系，将对停车换乘的行为产生较大影响[152]。

3) 停车换乘设施特性

停车换乘设施特性主要体现为设施的可达性和可用性[152]。

停车换乘设施的可达性包括两个方面[152]：一是出行者使用停车换乘设施而绕行的距离不宜太长，二是到达停车换乘设施的交通条件良好。美国学者的调查表明：位于出行者出行线路中和干道交通网附近的停车换乘设施比其他位置的设施的需求要大，英国牛津大学的研究也表明：可达性是影响停车换乘设施吸引力的关键因素。

停车换乘设施的可用性与设施的容量大小息息相关，它是指该设施的潜在用户得到设施服务的可能性或用户选择该设施时不被拒绝服务的概率。当一个停车换乘停车场的泊位全部被占用时，对于此后到达停车场的用户来说，设施可用性为零[152]。

此外，设施的经济性、便利性、舒适性等也是影响停车换乘系统吸引力的重要因素，改善这些因素将提高停车换乘在出行方式中的竞争力。

4) 停车收费标准

实践表明，由政府指导与市场协调相结合的停车收费政策，能够对小汽车出行需求产生刺激或抑制，从而引导居民对交通方式的选择。当中心区停车收费的标准提高，而城市外围换乘停车场的收费相对低廉甚至免费时，会使得越来越多的出行者考虑采用停车换乘的方式进入中心区。

5）机动车出行者的主观因素

国外研究结果表明，机动车出行者选择停车换乘方式出行的行为不仅受到各种客观因素的制约，而且其自身的主观因素也起着不可或缺的作用，比如：性别、年龄、收入、自驾的偏好程度、驾车心理压力、对道路拥挤的忍受程度、对中心区停车困难程度的忍受程度、对费用和时间的敏感性等[152]。我国的小汽车拥有水平和使用水平都与国外有较大差异，影响换乘行为的因素可能与国外研究成果不尽相同，因此，本章也将通过对北京市进行的停车换乘意向调查来研究机动车出行者的个体属性、出行特性等方面对停车换乘选择行为的影响。

## 6.3 问卷设计与调查

### 6.3.1 调查方案拟订

本章考虑将轨道交通停车换乘模式和停车收费政策相结合，对轨道交通停车换乘选择行为进行研究，考虑中心区收费和中心区外围换乘停车场收费"两个杠杆"同时调节、相互作用，一方面通过中心区的收费政策限制中心区的停车需求，另一方面通过外围停车换乘设施的低收费政策鼓励小汽车使用者停车换乘轨道交通进入中心区。

在我国的大城市中，北京市的轨道交通和停车换乘设施相对发达，停车换乘模式已经被不少居民接受。同时，北京市也是我国典型的中心向外围放射性发展的特大城市，中心区土地开发强度大、城市功能过度聚集，鼓励居民在城市外围停车换乘进入中心区，能有效缓解中心区的交通压力。因此，本章将调查的地点选在北京市，调查内容包括：停车收费现状、停车换乘设施现状、居民的停车换乘选择行为。

对于停车换乘选择行为的研究，从国内外研究现状来看，非集计 Logit 模型得到了较好的应用，它具有高效、低成本、建模方便、可同时包含多变量多选择肢、可移植性较高等特点，因此本章考虑采用非集计 Logit 模型进行建模分析。本章将基于 Logit 模型的特点，设计停车换乘行为和意向调查问卷，获取研究数据。

### 6.3.2 停车换乘行为和意向调查问卷设计

1）问卷设计

本章将采用非集计 Logit 模型进行建模，非集计模型的调查可以分为已完成的选择性行为调查，即行为调查或 RP 调查；以及在假设条件下，选择主体如何选择和如何考虑的选择意向调查，即意向调查或 SP 调查。

一般来说，非集计模型使用的是 RP 数据，即已经发生的每个人的选择结果及相关数据。但是，在很多实际的交通需求分析中，如一些新政策措施实施前或刚实施时的相关需求分析，很难仅仅使用 RP 数据建立非集计模型。在这种情况下，可以通过 SP 调查获得一些"并不存在"的偏好数据，即请被实验者想象一种假想的状况，并根据被实验者自身的条件，回答如果这种假想状况一旦实现将如何选择，以此数据代替以往的对于实际情况的选择结果。

因此，本章研究的问卷调查采用 RP 调查和 SP 调查相结合的方法，调查内容如下：

(1) 个人社会属性特征

主要包括:性别、年龄、职业、受教育程度、年收入、对自驾的偏好程度以及居住地位置。

(2) 停车行为相关信息

主要包括:是否经历过 P&R 模式及出行目的、影响是否选择 P&R 模式的因素、最近一次从家中开车前往中心区的出行情况,其中最近一次从家中开车前往中心区的出行情况主要调查的内容是:出行目的地停车费率;停车是否困难;花费在路途上的时间;在目的地停留的时间;如果全程直接乘坐公共交通进入中心区,大约需花费的时间和公交票价等。

(3) 意向调查

意向调查基于被调查者填写的上一次开车前往中心区的出行信息,假设被调查者工作单位在中心区,居住的区域可以比较方便地使用停车换乘方式,设计了多种收费政策和出行时间组合,调查两种不同出行目的下(通勤和非通勤)的出行选择行为。选择集合中的选择肢包括:①停车换乘轨道交通;②直接开车进入中心区;③直接乘坐公共交通进入中心区。

2) 调查实施

(1) 中心区界定

本章的研究是考虑中心区收费和中心区外换乘停车场收费"两个杠杆"同时调节、相互作用,一方面通过中心区的收费政策限制中心区的停车需求,另一方面通过外围停车换乘设施的低收费政策鼓励小汽车使用者通过停车换乘进入中心区。所以首先对中心区进行界定,本次调查对象针对北京市出行者,根据北京市停车收费政策划定的一类收费区域,将三环内的区域定义为本章研究的中心区。

(2) 调查方式和对象

为了突出中心区和非中心区的区别以及便于停车换乘特性的调查,此次调查的样本范围为:居住在北京市三环以外拥有机动车的出行者。

调查问卷的问题相对复杂,填写时需要较多思考,实际调查中被拒绝的可能性较高。加上调查对样本的限定较多(北京市居住在三环外有私家车的人群),所以采用网络问卷调查的方式,通过业内专业网络调查公司的付费样本服务,进行数据的收集。

(3) 调查问卷拆分

考虑到设置的情景问题较多,故将问卷按照轨道交通停车换乘停车场的费用拆分为两类——A 类:换乘停车场费用 2 元/次,B 类:换乘停车场费用 4 元/次(表 6.2)。

表 6.2 A 类问卷情景设置

| 轨道交通停车换乘停车场的费用:2 元/次 | | | | |
|---|---|---|---|---|
| 情景 | 中心区停车费率 | 采用停车换乘花费的出行时间 | 您的选择(①②③) | |
| | | | 休闲娱乐购物 | 上班 |
| 1 | 不变 | 不变 | | |
| 2 | +1元/h | 不变 | | |
| 3 | +1元/h | 节约 15 min | | |
| 4 | +2元/h | 多花 15 min | | |
| 5 | +3元/h | 不变 | | |

(注:基于被调查者填写的最近一次开车前往中心区的出行信息,假设其居住的区域可以比较方便地使用停车换乘方式,且停车费用都是个人支付。)

(4) 样本量确定

在调查问卷分类的基础上,本章采用分层抽样策略进行调查,近来的研究建议,每类别段达到 50～100 个样本数比较合适[146]。考虑到调查精度要求和实际条件限制,本章拟定 A、B 类问卷分别调查 50 份以上,确定本次调查的总样本量为 200。

(5) 调查结果

问卷发放时间为一个月,设置了居住地、车辆拥有情况等质量控制条件,最终共回收 A 类问卷 148 份,B 类问卷 154 份。通过对每一份问卷的逻辑性检查,共筛选出 A 类有效问卷 110 份,B 类有效问卷 112 份,样本均为居住在北京市三环外有私家车的人群。

### 6.3.3 停车换乘行为和意向调查统计分析

1) 个人属性

(1) 性别和年龄分布

由图 6.1 和图 6.2 可以看出,本次调查的样本男女比例接近,男性占 48%,女性占 52%;调查样本中以 30～39 岁年龄段的出行者为主,其次是 20～29 岁年龄段,本次调查的样本年龄分布呈年轻化。

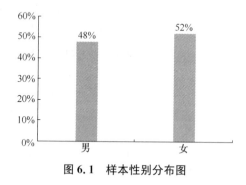

图 6.1 样本性别分布图

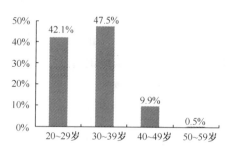

图 6.2 样本年龄分布图

(2) 职业和收入分布

从图 6.3 可以看出,样本职业分布中以事业单位人员、企业中高级管理人员、企业普通职工为主,这三类人群的通勤出行行为也相对较为规律;图 6.4 表明本次调查对象主要为中低收入人群,高收入人群比重较低。

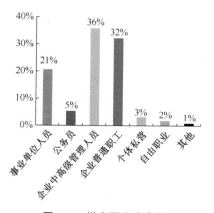

图 6.3 样本职业分布图

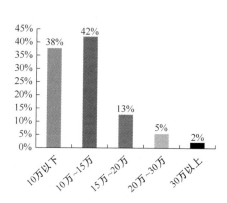

图 6.4 样本收入分布图

(3) 自驾偏好程度和居住地分布

从图 6.5 可以看出,自驾偏好程度一般(44%)和强烈(50%)的分布比例基本持平,只有少数调查对象(5%)对自驾没有任何偏好。由于是网络调查,为了保证调查效果,严格控制了样本的居住地范围,调查对象全部为北京市中心区外围(三环以外)的人群,从图 6.6 可以看出本次调查的对象主要居住在三环与四环之间(61%)。

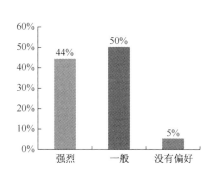

图 6.5　样本自驾偏好程度分布图　　图 6.6　样本居住地分布图

2) 停车换乘特征

(1) 停车换乘使用经历和停车换乘出行目的分布

从图 6.7 可以看出,大部分被调查者(87%)曾经使用过停车换乘方式,也从侧面反映了北京市轨道交通系统和停车换乘系统日渐完善。从图 6.8 可以看出,本次调查对象平时使用停车换乘的出行目的是工作为主的占 28%、休闲娱乐购物为主的占 38%、两种出行目的比重近似的占 34%,停车换乘的出行目的没有明显偏好。

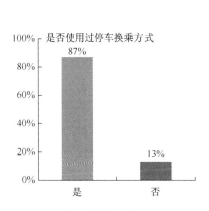
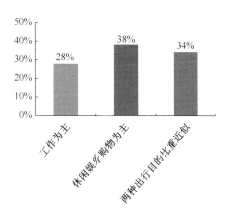

图 6.7　停车换乘使用经历分布图　　图 6.8　停车换乘出行目的分布图

(2) 是否选择停车换乘的影响因素

本次调查就是否选择停车换乘的问题向被调查者提供了 7 个备选的影响因素,分别为:①停车费用;②燃油费用;③花费在路途上的时间;④中心区道路拥堵程度;⑤中心区停车困难程度;⑥换乘停车场服务水平;⑦公共交通服务水平。要求被调查者就不同的出行目的:工作(假设工作地在中心区)、休闲娱乐购物,分别选取对自身影响最大的三种因素进行排序。

通过对被调查者的排序结果定性分析发现，停车费用、花费在路途上的时间、中心区道路拥堵程度、中心区停车困难程度四个因素的影响相对其他三个因素较为显著，工作和休闲娱乐购物两种不同出行目的下都是如此。

（3）最近一次开车前往中心区停车是否困难

从图 6.9 可以看出，绝大部分调查对象（81%）在最近一次开车前往中心区时遭遇了停车困难的情况，也表明北京市中心区停车资源的确十分紧张。

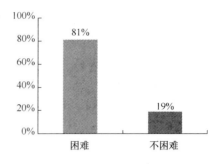

图 6.9　中心区停车是否困难分布图

### 6.3.4　样本统计分析小结

通过定性和定量的分析，对于样本的基本情况总结如下：

① 样本年龄分布呈年轻化；

② 通勤出行行为较为规律的事业单位人员、企业中高级管理人员、企业普通职工为样本主要组成；

③ 调查对象主要为中低收入人群；

④ 自驾偏好程度一般和强烈的分布比例基本持平，少数调查对象对自驾没有任何偏好；

⑤ 调查的对象主要居住在三环与四环之间，其次是四环和五环之间，少部分人居住在五环之外；

⑥ 大部分被调查者曾经使用过停车换乘方式；

⑦ 停车换乘的出行目的：工作为主的占 28%、休闲娱乐购物为主的占 38%、两种出行目的比重近似的占 34%，没有明显偏好；

⑧ 停车费用、花费在路途上的时间、中心区道路拥堵程度、中心区停车困难程度四个因素对是否选择停车换乘方式的影响较为显著，工作和休闲娱乐购物两种不同出行目的下都是如此；

⑨ 绝大部分调查对象在最近一次开车前往中心区时遭遇了停车困难的情况。

## 6.4　停车换乘选择行为模型构建

### 6.4.1　停车换乘选择行为 Logit 模型的研究框架

1）Logit 模型简介

（1）选择肢与效用

每个人在做出一项决定之前往往会面临多项选择，把能够供人们选择的方式称为一个选择肢，所有选择肢的集合称为选择群。例如，出行者在出行前可能会面临公交车、小汽车、步行等多种交通方式的选择，每种方式就是一个选择肢，所有出行方式构成的集合就是一个选择群[147]。选择肢具有的令人满意的程度称为效用，根据效用最大化理论，出行者选择其认知中效用最大的方案。

(2) 模型的导出

假设出行者 $n$ 的选择方案的集合为 $A_n$，并假设集合中选择方案为 $J_n$ 个 $(j=1, 2, \cdots, i+1, \cdots, J_n)$。若方案 $i$ 的效用为 $U_{in}$，则出行者 $n$ 从 $A_n$ 中选择方案 $i$ 的条件为

$$U_{in} > U_{jn}; i \neq j; i, j \in A_n \tag{6.1}$$

效用的影响因素中存在无法观测到的因素，所以效用是随机变量，假定出行者 $n$ 选择方案 $i$ 的效用为 $U_{in}$，则

$$U_{in} = V_{in} + \varepsilon_{in} \tag{6.2}$$

式中：$V_{in}$——效用确定项；

$\varepsilon_{in}$——效用随机项。

根据效用最大化理论，出行者 $n$ 选择方案 $i$ 的概率 $P_{in}$ 可以写成如下形式

$$\begin{aligned} P_{in} &= Prob(U_{in} \geqslant U_{jn}; i \neq j; i, j \in A_n) \\ &= Prob(V_{in} + \varepsilon_{in} \geqslant V_{jn} + \varepsilon_{jn}; i \neq j; i, j \in A_n) \end{aligned} \tag{6.3}$$

式中：$0 \leqslant P_{in} \leqslant 1$，$\sum_{i \in A_n} P_{in} = 1$。

假设效用函数的随机项服从二重指数分布，根据二重指数分布的性质，可以推导出 Logit 模型。即：当效用 $U_{in}$ 的所有概率项 $\varepsilon_{in}$ 服从相同的参数为 $\eta = 0$，$\varepsilon = 1$ 的二重指数分布时，可得到如下形式的 Logit 模型。

$$P_{in} = \frac{e^{V_{in}}}{\sum_{j=1}^{J_n} e^{V_{jn}}} \tag{6.4}$$

式中：$J_n$——出行者 $n$ 可选择的方案个数。

2) 模型分类

本章的研究属于多因素、多选择肢的出行意向研究，而选择肢有 3 个或 3 个以上，从中选择一种的 Logit 模型称为 MNL 模型(Multinomial Logit Model)，也叫做多元 Logit 模型。因此，本章将利用 MNL 模型对停车换乘选择行为进行分析。

对于我国大城市来说，主要拥堵问题发生在早晚高峰时期，而早晚高峰主要的出行目的为通勤出行，同时，国内外研究表明，不同出行目的下，对停车费率和出行时耗等主要因素的敏感性有显著不同。故本章研究将建立两个 MNL 模型：通勤出行选择模型和非通勤出行选择模型。

3) 选择肢和解释变量设定

解决拥堵问题的两大途径是收费政策和公共交通。

在停车收费方面，单纯地通过不断提高中心区收费费率来抑制拥堵问题，一方面手段过于单一；另一方面，容易引起收入相对较低人群的抵触，社会反响强烈。考虑到公共交通方式是解决我国大城市拥堵问题的必然选择，且我国大城市大运量轨道交通建设日趋完善，配套的轨道交通换乘停车场也越来越普遍，停车换乘模式逐渐成为城市居民主要的出行选择方式之一。故将中心区停车收费和城市外围轨道交通停车换乘结合起来考虑，设定模型的

选择肢。

模型选择肢(分别建立效用函数):

➤ 停车换乘轨道交通
➤ 全程驾车前往中心区
➤ 全程乘坐公共交通前往中心区

模型解释变量主要包括:被调查对象个人属性、公交票价、中心区停车收费费率、换乘停车场停车费用、不同出行方式花费的时间等。

4) MNL 模型的求解步骤

本章 MNL 模型的求解及检验过程如图 6.10 所示。

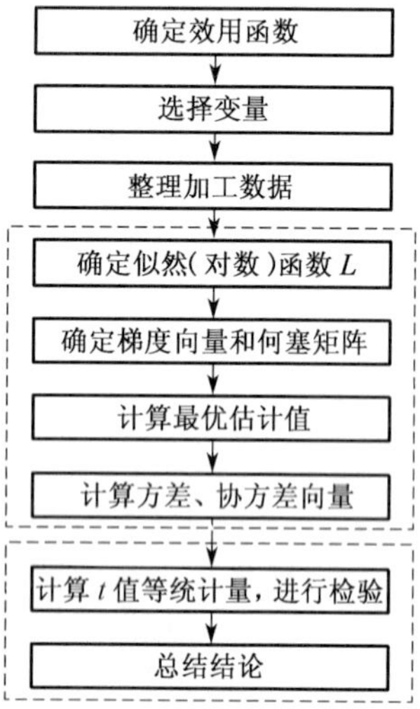

步骤一:模型效用函数形式的确定

效用函数的固定项可以有多种形式:线性函数、非线性函数、对数线性函数等。在众多的效用函数形式中,由于线性效用函数结构较为简单,被普遍采用[158],所以本章模型选取最常用的线性效用函数,形式如下:

$$V_{in} = \theta X_{in} = \sum_{k=1}^{K} \theta_k X_{ink}, (i \in A_n) \quad (6.5)$$

其中,$V_{in}$ 为出行者 $n$ 选择出行方式 $i$ 的效用函数,$X_{ink}$ 为出行者 $n$ 选择出行方式 $i$ 的第 $k$ 个影响因素,$A_n$ 为选择肢集合,$\theta_k$ 为影响因素 $k$ 的待定系数,$K$ 为影响因素的总个数。

步骤二:选择肢集合的确定

根据研究的出发点以及出行者面临的实际情况,确定可供选择的出行方式集合。

图 6.10 MNL 模型的求解及检验过程

步骤三:特型变量的选择

针对每种出行方式的效用函数,选择会对出行者的选择产生影响的主要因素。

步骤四:数据的采集和处理

特型变量的待定系数需要利用充足有效的数据进行估计,数据采集、统计与整理都需要认真完成。

步骤五:极大似然函数的确定

在 Logit 模型标定和参数估计中,极大似然估计法是较为常用的方法。由式(6.5)及前文的模型推导,可得 Logit 模型的选择概率为:

引入变量 $\delta_{in}$,其值为 0 或 1,当选择肢 $i$ 被出行者 $n$ 选择时为 1,没有被选择则为 0。$\delta_{in}$ 为 1 的概率如式(6.6)所示,则 MNL 模型的似然函数为:

$$L^* = L^*(\theta_1, \theta_2, \cdots, \theta_k) = \prod_{n=1}^{N} \prod_{j \in A_n} (P_{in})^{\delta_{in}} \quad (6.6)$$

其中:$N$ 为样本中出行者总数,$P_{in}$ 为出行者 $n$ 选择方案 $i$ 的概率。

则该似然函数的对数函数为:

$$L = \ln L^* = \sum_{n=1}^{N} \sum_{i \in A_n} \delta_{in} (\theta X_{in} - \ln \sum_{j \in A_n} e^{\theta X_{jn}}) \quad (6.7)$$

可以证明 $L$ 是关于 $\theta$ 的凸函数,故 $L$ 最大的极大似然估计值 $\hat{\theta}$,可以对式(6.7)求 $\hat{\theta}_k$ 的偏导并设其为 0:

$$\frac{\partial L}{\partial \theta_k} = \sum_{n=1}^{N} \sum_{i \in A_n} (\delta_{in} - P_{in}) X_{ink} = 0 \ (k = 1, 2, \cdots, K) \tag{6.8}$$

步骤六:梯度向量和何塞矩阵

由式(6.8)可得梯度向量 $\nabla L$ 和何塞矩阵 $\nabla^2 L$。

$$\nabla L = \begin{bmatrix} \partial L/\partial \theta_1 \\ \cdots \\ \partial L/\partial \theta_k \\ \cdots \\ \partial L/\partial \theta_K \end{bmatrix} = \begin{bmatrix} \sum_{n=1}^{N} \sum_{i \in A_n} (\delta_{in} - P_{in}) X_{in1} \\ \cdots \\ \sum_{n=1}^{N} \sum_{i \in A_n} (\delta_{in} - P_{in}) X_{ink} \\ \cdots \\ \sum_{n=1}^{N} \sum_{i \in A_n} (\delta_{in} - P_{in}) X_{inK} \end{bmatrix} \tag{6.9}$$

$$\nabla^2 L = \begin{bmatrix} \partial^2 L/\partial \theta_1^2 & \cdots & \partial^2 L/\partial \theta_K \partial \theta_1 \\ \cdots & \partial^2 L/\partial \theta_k \partial \theta_l & \cdots \\ \partial^2 L/\partial \theta_1 \partial \theta_K & \cdots & \partial^2 L/\partial \theta_K^2 \end{bmatrix} \tag{6.10}$$

步骤七:参数值估计和模型的检验

对上述已建立的极大似然函数进行求解,估计参数值 $\theta$,并通过统计检验,对模型的拟合效果、预测精度等进行分析和修正。

## 6.4.2 停车换乘选择行为模型构建

1) 模型的假设

根据效用理论,假设每种出行行为都存在效用,都有效用函数存在,并假设:

(1) 出行者的出行存在三种行为:停车换乘轨道交通、全程驾车前往中心区、全程乘坐公共交通前往中心区;

(2) 效用最大化理论:出行者选择出行方式是理性的,效用函数值越大的出行方式被选中的可能性越大;

(3) 效用函数是可以量化的各因素的线性组合;

(4) 假设出行者居住的区域可以比较方便地使用停车换乘方式,弱化了停车换乘设施的影响,重点研究出行者个人属性、出行费用、出行时间等微观因素对停车换乘行为的影响;

(5) 效用函数的所有随机项均服从相同的参数为 $\eta = 0, \varepsilon = 1$ 的二重指数分布。

2) 变量的定义和设置

在本章研究的问卷调查中,均为居民出行的单次选择行为,仅考虑微观因素对被调查者出行方式产生的影响,包括:出行者性别、出行者年龄、出行者年收入、出行者对自驾的偏好程度等出行者个人属性,以及不同出行方式的时间和费用、中心区停车是否困难等出行方式特性。

由于部分影响因素为分类变量,在建模之前首先要对分类变量的取值进行定义。同时,为了便于在 BIOGEME 软件中进行运算,对变量的名称也要进行相应的定义。具体的变量定义和赋值如表 6.3 所示。

表 6.3 模型变量的定义和赋值

| 变量 | 模型中的名称 | 类型 | 赋值 |
| --- | --- | --- | --- |
| 性别 | gender | 分类变量 | "男性"取值为 1;"女性"取值为 2 |
| 年龄 | age | 分类变量 | "20~29 岁"取值为 1;"30~39 岁"取值为 2;"40~49 岁"取值为 3;"50~59 岁"取值为 4;"60 岁以上"取值为 5 |
| 收入 | income | 分类变量 | "10 万以下"取值为 1;"10 万~15 万"取值为 2;"15 万~20 万"取值为 3;"20 万~30 万"取值为 4;"30 万以上"取值为 5 |
| 对自驾的偏好程度 | drive | 分类变量 | "强烈"取值为 1;"一般"取值为 2;"没有偏好"取值为 3 |
| 中心区停车是否困难 | parking_difficulty | 分类变量 | "是"取值为 1,"否"取值为 2 |
| 换乘停车场停车费用 | pr_fee | 连续变量 | 采用调查值(单位:元/次) |
| 停车换乘的出行时间 | pr_time | 连续变量 | 采用调查值(单位:分钟) |
| 中心区停车费率 | parking_fee | 连续变量 | 采用调查值(单位:元/小时) |
| 在中心区的停车时间 | parking_time | 连续变量 | 采用调查值(单位:小时) |
| 全程驾车前往中心区的出行时间 | drive_time | 连续变量 | 采用调查值(单位:分钟) |
| 全程使用公共交通前往中心区的出行费用 | bus_fee | 连续变量 | 采用调查值(单位:元) |
| 全程使用公共交通前往中心区的出行时间 | bus_time | 连续变量 | 采用调查值(分钟) |
| 选择肢 | Choice | 分类变量 | "停车换乘轨道交通"取值为 1;"全程驾车前往中心区"取值为 2;"全程乘坐公共交通前往中心区"取值为 3 |
| 1 | one | / | 1 |

3) 模型的效用函数和形式

对于我国大城市来说,主要拥堵问题发生在早晚高峰时期,而早晚高峰主要的出行目为通勤出行,同时,国内外研究表明,不同出行目的下,对停车费率和出行时耗等主要因素的敏感性有显著不同。故本章对停车换乘选择行为的研究将根据不同的出行目的建立两个模型:通勤出行选择模型、非通勤出行选择模型。模型均有三个选择肢:停车换乘轨道交通、全程驾车前往中心区、全程乘坐公共交通前往中心区。

(1) 非通勤出行选择模型

根据式(6.5),定义效用确定项如下:

停车换乘轨道交通的效用确定项:

$V_{1n} =$ ASC1 $*$ one $+$ BETA1 $*$ gender $+$ BETA2 $*$ age $+$ BETA3 $*$ income $+$ BETA4 $*$ drive $+$ BETA5 $*$ parking_difficulty $+$ BETA6 $*$ pr_fee $+$ BETA7 $*$ pr_time

全程驾车前往中心区的效用确定项:

$V_{2n} =$ ASC2 $*$ one $+$ BETA8 $*$ parking_fee $+$ BETA9 $*$ drive_time $+$ BETA10 $*$ parking_time

全程乘坐公共交通前往中心区的效用确定项:

$V_{3n} =$ ASC3 $*$ one $+$ BETA11 $*$ bus_fee $+$ BETA12 $*$ bus_time

式中,ASC1~ASC3 为常数项,BETA1~BETA12 为各影响因素的待定系数。

根据 Logit 模型的定义,在非通勤出行目的下:

样本 $n$ 选择停车换乘轨道交通的概率:

$$P_{1n} = \frac{e^{V_{1n}}}{e^{V_{1n}} + e^{V_{2n}} + e^{V_{3n}}} \tag{6.11}$$

样本 $n$ 选择全程驾车前往中心区的概率:

$$P_{2n} = \frac{e^{V_{2n}}}{e^{V_{1n}} + e^{V_{2n}} + e^{V_{3n}}} \tag{6.12}$$

样本 $n$ 选择全程乘坐公共交通前往中心区的概率:

$$P_{3n} = \frac{e^{V_{3n}}}{e^{V_{1n}} + e^{V_{2n}} + e^{V_{3n}}} \tag{6.13}$$

(2) 通勤出行选择模型

同上,定义效用确定项如下:

停车换乘轨道交通的效用确定项:

$V_{1n} =$ ASC1 $*$ one $+$ BETA1 $*$ gender $+$ BETA2 $*$ age $+$ BETA3 $*$ income $+$ BETA4 $*$ drive $+$ BETA5 $*$ parking_difficulty $+$ BETA6 $*$ pr_fee $+$ BETA7 $*$ pr_time

全程驾车前往中心区的效用确定项:

$V_{2n} =$ ASC2 $*$ one $+$ BETA8 $*$ parking_fee $+$ BETA9 $*$ drive_time

全程乘坐公共交通前往中心区的效用确定项:

$V_{3n} =$ ASC3 $*$ one $+$ BETA10 $*$ bus_fee $+$ BETA11 $*$ bus_time

式中,ASC1~ASC3 为常数项,BETA1~BETA11 为各影响因素的待定系数。

可以看出,和非通勤出行选择模型的效用函数相比,区别在于"全程驾车前往中心区"的效用确定项 $V_{2n}$ 中舍去了"在中心区的停车时间(parking_time)"这一因素。

通勤出行目的下不同出行方式的选择概率表达式与式(6.11)、(6.12)、(6.13)相同。

### 6.4.3 非通勤出行选择模型的拟合

1) 模型的运算结果

模型的运算选取离散选择模型的专用分析软件——BIOGEME。本次调查共有222份有效问卷,有效数据共有1 110组,通过软件运算可以得到模型的拟合结果。

模型第一次运算的主要结果如表6.4所示。

表6.4 非通勤模型第一次运算结果

| 参数估计及检验结果 | | | |
| --- | --- | --- | --- |
| 变量 | 估计值 | 标准差 | t检验值 |
| ASC1 | 0.00 | -- fixed -- | |
| ASC2 | −0.819 | 0.700 | −1.17 |
| ASC3 | −7.54 | 0.791 | −9.53 |
| BETA1 | −0.229 | 0.158 | −1.44 |
| BETA2 | −0.121 | 0.119 | −1.02 |
| BETA3 | −0.086 6 | 0.087 9 | −0.99 |
| BETA4 | 0.195 | 0.138 | 1.41 |
| BETA5 | −1.34 | 0.200 | −6.70 |
| BETA6 | −1.00 | 0.086 7 | −11.56 |
| BETA7 | −0.102 | 0.006 53 | −15.65 |
| BETA8 | −0.449 | 0.034 5 | −12.99 |
| BETA9 | −0.088 8 | 0.006 53 | −13.61 |
| BETA10 | −0.151 | 0.034 5 | −4.38 |
| BETA11 | −0.230 | 0.096 2 | −2.39 |
| BETA12 | −0.087 5 | 0.009 03 | −9.69 |
| 统计量概要 | | | |

待估系数数量:14
样本观测数量:1 110
$L(0) = -1\,219.460$
$L(\hat{\theta}) = -1\,044.076$(为对数似然函数$L$的最大值)
$\rho^2 = 0.444$(优度比或称为Mcfadden决定系数,相当于回归分析中的$R^2$)[154]
$\rho^{-2} = 0.432$(表示模型适合度的指标,类似于回归分析中的自由度修正相关系数)[154]

从表中可以看出,模型的拟合优度比为0.444,在参数的t检验中,发现ASC2、BETA1、BETA2、BETA3、BETA4的t检验绝对值小于1.96(95%置信区间),说明常数项(ASC2)、性别(gender)、收入(income)、年龄(age)、对自驾的偏好程度(drive)这五个变量对非通勤出行的方式选择影响并不显著,所以,剔除上述五个变量,形成新的效用函数,重新

编写 mod 文件,代入软件运算。新的效用函数确定项表达式为:

停车换乘轨道交通的效用确定项:

$V_{1n}$ = ASC1 * one + BETA5 * parking_difficulty + BETA6 * pr_fee + BETA7 * pr_time

全程驾车前往中心区的效用确定项:

$V_{2n}$ = BETA8 * parking_fee + BETA9 * drive_time + BETA10 * parking_time

全程乘坐公共交通前往中心区的效用确定项:

$V_{3n}$ = ASC3 * one + BETA11 * bus_fee + BETA12 * bus_time

模型第二次运算的结果如表 6.5 所示。

表 6.5 非通勤模型第二次运算结果

| 参数估计及检验结果 | | | |
|---|---|---|---|
| 变量 | 估计值 | 标准差 | t 检验值 |
| ASC1 | 0.00 | -- fixed -- | |
| ASC3 | −6.80 | 0.556 | −12.22 |
| BETA5 | −1.22 | 0.164 | −7.41 |
| BETA6 | −0.979 | 0.078 2 | −12.52 |
| BETA7 | −0.101 | 0.006 45 | −15.73 |
| BETA8 | −0.455 | 0.031 0 | −14.66 |
| BETA9 | −0.088 8 | 0.006 41 | −13.85 |
| BETA10 | −0.158 | 0.034 4 | −4.59 |
| BETA11 | −0.237 | 0.096 2 | −2.46 |
| BETA12 | −0.087 2 | 0.008 98 | −9.71 |
| 统计量概要 | | | |

待估系数数量: 9
样本观测数量: 1 110
$L(0) = -1\,219.460$
$L(\hat{\theta}) = -1\,044.076$
$\rho^2 = 0.441$
$\rho^{-2} = 0.434$

第二轮运算的结果中,模型的拟合优度比为 0.441,所有变量的 t 检验绝对值都大于 1.96。

2) 模型的检验

(1) 模型的拟合优度检验

软件计算结果显示,第二轮运算后,模型的拟合优度为 0.434,对于 Logit 模型,拟合优度比达到 0.3~0.4 则认为精度较高,所以精度符合要求,可以接受。

(2) t 检验

第二轮运算后所有变量的 t 检验绝对值都大于 1.96,这表明在通勤出行目的下,有

95%的把握确定这些变量对出行方式选择有显著影响。

(3) 命中率检验

命中率(Hit Ratio),表示观测的实际选择行为的结果与用模型预测结果是否一致的指标。命中率的计算方法简单地说就是:在同一具体情景下,如果出行者 $n$ 的实际选择行为和模型的预测选择行为一致,即意味着该预测结果命中,而预测结果总的命中数和样本总观测数之比即为命中率。

其计算步骤如下:

步骤一:将参数估计值和调查数据代入式(6.11)、(6.12)、(6.13),利用调查数据求出不同出行方式的选择概率,求出对于每个样本对不同出行方式的选择概率 $P_{in}$;

步骤二:比较概率大小,概率最大的方式即为出行者选择的方式,预测结果记为

$$\hat{\delta}_{in} = \begin{cases} 1 & \text{方式 } i \text{ 被选择} \\ 0 & \text{方式 } i \text{ 未被选择} \end{cases} \tag{6.14}$$

步骤三:记实际选择结果为 $\delta_{in}$,

$$S_{in} = \begin{cases} 1 & \text{当 } \delta_{in} = \hat{\delta}_{in} \\ 0 & \text{当 } \delta_{in} \neq \hat{\delta}_{in} \end{cases} \tag{6.15}$$

则全样本的命中率 $Hit\ R$ 的计算公式为:

$$Hit\ R = \sum_{n=1}^{N} \sum_{i \in A_n} S_{in} / \sum_{n=1}^{N} J_n \tag{6.16}$$

式中:$A_n$——出行者 $n$ 的选择方案的集合;

$J_n$——出行者 $n$ 可选择的方案个数;

$N$——样本总数。

经过计算,非通勤模型的命中率为78%,可见模型的预测精度还是比较高的,后续利用该模型进行出行选择行为预测的结果是合理的。

3) 模型效用函数的最终表达式

通过计算、分析和检验,得到非通勤模型的效用函数表达式。

停车换乘轨道交通的效用确定项:

$V_{1n} = -1.22 * \text{parking\_difficulty} - 0.979 * \text{pr\_fee} - 0.101 * \text{pr\_time}$

全程驾车前往中心区的效用确定项:

$V_{2n} = -0.455 * \text{parking\_fee} - 0.088\ 8 * \text{drive\_time} - 0.158 * \text{parking\_time}$

全程乘坐公共交通前往中心区的效用确定项:

$V_{3n} = -6.8 - 0.237 * \text{bus\_fee} - 0.087\ 2 * \text{bus\_time}$

从公式中可以看出,在非通勤出行目的下:

变量 parking_difficulty(中心区停车是否困难)的系数为负数,而在变量定义时停车困难赋值1、不困难赋值2,说明中心区停车越困难则停车换乘的效用越大,选择停车换乘的概率越高。

变量 pr_fee(换乘停车场停车费用)的系数为负数,说明随着停车换乘的停车费用增加,停车换乘的效用变小,选择停车换乘的概率变小。

变量 pr_time(停车换乘的出行时间)的系数为负数,说明随着停车换乘的出行时间增加,停车换乘的效用变小,选择停车换乘的概率变小。

变量 parking_fee(中心区停车费率)的系数为负数,说明随着中心区停车费率的增加,全程驾车前往中心区的效用变小,选择全程驾车前往中心区的概率变小。

变量 drive_time(全程驾车前往中心区的出行时间)的系数为负数,说明随着全程驾车前往中心区的出行时间增加,全程驾车前往中心区的效用变小,选择全程驾车前往中心区的概率变小。

变量 parking_time(在中心区的停车时间)的系数为负数,说明随着在中心区停车时间的增加,全程驾车前往中心区的效用变小,选择全程驾车前往中心区的概率变小。

变量 bus_fee(全程使用公共交通前往中心区的出行费用)的系数为负数,说明随着公共交通的出行费用增加,全程使用公共交通前往中心区的效用变小,选择全程使用公共交通前往中心区的概率变小。

变量 bus_time(全程使用公共交通前往中心区的出行时间)的系数为负数,说明随着公共交通的出行时间增加,全程使用公共交通前往中心区的效用变小,全程使用公共交通前往中心区的概率变小。

## 6.4.4 通勤出行选择模型的拟合

1) 模型的运算结果

与非通勤模型的运算方式相似,通勤模型第一次运算的主要结果如表6.6所示。

表6.6 通勤模型第一次运算结果

| 参数估计及检验结果 | | | |
|---|---|---|---|
| 变量 | 估计值 | 标准差 | t检验值 |
| ASC1 | 0.00 | --fixed-- | |
| ASC2 | −1.40 | 0.752 | −1.86 |
| ASC3 | −1.80 | 0.676 | −2.66 |
| BETA1 | −0.109 | 0.159 | −0.69 |
| BETA2 | 0.170 | 0.131 | 1.30 |
| BETA3 | −0.161 | 0.0894 | −1.80 |
| BETA4 | 0.913 | 0.148 | 6.16 |
| BETA5 | −0.275 | 0.203 | −1.35 |
| BETA6 | −1.32 | 0.0896 | −14.73 |
| BETA7 | −0.0847 | 0.00558 | −15.18 |
| BETA8 | −0.329 | 0.0403 | −8.16 |
| BETA9 | −0.0804 | 0.00678 | −11.86 |
| BETA10 | −0.365 | 0.0651 | −5.60 |

续表 6.6

| 参数估计及检验结果 ||||
|---|---|---|---|
| 变量 | 估计值 | 标准差 | t 检验值 |
| BETA11 | −0.101 | 0.006 81 | −14.83 |
| 统计量概要 ||||

待估系数数量：13
样本观测数量：1 110
$L(0)=-1\ 219.460$
$L(\hat{\theta})=-1\ 144.615$
$\rho^2=0.419$
$\bar{\rho}^2=0.408$

从表中可以看出，模型的拟合优度比为 0.419，精度符合要求，而在参数的 t 检验中，发现 ASC2、BETA1、BETA2、BETA3、BETA5 的 t 检验绝对值小于 1.96，说明常数项（ASC2）、性别（gender）、收入（income）、年龄（age）、中心区停车是否困难（parking_difficulty）这五个变量对通勤出行的方式选择影响并不显著，所以，剔除上述五个变量，形成新的效用函数，重新编写 mod 文件，代入软件运算。新的效用函数确定项表达式为：

停车换乘轨道交通的效用确定项：
$V_{1n} =$ ASC1 * one + BETA4 * drive + BETA6 * pr_fee + BETA7 * pr_time

全程驾车前往中心区的效用确定项：
$V_{2n} =$ BETA8 * parking_fee + BETA9 * drive_time

全程乘坐公共交通前往中心区的效用确定项：
$V_{3n} =$ ASC3 * one + BETA10 * bus_fee + BETA11 * bus_time

模型第二次运算的结果如表 6.7 所示。

表 6.7 通勤模型第二次运算结果

| 参数估计及检验结果 ||||
|---|---|---|---|
| 变量 | 估计值 | 标准差 | t 检验值 |
| ASC1 | 0.00 | -- fixed -- | |
| ASC3 | −0.785 | 0.357 | −2.20 |
| BETA4 | 1.04 | 0.132 | 7.90 |
| BETA6 | −1.30 | 0.080 9 | −16.01 |
| BETA7 | −0.083 5 | 0.005 45 | −15.32 |
| BETA8 | −0.359 | 0.032 4 | −11.08 |
| BETA9 | −0.082 2 | 0.006 52 | −12.61 |
| BETA10 | −0.357 | 0.064 7 | −6.28 |
| BETA11 | −0.101 | 0.005 79 | −13.17 |

续表 6.7

| 统计量概要 |
|---|

待估系数数量：9
样本观测数量：1 110
$L(0)=-1\,219.460$
$L(\hat{\theta})=-1\,144.615$
$\rho^2=0.416$
$\rho^{-2}=0.409$

第二轮运算的结果中，模型的拟合优度比为 0.416，精度符合要求，所有变量的 t 检验绝对值都大于 1.96。

2) 模型的检验

(1) 模型的拟合优度检验

软件计算结果显示，第二轮运算后，模型的拟合优度为 0.416，精度符合要求，可以接受。

(2) t 检验

第二轮运算后所有变量的 t 检验绝对值都大于 1.96，这表明在通勤出行目的下，有 95% 的把握确定这些变量对出行方式选择有显著影响。

(3) 命中率检验

同非通勤模型命中率的计算方式相同，经过计算，得到通勤模型的命中率为 79%，预测精度较高，后续利用该模型进行出行选择行为预测的结果是合理的。

3) 效用函数的最终表达式

通过计算、分析和检验，得到通勤模型的效用函数表达式。

停车换乘轨道交通的效用确定项：

$V_{1n} = 1.04 * drive - 1.3 * pr\_fee - 0.083\,5 * pr\_time$

全程驾车前往中心区的效用确定项：

$V_{2n} = -0.359 * parking\_fee - 0.082\,2 * drive\_time$

全程乘坐公共交通前往中心区的效用确定项：

$V_{3n} = -0.785 - 0.357 * bus\_fee - 0.101 * bus\_time$

从公式中可以看出，在通勤出行目的下：

变量 drive（对自驾的偏好程度）的系数为正数，而在变量定义时停车困难赋值 1、不困难赋值 2，说明中心区停车越困难则停车换乘的效用越大，选择停车换乘的概率越高。

变量 pr_fee（换乘停车场停车费用）的系数为负数，说明随着停车换乘的停车费用增加，停车换乘的效用变小，选择停车换乘的概率变小。

变量 pr_time（停车换乘的出行时间）的系数为负数，说明随着停车换乘的出行时间增加，停车换乘的效用变小，选择停车换乘的概率变小。

变量 parking_fee（中心区停车费率）的系数为负数，说明随着中心区停车费率的增加，全程驾车前往中心区的效用变小，选择全程驾车前往中心区的概率变小。

变量 drive_time（全程驾车前往中心区的出行时间）的系数为负数，说明随着全程驾车前往中心区的出行时间增加，全程驾车前往中心区的效用变小，选择全程驾车前往中心区的概率变小。

变量 bus_fee(全程使用公共交通前往中心区的出行费用)的系数为负数,说明随着公共交通的出行费用增加,全程使用公共交通前往中心区的效用变小,选择全程使用公共交通前往中心区的概率变小。

变量 bus_time(全程使用公共交通前往中心区的出行时间)的系数为负数,说明随着公共交通的出行时间增加,全程使用公共交通前往中心区的效用变小,全程使用公共交通前往中心区的概率变小。

## 6.5 停车换乘选择行为弹性分析

### 6.5.1 弹性的概念和计算方法

弹性(Elasticity)最先是一个物理名词,指物体对外部力量的反应程度。后来,在微观经济学领域的价格理论中得到广泛应用[156]。由于交通供需关系与经济学中的供需关系十分类似,所以可以利用弹性系数的概念来分析交通供需关系[156]。

在本章的研究中,可以用弹性分析法分析费用、时间等因素对出行方式选择概率的影响。弹性系数指的是,当自变量发生相对变化时,函数值随之发生变化的比率,即函数值对自变量的变化所做出的反应程度大小[156]。

由于多元 Logit 模型存在多个选择肢,模型显著变量的弹性可分为直接弹性和交叉弹性。顾名思义,直接弹性反映的是某一选择肢影响因素变化时对该选择肢选择概率的影响程度,而交叉弹性反映的是某一选择肢的影响因素变化时对其他选择肢选择概率的影响程度[156]。

根据定义,将出行方式 $i$ 的某个影响因素 $X_i$ 定义为自变量,出行方式 $i$ 的选择概率定义为 $P_i$,设

$$P_i = f(X_i) \tag{6.17}$$

假设 $X_i$ 的变化量为 $\Delta X_i$ 时,$P_i$ 的变化量为 $\Delta P_i$,可以得到

$$\Delta P_i = f(X_i + \Delta X_i) - f(X_i) \tag{6.18}$$

则对于出行方式 $i$,影响因素 $X_i$ 的直接弹性为

$$E_{X_i}^{P_i} = \frac{\Delta P_i / P_i}{\Delta X_i / X_i} \tag{6.19}$$

当 $\Delta P_i$ 和 $\Delta X_i$ 趋于 0 时,弹性的表达式可以用微分的形式表示

$$E = \frac{\mathrm{d}P/P}{\mathrm{d}X/X} = \frac{X}{P} \cdot \frac{\mathrm{d}P}{\mathrm{d}X} \tag{6.20}$$

由前文中的 Logit 模型理论基础可知

$$P_{in} = \frac{e^{V_{in}}}{\sum_{j \in A_n} e^{V_{jn}}} = \frac{\exp\left(\sum_{k=1}^{K} \theta_k X_{ink}\right)}{\sum_{j \in A_n} \exp\left(\sum_{k=1}^{k} \theta_k X_{jnk}\right)}, \ i \in A_n \quad (6.21)$$

代入直接弹性的公式求微分,可推导出直接弹性系数的表达式为

$$E_{X_{ink}}^{P_{in}} = \theta_k X_{ink}(1 - P_{in}) \quad (6.22)$$

同样的方法,可以推导出交叉弹性系数的表达式,在此不再赘述。
交叉弹性的表达式为:

$$E_{X_{jnk}}^{P_{in}} = -P_{jn}\theta_k X_{jnk}, \ i \neq j \quad (6.23)$$

可以看出,当第 $i$ 方案的第 $k$ 属性变动时,对其他各方案的交叉弹性均相同,这也是多元 Logit 模型交叉弹性系数的一个特性[156]。

平均值法和选择概率加权法是非集计模型中分析弹性最为常用的两种方法。平均值法即利用全体样本的平均值进行弹性计算,而选择概率加权法则是先求个体样本的弹性值,再通过选择概率进行加权求解[147]。本章的研究将选择平均值法,对时间、费用等因素的点弹性进行计算分析。

### 6.5.2 模型变量的直接弹性分析

首先计算出全样本的变量平均值,如表 6.8 所示(变量的含义详见表 6.3),代入模型,根据式(6.23)可以求出时间和费用等显著变量的直接弹性系数,了解这些变量发生变化时,其对应的出行方式选择概率变化的程度。

表 6.8 全样本的变量平均值

| 变量名称 | drive | parking_difficulty | pr_fee | pr_time | parking_fee | drive_time | parking_time | bus_fee | bus_time |
|---|---|---|---|---|---|---|---|---|---|
| 值 | 1.6 | 1.8 | 3.0 | 47.3 | 5.0 | 47.3 | 3.6 | 2.9 | 55.7 |

1) 中心区停车费率(parking_fee)的直接弹性分析

(1) 非通勤模型

通过前节的计算方法,改变中心区停车费率大小,可以求得非通勤出行目的下,中心区停车费率的直接弹性系数,如表 6.9 和图 6.11、图 6.12 所示。

表 6.9 中心区停车费率直接弹性系数分布表 a

| parking_fee(元/h) | 5 | 6 | 7 | 8 | 9 | 10 | 11 | 12 | 13 | 14 |
|---|---|---|---|---|---|---|---|---|---|---|
| "全程驾车前往中心区"的概率 | 94.3% | 91.3% | 87.0% | 80.9% | 72.9% | 63.2% | 52.1% | 40.9% | 30.5% | 21.8% |
| 弹性值 | −0.13 | −0.24 | −0.41 | −0.69 | −1.11 | −1.68 | −2.40 | −3.23 | −4.11 | −4.98 |

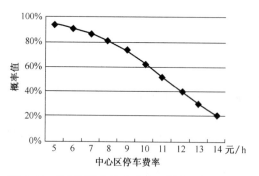
图 6.11 "全程驾车前往中心区"的概率分布图 a

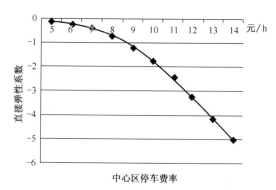
图 6.12 中心区停车费率直接弹性系数分布图 a

经拟合后求得直接弹性系数的表达式为($x$ 为中心区停车费率值):

$$E^{car}_{parking\_fee} = -0.0579x^2 + 0.089x - 0.1562 \quad (R^2 = 0.9992) \tag{6.24}$$

(2) 通勤模型

同样的方法，可以求得通勤出行目的下，中心区停车费率的直接弹性系数，如表 6.10 和图 6.13、图 6.14 所示。

表 6.10 中心区停车费率直接弹性系数分布表 b

| parking_fee(元/h) | 5 | 6 | 7 | 8 | 9 | 10 | 11 | 12 | 13 | 14 |
|---|---|---|---|---|---|---|---|---|---|---|
| "全程驾车前往中心区"的概率 | 56.5% | 47.5% | 38.7% | 30.5% | 23.5% | 17.5% | 13.0% | 9.5% | 6.8% | 4.9% |
| 弹性值 | −0.78 | −1.13 | −1.54 | −1.99 | −2.47 | −2.96 | −3.43 | −3.90 | −4.35 | −4.78 |

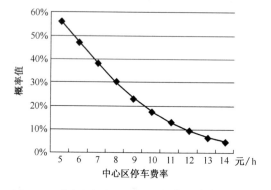
图 6.13 "全程驾车前往中心区"的概率分布图 b

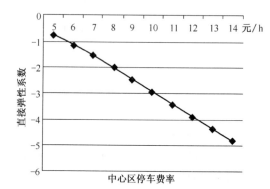
图 6.14 中心区停车费率直接弹性系数分布图 b

经拟合后求得直接弹性系数的表达式为($x$ 为中心区停车费率值):

$$E^{car}_{parking\_fee} = -0.4552x - 0.2315 \quad (R^2 = 0.9989) \tag{6.25}$$

由图 6.12 和 6.14 可以看出，直接弹性值为负，说明随着中心区停车费率的增加，出行者选择"全程驾车前往中心区"的概率降低。由曲线的走势可以看出，中心区停车费率越高，弹性的绝对值越大，当费率出现变化时，对"全程驾车前往中心区"的选择概率影响程度也越大,即出行者对费率变化的敏感性越大。

从弹性值的大小可以看出,非通勤出行目的下,在中心区费率低于9元/h的时候,弹性值的大小和变化速度均较小,"全程驾车前往中心区"的概率对费率的敏感性不大,在中心区费率大于9元/h的时候,弹性值的大小和变化速度较大。而对于通勤出行目的,弹性值的大小和变化速度均较大。从图6.11与6.13中选择概率值大小可以看出,中心区费率增加时,非通勤出行目的下居民对"全程驾车前往中心区"方式的接受程度大于通勤出行目的,这种差异与两种出行目的不同的特性有关。

2) 换乘停车场停车费用(pr_fee)的直接弹性分析

(1) 非通勤模型

求得非通勤出行目的下,换乘停车场停车费用的直接弹性系数,如表6.11和图6.15、图6.16所示。

表6.11 换乘停车场停车费用直接弹性系数分布表 a

| pr_fee(元/次) | 1.0 | 2.0 | 3.0 | 4.0 | 5.0 | 6.0 | 7.0 | 8.0 |
| --- | --- | --- | --- | --- | --- | --- | --- | --- |
| "停车换乘轨道交通"的概率 | 78.6% | 57.9% | 34.1% | 16.2% | 6.8% | 2.7% | 1.0% | 0.4% |
| 弹性值 | −0.21 | −0.82 | −1.94 | −3.28 | −4.56 | −5.72 | −6.78 | −7.80 |

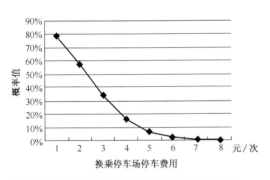

图6.15 "停车换乘轨道交通"的概率分布图 a

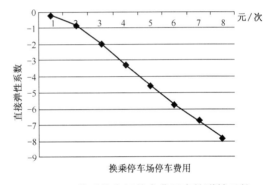

图6.16 换乘停车场停车费用直接弹性系数分布图 a

经拟合后求得直接弹性系数的表达式为($x$为换乘停车场停车费用):

$$E_{pr\_fee}^{pi} = -1.1377x + 1.2301 (R^2 = 0.9957) \quad (6.26)$$

(2) 通勤模型

求得通勤出行目的下,换乘停车场停车费用的直接弹性系数,如表6.12和图6.17、图6.18所示。

表6.12 换乘停车场停车费用直接弹性系数分布表 b

| pr_fee(元/次) | 1.0 | 2.0 | 3.0 | 4.0 | 5.0 | 6.0 | 7.0 | 8.0 |
| --- | --- | --- | --- | --- | --- | --- | --- | --- |
| "停车换乘轨道交通"的概率 | 95.9% | 86.5% | 63.7% | 32.3% | 11.5% | 3.4% | 1.0% | 0.3% |
| 弹性值 | −0.05 | −0.35 | −1.41 | −3.51 | −5.75 | −7.53 | −9.01 | −10.37 |

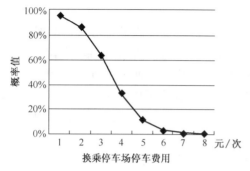

图 6.17 "停车换乘轨道交通"的概率分布图 b

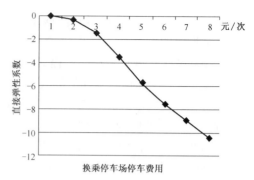

图 6.18 换乘停车场停车费用直接弹性系数分布图 b

经拟合后求得直接弹性系数的表达式为($x$ 为换乘停车场停车费用):

$$E_{pr\_fee}^{pr} = 0.052x^3 - 0.7563x^2 + 1.5466x - 0.8479 (R^2 = 0.9985) \quad (6.27)$$

由图 6.16 和 6.18 可以看出,直接弹性值为负,说明随着换乘停车场停车费用的增加,出行者选择"停车换乘轨道交通"的概率降低,而由曲线的走势可以看出,换乘停车场停车费用越高,弹性的绝对值越大,当费用出现变化时,对"停车换乘轨道交通"的选择概率影响程度也越大,即出行者对费用变化的敏感性越大。

从图 6.15 与 6.17 中选择概率值大小可以看出,换乘停车场停车费用率小于等于 5 元/次时,非通勤出行目的下居民对"停车换乘轨道交通"方式的接受程度大于通勤出行目的,当大于 5 元/次时两者接近。

3) 停车换乘出行时间(pr_time)的直接弹性分析

(1) 非通勤模型

求得非通勤出行目的下,停车换乘出行时间的直接弹性系数,如表 6.13 和图 6.19、图 6.20 所示。

表 6.13 停车换乘出行时间直接弹性系数分布表 a

| pr_time(min) | 25.0 | 30.0 | 35.0 | 40.0 | 45.0 | 50.0 | 55.0 | 60.0 | 65.0 | 70.0 |
|---|---|---|---|---|---|---|---|---|---|---|
| "停车换乘轨道交通"的概率 | 83.0% | 74.7% | 64.0% | 51.7% | 39.2% | 28.0% | 19.0% | 12.4% | 7.8% | 4.9% |
| 弹性值 | -0.43 | -0.77 | -1.27 | -1.95 | -2.76 | -3.64 | -4.50 | -5.31 | -6.05 | -6.73 |

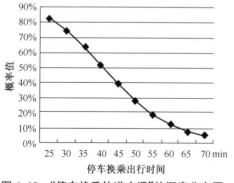

图 6.19 "停车换乘轨道交通"的概率分布图 a

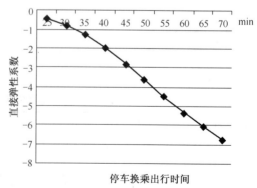

图 6.20 停车换乘出行时间直接弹性系数分布图 a

经拟合后求得直接弹性系数的表达式为（$x$ 为停车换乘出行时间）：

$$E_{\text{pr\_time}}^{\text{pr}} = 0.0078x^3 - 0.1483x^2 + 0.0638x - 0.3529 (R^2 = 0.9999) \quad (6.28)$$

（2）通勤模型

求得通勤出行目的下，停车换乘出行时间的直接弹性系数，如表 6.14 和图 6.21、图 6.22 所示。

表 6.14 停车换乘出行时间直接弹性系数分布表 b

| pr_time(分钟) | 25.0 | 30.0 | 35.0 | 40.0 | 45.0 | 50.0 | 55.0 | 60.0 | 65.0 | 70.0 |
|---|---|---|---|---|---|---|---|---|---|---|
| "停车换乘轨道交通"的概率 | 91.8% | 88.1% | 82.9% | 76.2% | 67.8% | 58.1% | 47.8% | 37.6% | 28.4% | 20.8% |
| 弹性值 | -0.17 | -0.30 | -0.50 | -0.80 | -1.22 | -1.76 | -2.42 | -3.15 | -3.91 | -4.65 |

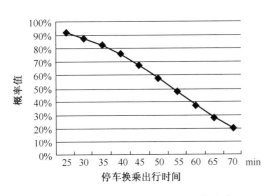

图 6.21 "停车换乘轨道交通"的概率分布图 b  图 6.22 停车换乘出行时间直接弹性系数分布图 b

经拟合后求得直接弹性系数的表达式为（$x$ 为停车换乘出行时间）：

$$E_{\text{pr\_time}}^{\text{pr}} = -0.046x^2 - 0.0013x - 0.0978 (R^2 = 0.9991) \quad (6.29)$$

由图 6.20 和 6.22 可以看出，直接弹性值为负，说明随着停车换乘出行时间的增加，出行者选择"停车换乘轨道交通"的概率降低，而由曲线的走势可以看出，停车换乘出行时间越长，弹性的绝对值越大，当时间出现变化时，对"停车换乘轨道交通"的选择概率影响程度也越大，即出行者对停车换乘出行时间变化的敏感性越大。

从图 6.19 与 6.21 中选择概率值大小可以看出，停车换乘出行时间增加时，通勤出行目的下居民对"停车换乘轨道交通"方式的接受程度大于非通勤出行目的。

4）全程公交出行时间（bus_time）的直接弹性分析

（1）非通勤模型

求得非通勤出行目的下，全程公交出行时间的直接弹性系数，如表 6.15 和图 6.23、图 6.24 所示。

表 6.15 全程公交出行时间直接弹性系数分布表 a

| bus_time(min) | 25.0 | 30.0 | 35.0 | 40.0 | 45.0 | 50.0 | 55.0 | 60.0 | 65.0 | 70.0 |
|---|---|---|---|---|---|---|---|---|---|---|
| "全程乘坐公共交通前往中心区"的概率 | 32.0% | 23.4% | 16.5% | 11.3% | 7.6% | 5.1% | 3.3% | 2.2% | 1.4% | 0.9% |
| 弹性值 | | −1.48 | −2.01 | −2.55 | −3.09 | −3.63 | −4.14 | −4.64 | −5.12 | −5.59 | −6.05 |

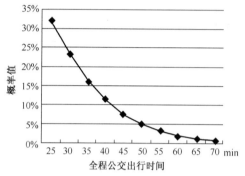

图 6.23 "全程乘坐公共交通前往中心区"的概率分布图 a

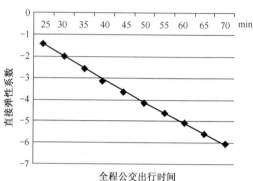

图 6.24 全程公交出行时间直接弹性系数分布图 a

经拟合后求得直接弹性系数的表达式为（$x$ 为全程公交出行时间）：

$$E_{\text{bus\_time}}^{\text{bus}} = -0.51x - 1.0233 \quad (R^2 = 0.9991) \tag{6.30}$$

（2）通勤模型

求得通勤出行目的下，全程公交出行时间的直接弹性系数，如表 6.16 和图 6.25、图 6.26 所示。

表 6.16 全程公交出行时间直接弹性系数分布表 b

| bus_time(min) | 25.0 | 30.0 | 35.0 | 40.0 | 45.0 | 50.0 | 55.0 | 60.0 | 65.0 | 70.0 |
|---|---|---|---|---|---|---|---|---|---|---|
| "全程乘坐公共交通前往中心区"的概率 | 83.7% | 75.6% | 65.2% | 53.0% | 40.5% | 29.1% | 19.9% | 13.0% | 8.3% | 5.2% |
| 弹性值 | −1.48 | −2.01 | −2.55 | −3.09 | −3.63 | −4.14 | −4.64 | −5.12 | −5.59 | −6.05 |

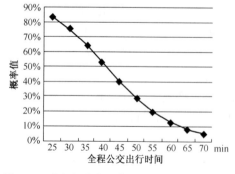

图 6.25 "全程乘坐公共交通前往中心区"的概率分布图 b

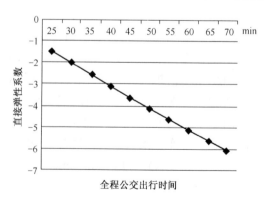

图 6.26 全程公交出行时间直接弹性系数分布图 b

经拟合后求得直接弹性系数的表达式为($x$ 为全程公交出行时间):

$$E_{\text{bus\_time}}^{\text{bus}} = 0.007\,9x^3 - 0.151\,3x^2 + 0.090\,3x - 0.362\,1(R^2 \approx 1) \quad (6.31)$$

由图 6.24 和 6.26 可以看出,直接弹性值为负,说明随着全程公交出行时间的增加,出行者选择"全程乘坐公共交通前往中心区"的概率降低,而由曲线的走势可以看出,全程公交出行时间越长,弹性的绝对值越大,当时间出现变化时,对"全程乘坐公共交通前往中心区"的选择概率影响程度也越大,即出行者对全程公交出行时间变化的敏感性越大。

从图 6.23 与 6.25 中选择概率值大小可以看出,全程公交出行时间增加时,通勤出行目的下居民对"全程乘坐公共交通前往中心区"方式的接受程度远远大于非通勤出行目的。

### 6.5.3 模型变量的交叉弹性分析

同样的方法,可以求出时间和费用等显著变量的交叉弹性系数,了解这些变量发生变化时,其他出行方式选择概率变化的程度。

1) 中心区停车费率(parking_fee)的交叉弹性分析

(1) 非通勤模型

改变中心区停车费率大小,可以求得非通勤出行目的下,中心区停车费率的交叉弹性系数,如表 6.17 和图 6.27 所示。

表 6.17 中心区停车费率交叉弹性系数分布表 a

| parking_fee(元/h) | 5 | 6 | 7 | 8 | 9 | 10 | 11 | 12 | 13 | 14 |
|---|---|---|---|---|---|---|---|---|---|---|
| 弹性值 | 2.14 | 2.49 | 2.77 | 2.95 | 2.99 | 2.87 | 2.61 | 2.23 | 1.81 | 1.39 |

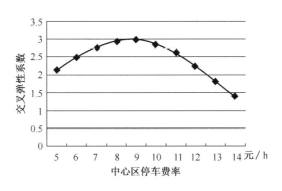

图 6.27 中心区停车费率交叉弹性系数分布图 a

经拟合后求得交叉弹性系数的表达式($x$ 为中心区停车费率值):

$$E_{\text{parking\_fee}}^{\text{pr \& bus}} = -0.057\,9x^2 + 0.544x + 1.663\,8(R^2 = 0.991\,3) \quad (6.32)$$

(2) 通勤模型

同样的方法,可以求得通勤出行目的下,中心区停车费率的交叉弹性系数,如表 6.18 和图 6.28 所示。

表6.18 中心区停车费率交叉弹性系数分布表 b

| parking_fee(元/h) | 5 | 6 | 7 | 8 | 9 | 10 | 11 | 12 | 13 | 14 |
|---|---|---|---|---|---|---|---|---|---|---|
| 弹性值 | 1.01 | 1.02 | 0.97 | 0.88 | 0.76 | 0.63 | 0.51 | 0.41 | 0.32 | 0.25 |

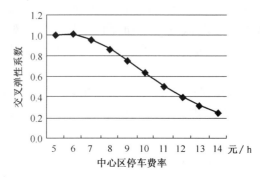

图6.28 中心区停车费率交叉弹性系数分布图 b

经拟合后求得交叉弹性系数的表达式为($x$ 为中心区停车费率值):

$$E_{\text{parking\_fee}}^{\text{pr \& bus}} = 0.002x^3 - 0.0357x^2 + 0.0895x + 0.9639 (R^2 = 0.9994) \quad (6.33)$$

由图6.27和6.28可以看出,交叉弹性值为正,说明随着中心区停车费率的增加,出行者选择"停车换乘轨道交通"和选择"全程乘坐公共交通前往中心区"的概率增加。从曲线的走势可以看出,对于非通勤出行,中心区停车费率交叉弹性的自由度较大,在9元/h左右到达峰值,说明在9元/h处,费率变化时,"停车换乘轨道交通"和"全程乘坐公共交通前往中心区"这两种方式的变化程度最大;对于通勤出行,弹性值的变化范围较小,呈递减趋势。

2)换乘停车场停车费用(pr_fee)的交叉弹性分析

(1)非通勤模型

求得非通勤出行目的下,换乘停车场停车费用的交叉弹性系数,如表6.19和图6.29所示。

表6.19 换乘停车场停车费用交叉弹性系数分布表 a

| pr_fee(元/次) | 1.0 | 2.0 | 3.0 | 4.0 | 5.0 | 6.0 | 7.0 | 8.0 |
|---|---|---|---|---|---|---|---|---|
| 弹性值 | 0.77 | 1.13 | 1.00 | 0.64 | 0.33 | 0.16 | 0.07 | 0.03 |

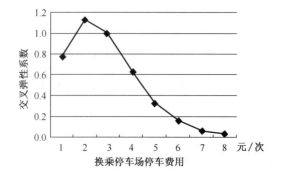

图6.29 换乘停车场停车费用交叉弹性系数分布图 a

经拟合后求得交叉弹性系数的表达式为($x$ 为换乘停车场停车费用):

$$E_{\text{pr\_fee}}^{\text{car \& bus}} = -0.0046x^4 + 0.0998x^3 - 0.7427x^2 + 1.9666x - 0.5499 \quad (R^2 = 0.9995) \tag{6.34}$$

(2) 通勤模型

求得通勤出行目的下,换乘停车场停车费用的交叉弹性系数,如表 6.20 和图 6.30 所示。

表 6.20 换乘停车场停车费用交叉弹性系数分布表 b

| pr_fee(元/次) | 1.0 | 2.0 | 3.0 | 4.0 | 5.0 | 6.0 | 7.0 | 8.0 |
|---|---|---|---|---|---|---|---|---|
| 弹性值 | 1.25 | 2.25 | 2.48 | 1.68 | 0.75 | 0.27 | 0.09 | 0.03 |

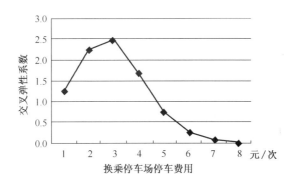

图 6.30 换乘停车场停车费用交叉弹性系数分布图 b

经拟合后求得交叉弹性系数的表达式为($x$ 为换乘停车场停车费用):

$$E_{\text{pr\_fee}}^{\text{car \& bus}} = -0.0074x^4 + 0.1856x^3 - 1.5635x^2 + 4.6987x - 2.1081 \quad (R^2 = 0.9896) \tag{6.35}$$

由图 6.29 和 6.30 可以看出,交叉弹性值为正,说明随着换乘停车场停车费用的增加,出行者选择"全程驾车前往中心区"和选择"全程乘坐公共交通前往中心区"的概率增加。从曲线的走势可以看出,对于非通勤出行,交叉弹性在 2 元/次左右达到峰值,说明在 2 元/次时,费用变化时,"全程驾车前往中心区"和"全程乘坐公共交通前往中心区"两种方式的变化程度最大;对于通勤出行,在 3 元/次时交叉弹性达到峰值。

3) 停车换乘出行时间(pr_time)的交叉弹性分析

(1) 非通勤模型

求得非通勤出行目的下,停车换乘出行时间的交叉弹性系数,如表 6.21 和图 6.31 所示。

表 6.21 停车换乘出行时间交叉弹性系数分布表 a

| pr_time(min) | 25.0 | 30.0 | 35.0 | 40.0 | 45.0 | 50.0 | 55.0 | 60.0 | 65.0 | 70.0 |
|---|---|---|---|---|---|---|---|---|---|---|
| 弹性值 | 2.10 | 2.26 | 2.26 | 2.09 | 1.78 | 1.41 | 1.05 | 0.75 | 0.51 | 0.34 |

经拟合后求得交叉弹性系数的表达式为($x$ 为停车换乘出行时间):

$$E_{\text{pr\_time}}^{\text{car \& bus}} = 0.0078x^3 - 0.1483x^2 + 0.5688x + 1.6671 \quad (R^2 = 0.9995) \tag{6.36}$$

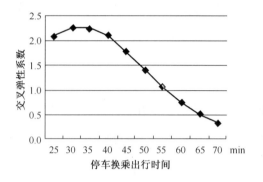

**图 6.31　停车换乘出行时间交叉弹性系数分布图 a**

（2）通勤模型

求得通勤出行目的下，停车换乘出行时间的交叉弹性系数，如表 6.22 和图 6.32 所示。

**表 6.22　停车换乘出行时间交叉弹性系数分布表 b**

| pr_time(min) | 25.0 | 30.0 | 35.0 | 40.0 | 45.0 | 50.0 | 55.0 | 60.0 | 65.0 | 70.0 |
|---|---|---|---|---|---|---|---|---|---|---|
| 弹性值 | 1.92 | 2.21 | 2.42 | 2.54 | 2.55 | 2.43 | 2.19 | 1.88 | 1.54 | 1.21 |

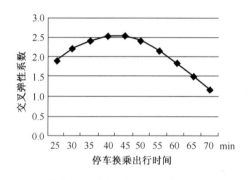

**图 6.32　停车换乘出行时间交叉弹性系数分布图 b**

经拟合后求得交叉弹性系数的表达式为（$x$ 为停车换乘出行时间）：

$$E_{\text{pr\_time}}^{\text{car \& bus}} = 0.000\,6x^4 - 0.011\,9x^3 + 0.021\,3x^2 + 0.298x + 1.608\,2\,(R^2 \approx 1) \tag{6.37}$$

由图 6.31 和 6.32 可以看出，交叉弹性值为正，说明随着停车换乘出行时间的增加，出行者选择"全程驾车前往中心区"和选择"全程乘坐公共交通前往中心区"的概率增加。从曲线的走势可以看出，对于非通勤出行，停车换乘出行时间在 35 min 左右达到峰值，随后递减；对于通勤出行，在 45 min 处达到峰值，说明时间变化时，"全程驾车前往中心区"和"全程乘坐公共交通前往中心区"两种方式的变化程度最大。

4）全程公交出行时间(bus_time)的交叉弹性分析

（1）非通勤模型

求得非通勤出行目的下，全程公交出行时间的交叉弹性系数，如表 6.23 和图 6.33 所示。

表 6.23 全程公交出行时间交叉弹性系数分布表 a

| bus_time(min) | 25.0 | 30.0 | 35.0 | 40.0 | 45.0 | 50.0 | 55.0 | 60.0 | 65.0 | 70.0 |
|---|---|---|---|---|---|---|---|---|---|---|
| 弹性值 | 0.70 | 0.61 | 0.50 | 0.39 | 0.30 | 0.22 | 0.16 | 0.11 | 0.08 | 0.06 |

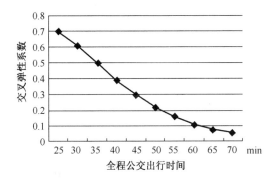

图 6.33 全程公交出行时间交叉弹性系数分布图 a

经拟合后求得交叉弹性系数的表达式为($x$ 为全程公交出行时间)：

$$E_{\text{bus\_time}}^{\text{car \& pr}} = 0.005\,9x^2 - 0.138\,6x + 0.85\,(R^2 = 0.997\,9) \tag{6.38}$$

(2) 通勤模型

求得通勤出行目的下，全程公交出行时间的交叉弹性系数，如表 6.24 和图 6.34 所示。

表 6.24 全程公交出行时间交叉弹性系数分布表 b

| bus_time(min) | 25.0 | 30.0 | 35.0 | 40.0 | 45.0 | 50.0 | 55.0 | 60.0 | 65.0 | 70.0 |
|---|---|---|---|---|---|---|---|---|---|---|
| 弹性值 | 2.10 | 2.26 | 2.26 | 2.09 | 1.78 | 1.41 | 1.05 | 0.75 | 0.51 | 0.34 |

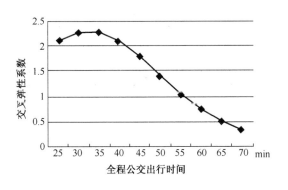

图 6.34 全程公交出行时间交叉弹性系数分布图 b

经拟合后求得交叉弹性系数的表达式为($x$ 为全程公交出行时间)：

$$E_{\text{bus\_time}}^{\text{car \& pr}} = 0.007\,9x^3 - 0.151\,3x^2 + 0.595\,3x + 1.657\,9\,(R^2 = 0.999\,6) \tag{6.39}$$

由图 6.33 和 6.34 可以看出，交叉弹性值为正，说明随着全程公交出行时间的增加，出行者选择"全程驾车前往中心区"和选择"停车换乘轨道交通"的概率增加。从曲线的走势可以看出,对于非通勤出行,全程公交出行时间的弹性值呈递减趋势;对于通勤出行,在 35 min 处达到峰值,随后递减。

变量弹性分析结果汇总如表 6.25 所示。

**表 6.25 变量弹性分析结果汇总表**

| 变量 $x$ | | 弹性系数值表达式 |
|---|---|---|
| 中心区停车费率(元/h) | 非通勤模型 | 直接弹性:$E_{parking\_fee}^{car} = -0.057\,9x^2 + 0.089x - 0.156\,2$ |
| | | 交叉弹性:$E_{parking\_fee}^{pr\,\&\,bus} = -0.057\,9x^2 + 0.544x + 1.663\,8$ |
| | 通勤模型 | 直接弹性:$E_{parking\_fee}^{car} = -0.455\,2x - 0.231\,5$ |
| | | 交叉弹性:$E_{parking\_fee}^{pr\,\&\,bus} = 0.002x^3 - 0.035\,7x^2 + 0.089\,5x + 0.963\,9$ |
| 换乘停车场停车费用(元/次) | 非通勤模型 | 直接弹性:$E_{pr\_fee}^{pr} = -1.137\,7x + 1.230\,1$ |
| | | 交叉弹性:$E_{pr\_fee}^{car\,\&\,bus} = -0.004\,6x^4 + 0.099\,8x^3 - 0.742\,7x^2 + 1.966\,6x - 0.549\,9$ |
| | 通勤模型 | 直接弹性:$E_{pr\_fee}^{pr} = 0.052x^3 - 0.756\,3x^2 + 1.546\,6x - 0.847\,9$ |
| | | 交叉弹性:$E_{pr\_fee}^{car\,\&\,bus} = -0.007\,4x^4 + 0.185\,6x^3 - 1.563\,5x^2 + 4.698\,7x - 2.108\,1$ |
| 停车换乘出行时间(min) | 非通勤模型 | 直接弹性:$E_{pr\_time}^{pr} = 0.007\,8x^3 - 0.148\,3x^2 + 0.063\,8x - 0.352\,9$ |
| | | 交叉弹性:$E_{pr\_time}^{car\,\&\,bus} = 0.007\,8x^3 - 0.148\,3x^2 + 0.568\,8x + 1.667\,1$ |
| | 通勤模型 | 直接弹性:$E_{pr\_time}^{pr} = -0.046x^2 - 0.001\,3x - 0.097\,8$ |
| | | 交叉弹性:$E_{pr\_time}^{car\,\&\,bus} = 0.000\,6x^4 - 0.011\,9x^3 + 0.021\,3x^2 + 0.298x + 1.608\,2$ |
| 全程公交出行时间(min) | 非通勤模型 | 直接弹性:$E_{bus\_time}^{bus} = -0.51x - 1.023\,3$ |
| | | 交叉弹性:$E_{bus\_time}^{car\,\&\,pr} = 0.005\,9x^2 - 0.138\,6x + 0.85$ |
| | 通勤模型 | 直接弹性:$E_{bus\_time}^{bus} = 0.007\,9x^3 - 0.151\,3x^2 + 0.090\,3x - 0.362\,1$ |
| | | 交叉弹性:$E_{bus\_time}^{car\,\&\,pr} = 0.007\,9x^3 - 0.151\,3x^2 + 0.595\,3x + 1.657\,9$ |

## 6.6 基于停车换乘选择行为模型的政策应用研究

### 6.6.1 差别化的停车收费政策

停车费用对出行者出行方式的选择有显著影响,P&R 停车场费用降低 1 元/次,且中心区停车费用增加 3 元/h 的情况下,非通勤出行目的的全程驾车前往中心区的概率降低 26.7%,通勤出行目的的全程驾车前往中心区的概率降低 15.4%。可见差别化的收费政策,如中心区的收费较高而换乘停车场收费低廉,可以有效引导居民采用停车换乘方式进入城市中心区。

差别化的停车收费政策主要包括时间差别和空间差别。在中心区收取高额的停车费,在外围地区以及换乘停车场收取较低费用,吸引小汽车出行者换乘公共交通,调节小汽车出行的空间分布。同一区域的停车设施,采用路内高于路外,地上高于地下的收费原则。在时间差别方面,停车费用白天高于夜间,长时间高于短时间。

## 6.6.2 限制通勤出行者驾车前往中心区

根据表 6.10,中心区停车费率对通勤出行目的下全程驾车前往中心区的概率有显著影响,适当提高通勤停车场的收费标准即可有效限制通勤出行目的下驾车进入中心区。同时,对于低廉的月租支付形式需要加以限制,如提高月租价格或适当减少停车费用月租的支付形式,减少上班类出行免费停车或停车费用较低的比例,限制单位自用车位比例和职工通勤车位比例,限制城市外围机动车驶入中心区。

此外,通过实施切实可行的拥堵收费政策、高额燃油税政策、限制通行时段和路段政策,提高驾车前往中心区的出行成本,让更多的通勤出行者选择公共交通或者停车换乘的方式前往中心区上班,减少中心区的交通拥堵和停车难题。

## 6.6.3 提高中心区非通勤停车场的费率

根据表 6.9 和表 6.10,相对于通勤出行,非通勤出行目的下中心区停车费率相对较高时,才会有效降低全程驾车进入中心区的概率,所以可以考虑更大程度地提高中心区娱乐购物等非通勤停车场的费率,减轻中心区交通压力。

## 6.6.4 完善停车换乘设施的建设和管理

本章研究表明,停车换乘的出行时间以及换乘停车场收费标准对出行者是否选择停车换乘有显著的影响,所以,提高停车换乘出行的效率,可以有效引导出行者采用停车换乘方式进入中心区。

➢ 完善停车换乘收费政策

根据国内外的研究情况和本章研究的结果,停车费用是影响出行者使用停车换乘方式的重要因素。停车换乘系统在北京尚处于起步阶段,换乘停车场收费应当相对低廉,以次计费。由表 6.11 和表 6.12 可以看出,全样本均值条件下,当换乘停车场停车费率为 2 元/次时,选择停车换乘的概率分别为 57.9%(非通勤出行)和 86.5%(通勤出行)。目前,北京的收费标准为 2 元/次,可以吸引更多的出行者使用停车换乘方式进入中心区。

夜间到凌晨可以实行计时收费,避免某些出行者长期占用换乘停车场车位,同时也可以增加停车场的收入[157]。

➢ 合理设置换乘停车场位置

当城市外围轨道交通车站服务范围内小汽车出行发生源较多时,可以考虑设置换乘停车场,换乘停车场的位置一定要便于居民进行停车换乘,同时和轨道车站尽量能做到无缝衔接,缩短停车换乘的接驳时间,提高停车换乘的出行效率,吸引更多的居民选择轨道交通进入城市中心区。由表 6.13 和表 6.14 可以看出,全样本均值条件下,当停车换乘出行时间为 30 分钟时,选择停车换乘的概率分别为 74.7%(非通勤出行)和 88.1%(通勤出行)。

➢ 合理设置换乘停车场规模

换乘停车场的规模需要考虑其服务范围内停车换乘的需求和实际的用地情况,同时还要预留车位给过境车辆和未来潜在 P&R 用户[157]。停车场具体大小需结合车站用地条件、路网条件综合考虑,车位过多会造成资源的闲置浪费,而车位过少会影响出行者选择停车换乘的积极性。规模超过 500 个车位和用地紧张的条件下,宜采用立体式停车,节约用地并减少换乘距离[157]。

➢ 加强 P&R 系统的宣传、完善换乘设施的信息诱导系统

停车换乘方式的普及不可能一蹴而就,需要通过有关部门的广泛宣传,让越来越多的居民逐渐了解停车换乘系统的特点和优势,逐渐接受这种相对新兴的出行方式。同时,为了提高停车换乘设施的服务水平,需要不断完善停车换乘设施的信息诱导系统。在换乘停车场周边应该有完备的指示标志系统和停车诱导系统,动态发布停车信息,减少寻找停车位的时间,通过高效便捷的停车换乘服务吸引居民采用停车换乘方式。

### 6.6.5 多样化停车换乘设施的资金来源和经营体制

如果停车换乘方式的试行效果良好,政府考虑加大换乘设施建设的规模和数量,在资金来源方面可以考虑多样化的途径。

一方面是政府部门的投入,协调用地,建设多层停车楼、机械停车库和地下停车场等规模较大的停车设施。同时,相关管理部门可以挖掘潜在的换乘停车资源,比如在白天拥有闲置停车资源的单位或小区,在条件允许的情况下,可以考虑转变为临时的收费换乘停车场,分担停车压力[157]。

另一方面是鼓励民间投资,针对换乘停车场建设费用高、短期投资大、经济效益不明显的情况,鼓励民间投资参与,并提供降低税收等优惠政策[157]。

此外,可以考虑多元化换乘停车场经营体制,完善停车经营市场,建立 P&R 商业圈,有效地回笼资金,促进停车换乘方式的普及。

# 第7章 拥堵收费影响下的交通出行方式选择

## 7.1 概述

近年来,随着我国城市城镇化水平的不断提高,人口向大城市聚集的趋势越发明显,这使得道路交通资源本来就十分稀缺的大城市、特大城市的交通状况雪上加霜,城市交通供需矛盾日益突出。另外,机动车保有量的迅速增长是城市交通机动化进程的标志之一,以北京市为例[159],从1996年开始,机动车保有量由92.1万辆增至2012年底的518.9万辆,动车发展已经进入高速增长阶段,与此同时,机动化交通出行比例也在迅速提高。总而言之,城镇化、机动化进程的快速推进为我国城市带来发展机遇的同时,也对城市交通提出了严峻的挑战。

我国早期试图通过城市交通建设来缓解交通拥堵[160]。但在城市机动化出行快速增长的背景下,单靠增加交通基础设施的规模,无法使城市交通拥堵状况得到明显改善。

1962年,Authony Downs提出的"当斯定律"(Downs Law)[4]就已指出,如果缺少必要的管控措施,新建道路将会诱增新的交通量,并且道路建设的空间资源有限,因此仅凭交通基础设施建设无法解决交通拥堵问题,而适时的交通管理措施将对缓解城市交通拥堵起到良好作用。为此,一些学者和交通政策制定者开始关注和研究一项能够缓解城市交通供需矛盾、促进交通良性发展的有效措施——交通拥堵收费(Congestion Charging)[161]。

交通拥堵收费是一项交通需求管理(TDM)措施,指对特定时段和区域内的车辆通行收费,促使小汽车出行者改变原有的开车出行计划,并转向其他方式出行,从时间和空间上疏散过于集中的道路交通量,减小繁忙时段和繁忙路段上的交通负荷,实现道路资源的高效使用,达到缓解交通拥堵的目的[161]。微观层面各种出行目的、起讫点分布和出行方式特征的出行,构成了宏观层面的城市交通需求,交通拥堵收费政策即通过影响居民的出行方式选择而达到调节城市交通需求的目的。

英国伦敦[162,163]、新加坡、瑞典斯德哥尔摩、挪威奥斯陆[164]等多个城市和国家的成功实践,使得国内一些城市也开始重视拥堵收费政策并将其纳入城市交通发展战略。北京、上海、深圳、广州、杭州等城市都相继提出了实施拥堵收费的设想并开展了相关前期论证研究,例如《北京交通发展纲要(2004—2020)》中提出,针对城区不同地区的资源条件、不同出行时段的交通特性和不同目的的出行需求,将对小汽车实行分时分区弹性管理,必要时在交通特别拥挤区域有选择地实施通行收费制度。但由于拥堵收费政策的实施涉及多方面的利益,而且还要考虑社会公平性、公众可接受性以及技术可行性等多种因素,故国内城市尚无收取拥堵费的实践。

城市交通拥堵收费并不是一个陌生的概念,从概念提出至今已有将近100年的历史,公认的拥堵收费理论奠基人是Pigou A. C(1920)[165],在20世纪20年代提出了拥堵定价的基本思想和原理。20世纪50年代以后,西方国家的私人汽车的发展与普及,造成了严重的城市交通拥堵问题,如何应用经济学的理论与方法来减轻道路拥堵程度成了经济学家们关注的问题。美国从事交通领域研究的经济学家Beckman M(1956)、Mohring H和Harwitz M(1962)[166]开始以长期分析的观点研究道路拥堵与拥堵定价问题,把道路拥堵收费与道路最佳投资结合起来,推导出最优通行费与最优投资准则。一些学者利用数学规划的方法来研究道路拥堵收费问题,Yang和Bell(1997)[167]利用双层规划和基于灵敏度分析算法对拥堵收费问题进行研究。

总而言之,拥堵收费的概念在国外很早被提出,并具有较长的研究历程,其理论研究成果丰富,涵盖了拥堵收费的经济学原理、拥堵定价理论等多个方面。另外,越来越多的国内学者开始关注拥堵收费政策,取得了很多有价值的研究成果,特别是国内一些研究者立足于我国城市特点,针对拥堵收费政策对居民出行时间选择、交通方式选择以及城市交通运行状况等方面的影响进行了较为深入的研究,为以后的研究提供了良好的研究方法和思路。

## 7.2 拥堵收费

### 7.2.1 拥堵收费背景

Charging是交通需求管理的一项重要措施,它是指对特定时段和路段(区域或是线路)的车辆实行收费,从时间和空间上来疏散交通量,减少繁忙时段和繁忙路段道路上的交通负荷的一种交通需求管理措施[168]。它的实质是利用经济学中的价格机制来对交通需求加以调节和限制,使交通系统处于最优的拥挤状态(既不是完全消除拥挤,又不是处于过度拥挤的状态),从而达到道路空间资源被充分利用,社会效益实现最大化的目的。拥挤收费的直接原因是政府希望用经济手段来缓解城市交通的拥堵,并通过由此带来的交通量减少来降低交通事故的发生、环境的污染和能源的消耗,但其实质是将拥挤带来的负外部效应内部化。

外部效应是指在相互联系的经济单位之间,一个经济单位对其他经济单位产生影响,而该单位又没有根据这种影响从其他单位获得报酬或向其他单位支付赔偿[169]。外部效应有积极的影响(正外部效应)和消极的影响(负外部效应)。拥挤状态下车辆队列的制约性、延迟性和传递性,使得每一车辆的运行状态都被其前面车辆的运行状态限制,从而引起运行成本(表现在运行时间、燃油消耗等方面)的增加;每一车辆都制约了其后所有车辆的运行状态,加大了其他车辆的运行成本,减少了其他车辆使用该交通资源的可能性。道路交通拥挤的负外部效应就表现在由交通密度增大引起的行车时间、交通事故、噪音和污染的增加上。交通拥挤收费正是用于抵消这部分没有得到使用者成本补偿的负外部效应。

通过经济学中的供需平衡和边际概念可以更清楚地说明拥挤收费问题。拥挤道路上行驶的用户感知并支付的仅仅是燃油消耗、维修保养、时间节省等个人成本,而社会成本还包括拥挤带来的一系列影响(时间延长、低速油耗、环境污染、交通事故等)。由于个人成本远低于社会成本,致使社会福利损失,道路使用资源配置发生扭曲,因此应通过实施拥挤收费措施来进行调节。拥挤收费的目的是在一定的交通供给规模下,控制交通需求的总量,抑制不合理的交通需求。通过对拥挤区域或拥挤路段征收一定的拥挤费的手段,使得交通需求在时间和空间以及方式上再分配,实现交通供给和交通需求在一定时间内的平衡,保证城市交通系统有效运行,让客货出行迅速、安全地到达目的地,缓解城市交通拥挤,改善城市生态环境和居民生活环境质量,尽可能大地回收城市交通和交通基础设施建设的成本,实现社会净效益最大。

交通拥挤收费的作用和意义主要体现在以下几个方面:

(1) 改变交通结构,向可持续交通模式迈进。城市交通方式按照服务对象的不同可以划分为公共交通与非公共交通(私人小汽车、摩托车、自行车等)。各种交通方式具有不同的技术经济优势,并且人均占用道路面积不同,在城市交通拥挤、堵塞中所起的作用大小不同。目前,我国的城市交通结构不尽合理。同国外一些大城市相比较,城市公共交通在客运交通中所占的比例过低,而小汽车、自行车、摩托车的出行比例却较高,并且小汽车的空载率也非常高,这对城市道路造成了很大的浪费。因此,改变出行者的交通方式,使更多的出行者选择公共交通,减少城市道路时空消耗,应该成为道路拥挤收费的目标之一。

(2) 拥挤收费区域交通状况的改善。通过对出行需求的控制可以缓和交通供求紧张关系、降低交通拥挤程度。

(3) 促进城市公共交通需求量的增加。针对小汽车的拥挤收费会促使一部分出行转向成本低廉的公共交通,形成合理的交通方式结构。

(4) 为提高城市公共交通服务水平提供资金支持。拥挤收费收入虽是副产品,但其取得的大量资金可以更好地用于公共交通设施的改善和服务水平的提高,把道路使用收费作为新的财政来源支持交通基础设施建设。

(5) 拥挤收费区域停车需求的缓解。拥挤收费会使所控制的小汽车数量减少,同时也会带来停车需求的减少。

(6) 减少拥挤带来的各种负面影响。通过降低拥挤的程度可以减少环境污染、能源消耗、时间延误等各种负外部影响。

(7) 促进社会公平。交通拥挤收费要求城市机动车使用者除了支付其直接费用,还要支付由于其出行给社会和其他出行者带来的全部损失。机动车出行者只计算个人的边际费用,没有考虑由于个人出行带来的道路拥挤而造成的他人出行成本的增加和其他社会成本的增加。实行交通拥挤收费可以在城市道路的使用上体现社会公平。

拥挤道路使用收费作为一种经济手段,已经成为现代交通需求管理的有效措施之一,但它不是"万能钥匙",只有在一定条件下拥挤收费才能起到良好的作用。主要包括以下几个条件[69]:

(1) 要有成熟的路网硬件条件

要实施交通拥挤收费,必须有满足实施交通拥挤收费的道路网条件,即城市道路网成熟、路网覆盖率达标并且路网结构不会有大的变动。还要易于划分拥堵区域;公共交通发达,能够满足实施收费后的交通流转移需求;拥挤范围较大时间较长,通过常规的交通管理措施不能缓解拥挤,则考虑实施交通拥挤收费。一般来讲,只有建设了内外环线并且公共交通发达的城市,在交通拥挤的情况下才更适合采取拥挤收费。

(2) 要有成熟的技术条件

交通工程学专家王炜表示,收取交通拥挤费是调节交通流量的一种有效手段,但需要技术、设备、管理等各方面的充分准备。伦敦采用的就是这种方法,那里的智能交通系统非常完善,摄像头、监控仪等设备无处不在,交费网络发达,并已开发了多种功能的"电子标签"(相当于交费卡)。而在我国一些城市,这些条件都不具备,交通拥挤收费暂时也无法实施。

(3) 公众的支持

任何一项政策的实施,都需要得到公众的支持,尤其是关系到公众利益的政策。在实施之前,甚至开始研究之前,就要通过电视、广播、报纸、网络等各种媒体,对实行交通拥挤收费可能带来的公众效益、社会效益以及可能带来的负面影响加以全面的宣传,最大限度地争取公众的支持。

### 7.2.2 拥堵收费类型

交通拥挤收费从时间维和空间维上考虑可以分为静态收费和动态收费两大类[170]。仅考虑空间维的交通拥挤收费称为静态收费,仅考虑时间维而忽视网络拓扑的拥挤道路使用收费称为时变收费(如瓶颈道路收费),而将时间维和空间维综合考察的拥挤道路使用收费,称为动态收费(时变收费亦属于动态收费)。静态拥挤道路使用收费适用于稳态(即OD矩阵是固定的,不具有时变性)条件下的交通网络,它不考虑收费的时变性,即静态收费模型不考虑当前的收费对将来的交通拥挤水平的影响。动态拥挤道路使用收费考察的出行需求和出行费用都是时变的,因而拥挤道路使用收费也是时变的。

就研究方法来说,拥挤道路使用收费可以分为第一最优拥挤道路使用收费(First-best Congestion Pricing)和第二最优拥挤道路使用收费(Second-best Congestion Pricing)两大类[171]。第一最优拥挤道路使用收费又称为边际成本定价(因经济学中的边际成本定价原理而得名),它假定路网中存在完善的收费体制,通过对路网中每一路段上的用户收取数量为边际成本通行费的拥挤道路使用收费,使用户平衡转化为系统最优平衡状态。由于第一最优拥挤道路使用收费忽视了交通系统的复杂网络特征,而且对整个网络的每个用户都征收费用不太现实,因而交通工程师对其一直存有疑虑。近来,一些学者将第一最优拥挤道路使用收费推广至一般网络,提出了第二最优拥挤道路使用收费的思想。第二最优拥挤道路使用收费考虑的是在一个路网存在约束(如资金预算约束、通行能力约束),仅对部分路段或路径收费等的条件下的拥挤道路使用收费问题。第一最优拥挤道路使用收费和第二最优拥挤道路使用收费又分属于静态和动态收费。

### 7.2.3 拥堵收费机理

1) 静态拥挤收费

(1) 静态拥挤收费的理论基础

静态交通拥挤收费的理论基础是经济学中的边际成本定价原理。一般来说,在交通拥挤较严重的交通系统中用户的最优线路选择未必带来系统的最好结果,这是因为用户在选择出行路径和出发时间时,往往只考虑自己能感知或者说自己将付出的成本。每个道路使用者不会意识到自己在进入路网时影响了其他的道路使用者,增加了他们的出行费用,因此,他们在决定这次出行时也不会把这部分费用考虑在内。一般的,将这部分费用称为"外部不经济",它包含两个方面:一方面,道路使用者强加给不使用道路出行者的费用,包括空气污染、噪音、震动等;另一方面,道路使用者强加给另外的道路使用者的费用,如速度降低产生的各方面的费用等。从某种程度上说,每个驾驶员都引起了这种外部不经济。而驾驶员必须承受的费用只包括燃油费、车辆磨损费,以及他完成这次出行需要的时间费用。所以,驾驶员都会低估这次出行的全部费用或社会费用。当道路的通行能力充足时,这种"自私"的行为不会影响到其他人的出行。但是,当交通流量接近通行能力时,拥挤程度上升,道路上每新增加一个出行单位都会使系统中所有成员的利益受损。此时,如果大家都坚持原来的出行计划,不另择它路或改变出发时间,就会使交通系统拥挤不堪,直到瘫痪。如果强迫某一部分人改变行驶路径和出发时间也是不可能的,最好的办法是用经济手段。

用户之所以坚持在拥挤路段出行,就在于他们仅仅考虑自己的感知成本或者平均可变成本 AVC(即边际个人成本),而没有支付他们给其他用户所带来的"外部不经济",即用户没有为其出行支付全部社会费用(即边际社会成本,还可以包括由交通导致的环境污染)。用户对旅行成本的错误感知(或部分支付),将导致网络的潜在需求过高和交通量的无节制增长,从而造成路网中某些路段上流量达到饱和或过饱和状态,引起交通拥挤和排队,产生资源的浪费。经济学家相信:缓解道路交通拥挤一个最直接、经济上最有效的办法就是对拥挤路段的使用者收费,付费的人还可以在原来的路上和时段行驶,不想付费的人就另择它路或改变出发时间,这样,原来拥挤的路段就被缓解了。边际成本定价原理认为,为使整个道路系统得到最有效的利用,行驶在拥挤路段上的用户应支付一定的费用,才能抵消它所产生的外部不经济。收取费用的大小等于边际社会成本和边际个人成本之差,用图 7.1 表示。边际社会成本曲线(MSC,Marginal Social Cost)与需求曲线($D$)交于 $A$ 点,边际个人成本曲线(MPC,Marginal Personal Cost)与需求曲线($D$)交于 $F$ 点,交通量分别为 $Q_1$、$Q_2$,成本分别为 $C_1$、$C_2$。不收费情况下,每个出行者根据自身对成本的感知选择 $F$ 点为临界点,即小于 $Q_2$ 的交通量都能带来超出个人成本的效益。但实际上,在 $E$ 点以后超过 $Q_1$ 的交通量给社会带来了 $ABF$ 部分的福利损失。

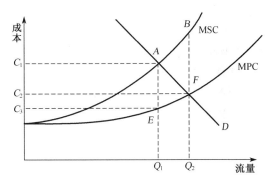

图 7.1 静态拥挤收费的原理图

实行拥挤收费 $AE$,可以使出行者意识到其边际社会成本已达到 $A$(即由 $C_3$ 到 $C_1$),从而使交通量从 $Q_2$ 回到最佳平衡量 $Q_1$。

可以看出,拥挤收费的原理在于还原个人出行的社会成本,从而引导人们理性选择出行,进而缓解城市交通拥挤。城市道路拥挤收费通过对特定时间内行驶在拥挤路段上的用户收取额外的费用,使出行者不得不做出选择:第一,不出行或改选其他线路;第二,改变出行方式选择(由私人汽车变为公共交通);第三,不改变出行选择但需支付额外费用。前两种出行选择都可以大大降低拥挤路段的交通量,而后一种出行选择所得来的资金亦可用于城市交通基础建设和公交服务水平的提高。需要说明的是,与一般道路收费用于补偿成本支出不同,拥挤收费收入只是副产品,其主要目的仍是引导和调节出行需求,缓解交通拥挤。

(2) 静态拥挤收费的理论模型

Walter(1961)定量研究了道路拥挤的外部效果,综合各方面因素,提出了短期拥挤边际成本定价方法,建立了一般道路最优拥挤定价模型,即静态交通拥挤收费模型[171]。设每一单位交通量的出行成本为 $C$,路段上的交通量为 $x_a$,二者之间的函数关系为:

$$C = f(x_a) \tag{7.1}$$

因此,交通量为 $x_a$ 时的总出行成本 $TC$ 为:

$$TC = x_a C = x_a f(x_a) \tag{7.2}$$

为求得交通量增加对总成本的影响,上式对 $x_a$ 求微分,得到边际社会成本 $MSC$:

$$\frac{\mathrm{d}(TC)}{\mathrm{d}x_a} = f(x_a) + x_a \frac{\mathrm{d}f(x_a)}{\mathrm{d}x_a} \tag{7.3}$$

其中:$f(x_a)$ 为边际个人成本,即 $MPC = f(x_a)$;$x_a \dfrac{\mathrm{d}f(x_a)}{\mathrm{d}x_a}$ 为拥挤成本。因此,每单位交通量应支付的拥挤费为 $x_a \dfrac{\mathrm{d}f(x_a)}{\mathrm{d}x_a}$。

以静态理论模型为基础的最优拥挤定价已被广泛地应用到路网收费系统模型和评价当中,并由此产生路段收费和路径收费两种收费方式。许多学者也在静态理论模型的基础上推导出具有弹性需求和容量约束的交通网络收费模型、多路径混合交通网络收费模型和多类型用户交通网络收费模型等。静态理论模型是拥挤收费理论研究的重要基石。另外,还存在一种模式,建立在道路使用者支付意愿基础上的拥挤收费是以拥挤收费对道路使用者的实际影响为研究终点。

(3) 静态拥挤收费的局限性

边际成本定价理论有其重要的历史意义,但也具有自身的局限性。

① 该理论将收费路段定义为只有一个出口和一个入口,这与实际的城市路网状况不符。该理论没有考虑到交通拥挤在空间上的分布,忽略了不同路径之间的相互替代性,尤其是在市区,道路发达,一个路段的交通拥挤往往会波及其他路段。传统定价理论中一个交通量只对应一个定价水平,而没有认识到拥挤的动态变化,所以该理论只能应用于瓶颈道路的收费方式。

② 该理论的最终定价是边际社会成本与边际个人成本之差,然而这两个参数在实际应用过程中是很难得到的,很难用具体的数值量化。

③ 在传统的分析过程中,将各种交通方式单纯地用车辆表示,没有考虑城市客运系统中交通方式的多样性。边际成本定价理论把各种交通方式等同起来,忽略了它们之间的可替代性。

2) 动态拥挤收费

(1) 动态拥挤收费的理论基础

动态理论模型开始于瓶颈收费模型。诺贝尔经济学奖获得者 Vickrey(1969)用确定性排队理论提出了瓶颈收费模型[172]。该理论假定交通拥挤表现为瓶颈处的排队。出行者每天早晨行驶于连接住宿地与目的地的道路上,该路上有一个通行能力有限的瓶颈,受瓶颈能力限制,总会有一些人早到、一些人迟到,早到和迟到的费用称作计划延误费用。不收费的情况下,出行费用由行驶时间费用和计划延误费用两部分构成。在动态收费方式下,一定时刻的收费水平等于不收费平衡时该时刻用户的等待时间费用,这样就能以收费取代排队等待时间费用使平衡条件得以满足。下面就动态理论模型的公式推导进行简单的分析。

设有 $n$ 个出行者,每天早晨单独驾车从住宿地 $O$ 出发去工作地 $D$,在 OD 间有一具有确定通行能力的瓶颈处(如桥梁、隧道等),瓶颈的通行能力为 $s$ 辆/单位时间,路的其余各处有足够大的通行能力,如果瓶颈处到达率超过 $s$,就会发生排队现象。

令 $u(t)$ 为 $t$ 时刻的离开率,$q(t)$ 为 $t$ 时刻的排队长度,则排队长度在 $t$ 时刻的变化率为:
$\frac{\mathrm{d}q(t)}{\mathrm{d}t} = u(t) - s$,若 $q(t) > 0$。

汽车从 $O$ 至 $D$ 的总计行程时间为 $t_1 + q(t)/s$,其中,$t_1$ 是从 $O$ 至 $D$ 的常态行驶时间,$q(t)/s$ 是瓶颈前的排队等待时间。

假设一辆汽车的总出行费用由时间消耗、上班早到或晚到的惩罚和道路拥挤费这三部分构成,则对 $t$ 时刻出发的车来说,其总出行费用为:

$$C(t) = \begin{cases} \alpha\left[t_1 + \frac{q(t)}{s}\right] + \beta\left[t^* - \left(t + t_1 + \frac{q(t)}{s}\right)\right] + p(t), & t \in [t_b, t_0] \\ \alpha\left[t_1 + \frac{q(t)}{s}\right] + \gamma\left[t + t_1 + \frac{q(t)}{s} - t^*\right] + p(t), & t \in [t_0, t_c] \end{cases} \quad (7.4)$$

式中:$\alpha$——时间价值系数;

$\beta$——上班早到的惩罚系数;

$\gamma$——上班晚到的惩罚系数;

$t^*$——工作开始时刻;

$p(t)$——$t$ 时刻的道路拥挤费;

$t_b$——最早出发时间;

$t_c$——最晚出发时间;

$t_0$——能使车辆准时到达 $D$ 的离开时刻,即 $t_1 + q(t)/s + t_0 = t^*$。

不收费的情形下,$p(t) = 0$。在平衡态,每个出行者不能通过单方面改变出发时刻来降低出行费用,即 $\mathrm{d}C(t)/\mathrm{d}t = 0$。早出发和晚出发的车不参与排队,且具有相同的出行费用,所以 $\alpha t_1 + \beta[t^* - (t_b - t_1)] = \alpha t_1 + \gamma[(t_c + t_1) - t^*]$。在 $[t_b, t_c]$ 期间,则有 $n = s(t_b - t_c)$。

由这两个方程和 $t_0$ 的定义,我们可以确定三个时间未知数和 $[t_b, t_c]$ 期间每位出行者承受的成本:

$$t_b = t^* - \delta n/\beta s - t_1 \quad (7.5)$$

$$t_c = t^* - \delta n/\gamma s - t_1 \quad (7.6)$$

$$t_0 = t^* - \delta n/\alpha s - t_1 \quad (7.7)$$

$$C = \delta n/s + \alpha t_1 \quad (7.8)$$

式中:$\delta = \beta\gamma/(\beta + \gamma)$。

经济学家认为,可以实施一种动态收费策略来调节车辆的出发时间,使 $[t_b, t_c]$ 期间的离开率(或到达瓶颈的到达率)为常数 $s$。这样就消除了排队,系统中每人的出行成本依然

是 $C = \delta n/s + \alpha t_1$。因此，时变的动态收费水平应该是：

$$p(t) = \begin{cases} C - \beta[t^* - (t+t_1)] - \alpha t_1, & t \in [t_b, t_0] \\ C - \gamma[(t+t_1) - t^*] - \alpha t_1, & t \in [t_0, t_c] \end{cases} \quad (7.9)$$

显然，不想排队而又希望在最理想时刻到达 $D$ 的人，就需交纳相应的拥挤费，不愿意付费的用户只要早出发或者晚出发也可以不排队。

动态理论模型是基于静态理论模型的缺陷而提出的。静态理论模型中出行需求和出行成本不随时间发生变化，因此静态理论模型不能分析车辆排队的消长过程，不能分析用户关于出行时间的决策行为，不能分析不同时间价值的人们对收费政策的不同反应，不能实现动态的收费体制。由于动态理论模型试图解决以上问题，许多学者都在这一理论模型基础上进行深入探讨，推导出最优惩罚拥挤收费模型、最优阶段拥挤收费模型和阶梯式拥挤收费模型，研究了拥挤收费下的路径选择问题、用户影响问题、交通方式竞争问题等。动态理论模型也是目前研究最多的拥挤收费模型。

(2) 动态拥挤收费的局限性

经典的瓶颈模型虽然较为清晰地论述了排队拥挤是如何产生的，但是它本身由于存在很多严格的假设条件，使模型过于简单化，不能完全反映交通网络的真实情况，因此也是存在很多局限性的，并且动态模型在时间上是连续的，实施过程中对技术的要求和成本的投入都很高。可以用阶梯收费策略来逼近最优动态策略。

## 7.3 拥堵收费意向调查

对居民个人行为选择的调查可以分为两种，一是对已发生的选择性行为的调查，称为行为调查或 RP 调查(Revealed Preference Survey)；二是在假设条件下调查受访者的选择意向，称为意向调查或 SP 调查(Stated Preference Survey)。交通拥堵收费政策在我国尚未实施，研究其对居民出行方式选择的影响则必须假定拥堵收费政策情境，并调查在此情境下各类受访者的出行选择意向。因此，本章采用 SP 调查方法作为获取数据的主要手段。

目前，根据研究内容和特点的不同，数据调查所能采用的方式途径多种多样，例如家访调查、信件调查、电话调查、现场问卷调查以及网络调查等。各种数据调查途径的特点如表 7.1 所示。

表 7.1 调查途径的特性表

| 途径 | 随机性 | 偏差 | 信息量 | 调查意识传达 | 调查内容质量 | 回收率(%) | 成本 |
|---|---|---|---|---|---|---|---|
| 家访调查 | 好 | 少 | 大 | 好 | 好 | 80～90 | 极高 |
| 信件调查 | 好 | 多 | 中 | 不好 | 不好 | 10～30 | 低 |
| 电话调查 | 较好 | 少 | 小 | 好 | 中 | 30～50 | 低 |
| 现场问卷调查 | 较好 | 少 | 中 | 好 | 中 | 60～80 | 中 |
| 网络调查 | 好 | 少 | 中 | 较好 | 较好 | 40～70 | 中 |

可见,相较于其他调查方式,网络调查是一种成本较低、回收率较高的数据调查途径。其优势在于可以针对各地网民进行调查,节省人力物力,回收期较短,不用担心受访者不配合或者没有时间参与调查,可根据每天的调查状况做出针对性调整以及删除无效数据,并能够方便得到调查数据分析报告;其劣势在于调查对象主要为网络用户,有一定的局限性。

### 7.3.1 调查设计

调查问卷结构设计是 SP 调查的核心内容,调查问卷应遵循易于理解、结构清晰、简明扼要、形式友好的特点,主要原则包括:

(1) 问卷标题应简明扼要,同时突出关键词,先介绍假定的调查情境(实施拥堵收费),再开始设置问题;

(2) 尽量控制题目数量和题目复杂度,多利用表意清晰的选择题形式,方便受访者填写;

(3) 将更为重要的题目前置,防止受访者由于疲劳而对关键性题目作答出现偏差;

(4) 注重网络问卷展现形式的简洁、美观,应当利用不同的文字颜色、字号、字体等突出关键信息,同时使得问卷逻辑清晰、结构分明;

(5) 对于含义较为难懂或形式较为复杂的题目,应添加注释,以便受访者正确理解和填写。

具体说来,以北京市为例,为研究拥堵收费对出行行为选择的影响,调查问卷应分为四个主要部分,各部分名称以及相应的要素属性如图 7.2 所示。

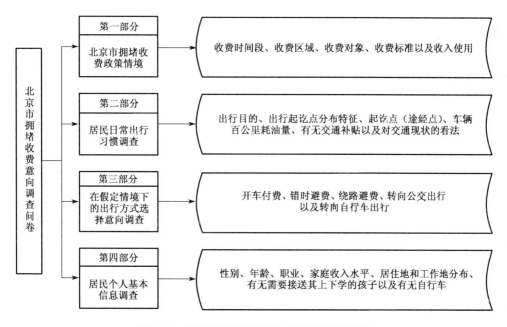

图 7.2 北京市拥堵收费意向调查问卷结构图

1) 第一部分

向受访者介绍假定的拥堵收费政策情境,包括收费时间段、收费区域、收费对象、收费标准及收入使用等,具体情境内容将于下节介绍。

2) 第二部分

对受访者进入收费区域时的出行习惯进行调查,包括出行目的、出行起讫点分布特征、起讫点(途经点)、车辆百公里耗油量、有无交通补贴以及对交通现状的看法。

本部分设置目的如下:

(1) 出行目的和出行起讫点分布特征

在拥堵收费下,不同出行需求特征的出行者将受到不同性质的影响,具体而言,即依据出行目的和出行起讫点分布特征对调查对象进行分类,探究不同类别的受访者在拥堵收费下的出行方式选择。

(2) 出行起讫点和途经点

通过调查受访者的出行起讫点可以获得其出行距离、可替代的交通方式属性数据(包括各出行方式的时耗、费用等定量化数据),将用于后续建模中。此外,让受调查者填答在收费区域内的出行途经点,一方面可以检验数据的有效性,另一方面可以大致确定受访者的出行路径,从而减少数据处理中的偏差。

(3) 车辆百公里耗油量

车辆百公里耗油量是计算小汽车方式出行燃油费的重要参数之一,其值与汽车排量、车辆维修状况、道路交通条件、天气条件等多种因素相关。调查中向受访者询问其在市区驾车时的百公里耗油量值,并将此值用于本章第四节建模中小汽车出行燃油费特性变量的赋值计算。

(4) 有无交通补贴

目前小汽车出行者的燃油费、停车费等是由单位报销和补贴的,拥堵收费实施后拥堵费用可能仍由单位支付,而出行方式选择与该驾车人的家庭经济状况等因素相关性则会相应减小;另外,北京作为我国首都和政治中心,同时也是政府补贴公务用车的拥有量大市,北京市财政局公布的统计数字显示,2011 年初北京市党政机关、全额拨款事业单位公务用车共62 026 辆。因此,有无开车补贴是应当考虑的重要因素。

(5) 对交通现状的看法

影响人们行为选择的因素不仅包括不以人的意识为转移的客观因素,还可能包括诸如情绪、看法、好恶等主观因素。不同的人对同一个事物或者状况可能持有不同的看法和态度,这就可能导致差异化的行为选择。在本章中,将出行者对现状交通拥堵所持有的态度作为对其出行方式选择的影响因素之一。

3) 第三部分

获取在假定情境下的居民出行方式选择意向,可选项包括开车付费、错时避费、绕路避费、转向公交出行以及转向自行车出行。

假设受访者的出行需求不会因拥堵收费的实施而消失,则其可能通过改变出发时间、出行路径以及转向其他交通工具出行的方式避免收费,或者维持原计划开车出行并支付拥堵费用。因此本章将上述几种方式统称为拥堵收费影响下的交通出行方式,具体包括开车付费、错时避费、绕路避费、转向公交出行以及转向自行车出行五种,这五种交通出行方式将分别对应于本章第四节建模分析中的五个方式选择肢。

4) 第四部分

获取受访者的社会经济属性数据,包括性别、年龄、职业、家庭收入水平、有无需要接送其上下学的孩子、有无自行车以及居住地和工作地分布等。

该部分对受访者的社会经济属性各个方面进行调查,所得数据将在本章第 4 节中作为社会经济属性特性变量引入模型,进而量化分析各种因素对居民出行方式选择的影响。

值得一提的是,本章考虑了"有无需要接送其上下学的孩子"这一因素对居民出行的影响。Wafaa Saleh(2005)研究了拥堵收费对工作出行的出发时间计划的影响,尤其是考虑了非工作相关因素的影响,研究结果表明家中有无需要接送其上下学的孩子、上班前的习惯性活动以及商店营业时间等非工作相关因素将对拥堵收费政策下的居民工作出行产生显著影响。因此,本章将家中有无需要接送其上下学的孩子作为考虑因素之一,有这类孩子的家庭通常需要负责其上下学的接送,并且时间与早晚高峰时段基本重合,因此这无形中构成了城市交通拥堵的又一个因素。

### 7.3.2 调查数据统计分析

根据以上的问卷调查设计,通过以北京市为背景进行调查,在调查基础上可对调查数据进行以下统计分析。

1) 居民社会经济属性统计分析

在数据分析时,借助 Excel 软件,可以得到各项数据的总体特征。把调查数据输入 Excel 软件,运用 Excel 软件的图表功能对调查数据进行处理,得到相应的数据分布图。

(1) 年龄、性别及职业

由图 7.3 可以看出,受调查者年龄分布呈现出集中分布态势,年龄分布主要集中在 21~50 岁之间,而 20 岁以下和 50 岁以上人群较少,这是由于本研究主要对开车人进行问卷调查,数据图表也可以看做是北京市驾车人年龄的大致分布图。受调查者性别呈现出女多男少的情形,其中男性 86 人,占 40%,女性 129 人,占 60%,但男性在无效数据中的比例较高,为近 80%,一定程度上反映了女性受访者更乐于认真参与调查(图 7.4)。受调查者的职业分布主要集中在企事业单位职员和私营企业主/个体经营者,分别占总人数的 66% 和 23%,另外公务员和待业/下岗/其他分别占总人数的 9% 和 2%(见图 7.5)。

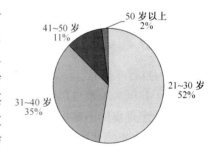

图 7.3 受调查者年龄分布图

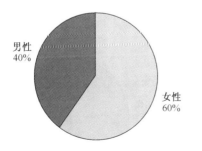

图 7.4 受调查者性别比例图

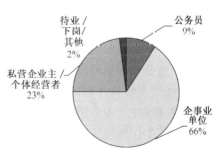

图 7.5 受调查者职业分布图

(2) 家庭收入

家庭收入数据主要反映了城市家庭的经济状况,经济状况相对好收入高的家庭对于拥堵收费的敏感性可能较小,当然这也与居民个人的消费观念、心理状态等多种因素有关;而对于经济状况一般的家庭来说,拥堵费也是一笔不小的开支,因此其出行选择所受到的影响将更为明显。

从调查得到的数据来看,家庭年收入处于 10 万以下的、10 万~15 万、15 万~20 万、20 万~30 万、30 万以上的分别占 15%、39%、33%、6%、7%(见图 7.6)。

(3) 家庭中是否拥有孩子

本调查中所指的孩子是指初中年龄段以下的上下学需要家长接送的小孩。由于计划生育国策,目前大多数中国城市家庭都只有一个孩子,独生子女们被看做是家庭的未来和希望,在家庭成员中孩子所受到的关注通常是最多的,家长们自愿承担起孩子上学和放学的接送任务(主要是幼儿园、小学和初中),也对城市交通造成了不小的压力。在北京二环范围内,也分布有多所幼儿园和中小学校。

本次调查中,拥有初中生年龄以下小孩的占 34%,没有孩子的占 66%(图 7.7)。

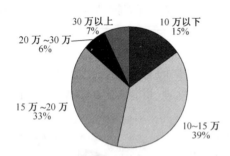 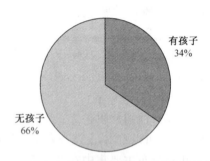

图 7.6 受调查者家庭年收入比例图　　图 7.7 受调查者有无需接送其上下学的孩子情况图

(4) 自行车拥有

由于我国大城市人口密度高,土地使用混合现象明显,自行车的使用一度非常普遍。但是随着城市规模的迅速扩张及小汽车快速进入家庭,自行车开始逐步远离人们的日常出行生活,加之 1990 年以后的相当长一段时间内许多城市对自行车的发展采取了限制政策[173],也导致自行车使用比例大幅度下滑。

研究中将是否拥有自行车将作为数据有效性检验的题目之一,因为拥有自行车是选择放弃开车而转向自行车出行的必要前提条件,若受访者在假定的拥堵收费条件下选择"放弃开车,转向自行车出行",却又选择了"家中没有自行车",则此为无效数据。调查数据显示,家中拥有自行车的占 76%,无自行车的占 24%。

(5) 居住地和工作地分布

居住地和工作地分布大致可以分为两种情况:①居住地或工作地在收费区域内;②居住地和工作地均在收费区域外。本章假定的拥堵收费政策将对居住地或工作地位于收费区域内部的小汽车出行者给予优惠收费,因此,居住地和工作地分布特征将对拥堵费用水平有所影响,是第四节建模分析中拥堵费用取值的主要依据。

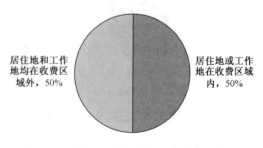

图 7.8 受调查者居住地和工作地分布图

从调查结果来看,两种分布各占 50%(图 7.8)。

2）现状居民出行特征统计分析

掌握居民出行的现状特征是研究其在拥堵收费下出行方式选择的前提，本章对小汽车出行者的出行目的、出行起讫点、出行费用补贴、百公里耗油量以及其对交通现状的看法等方面进行了调查。

（1）出行目的

出行目的分为通勤和非通勤。通勤出行是指上班、上学、公务以及回程出行，其出行时间具有时效性、准点性，是一种变化弹性较小的出行；非通勤出行是指购物、娱乐、访友等出行，其出行时间一般不固定，具有较高的变化弹性。

现状居民出行目的分布图如图7.9所示。上班、上学、回家、公务等通勤出行占61%，购物、娱乐、文体、访友等非通勤出行占39%。

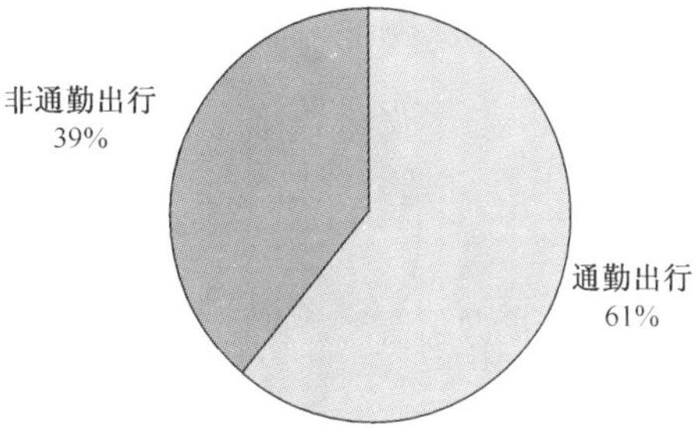

图7.9 受调查者出行目的比例图

（2）出行起讫点和出行距离

如前文调查对象分类中所述，受访者出行起讫点分布可分为三种情况：①出行起讫点均位于收费区域内部；②出行起讫点仅有一个位于收费区域内部；③出行起讫点均位于收费区域外部。调查数据显示，此三类分布所占比例分别为5%、64%和31%。

从出行距离来看，小汽车出行距离在5 km以内的仅占4%，这主要是由于自行车或步行等慢行交通方式在5 km内具有优势，居民可以方便地骑车或走路出行；5~25 km范围内的出行约占86%，为小汽车出行距离的高概率分布范围，并且在该出行距离范围内小汽车交通与公共汽（电）车和地铁存在竞争关系，因此城市交通结构的优化调整以及城市重点区域交通拥堵的缓解应当重点促进该范围内的小汽车出行向公共交通转移；另外，有10%左右出行距离在25~35 km范围内（图7.10）。

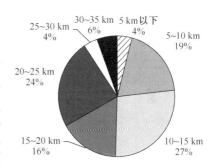

图7.10 受调查者出行距离分布图

（3）出行费用补贴

在我国，一些企事业单位的公务用车以及一些私营企业的员工福利可以大大减少居民出行的个人经济成本，有无交通补贴是居民做出出行方式选择的重要考虑因素之一。调查结果显示，有交通补贴的占12%，没有该补贴的占88%。

（4）百公里耗油量

百公里耗油量指汽车在道路上行驶时每百公里平均燃料消耗量，是汽车耗油量的一个衡量指标。实际的汽车耗油量会随着不同的路面状况、交通状况、驾驶人的驾驶习惯等诸多因素有关，因此不存在固定的百公里耗油量数值，只能通过调查询问车辆驾驶人的经验百公里耗油量数值。

调查数据显示，90%左右的车辆市区百公里耗油量在15 L以下，最低百公里耗油量为6 L左右（图7.11）。

(5) 出行者对交通现状的看法

调查结果显示,认为目前假定收费区域(二环内区域)交通十分通畅的占 1%,觉得偶尔会发生交通拥堵的占 15%,而认为该区域经常发生拥堵的占 84%,可见大多数出行者对北京二环内的交通现状并不满意(图 7.12)。

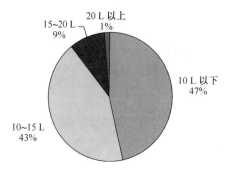

图 7.11  市区百公里耗油量调查统计图      图 7.12  受调查者对交通现状的看法

## 7.4 拥堵收费影响下的交通出行方式选择模型

依据受访者的出行目的以及出行起讫点特征,将调查对象分为了六个类别,但此分类方式主观性较强。本节欲利用调查所得数据探究分类变量对出行方式选择的影响显著性,进而证明此分类的合理性与客观性。

由于出行目的和出行起讫点特征两个因素的因素水平数目均较少,因此构建了一个虚拟的类别因素"class",取值水平为 1～6,分别对应六种分类,并利用 SPSS 软件的单因素方差分析功能探究因素"class"对出行方式选择的影响显著性,分析结果如表 7.2 所示。

表 7.2  拥堵收费条件下的出行方式选择在"class"因素上的方差分析结果表

| | 平方和 | 自由度 | 均方 | F 值 | P 值 |
|---|---|---|---|---|---|
| 组间 | 28.373 | 4 | 7.093 | 4.458 | .002 |
| 组内 | 334.111 | 210 | 1.591 | | |
| 总数 | 362.484 | 214 | | | |

由分析结果可知,所得 F 统计量为 4.458,对应的概率 P 值为 0.002<0.05,因此可以认为类别因素"class"对出行方式选择结果产生了显著影响。也就是说,不同类别受访者的出行方式选择结果具有显著差异,因此本章的数据分类方式在统计意义上是合理的。

下面将根据调查所得数据,分别针对各类对象人群的出行方式选择进行统计分析。

➤ 内内-通勤类出行者在拥堵收费下的出行方式选择

出行起讫点均在收费区域内部,出行目的为通勤出行。实际调查中共获取该类数据 11 组,约占有效数据总数的 5%,从出行选择结果来看,实施拥堵收费政策后 91% 的受调查者选择"仍然开车,不必付费"的出行方案,另有 1 人选择"转向公交出行"。这是由于本章假定的拥堵收费政策不会对完全在收费区域内部的出行收费,即政策实施不会对此类出行造成影响(图7.13)。

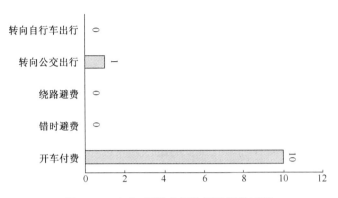

图 7.13 内内-通勤出行选择结果统计图

➢ 内外-通勤类出行者在拥堵收费下的出行方式选择

出行起讫点仅有一个在收费区域内部,出行目的为通勤出行。实际调查中共获取该类数据70组,约占有效数据总数的33%。从出行选择结果来看,实施拥堵收费政策后仅有约34%的受调查者仍然选择"开车付费",其他66%的受调查者均转向了其他方式出行,其中选择"转向公交出行"的比例最高为37%。可以看出,由于该类出行的起讫点的特殊性,出行者通勤势必进入收费区域,拥堵收费将对其造成一定的影响,并且无法通过驾车绕路出行方式避免缴费(图7.14)。

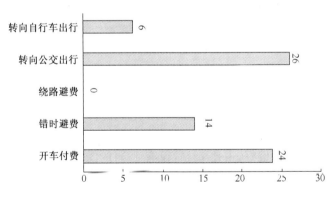

图 7.14 内外-通勤出行选择结果统计图

➢ 外外-通勤类出行者在拥堵收费下的出行方式选择

出行起讫点均在收费区域之外,出行目的为通勤出行。实际调查中共获取该类数据50组,约占有效数据总数的23%。从出行选择结果来看,实施拥堵收费政策后"开车付费"和"绕路避费"各占三分之一,而选择"错时避费"和"转向公交出行"的比例较低,这说明在拥堵收费条件下,小汽车出行者更愿意绕行收费区域外部道路避免收费。另外调查数据显示,外外-通勤类出行距离普遍较长,超过自行车出行较佳距离范围,故"转向自行车出行"无人选择(图7.15)。

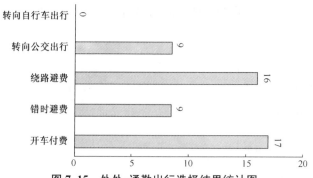

图 7.15　外外-通勤出行选择结果统计图

➢ 内外-非通勤类出行者在拥堵收费下的出行方式选择

出行起讫点仅有一个位于收费区域内部,出行目的为非通勤出行。实际调查中共获取内外-非通勤类数据 68 组,约占有效数据总数的 32%。从出行选择结果来看,实施拥堵收费政策后 80% 以上的小汽车出行者愿意采用"错时避费"或"转向公交出行",体现出非通勤出行在出行时间上的较大灵活性。同时,在该类出行者中仍然坚持开车并支付拥堵费的仅占 12%,表明拥堵收费的实施将对此类小汽车出行具有较大的抑制作用(图 7.16)。

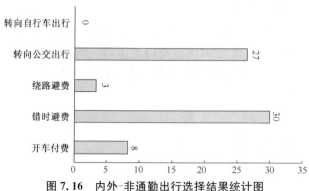

图 7.16　内外-非通勤出行选择结果统计图

➢ 外外-非通勤类出行者在拥堵收费下的出行方式选择

出行起讫点均在收费区域外部,出行目的为非通勤出行。在实际调查中共获取外外-非通勤类数据 16 组,约占有效数据总数的 7%。可以看出,在假定的拥堵收费下该类出行者对于"错时避费"具有明显的偏好,占比 75%,仅有 13% 的受访者坚持原计划开车出行并支付拥堵费用(图 7.17)。

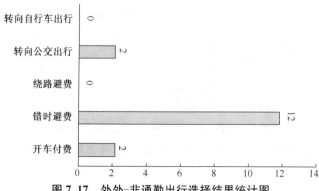

图 7.17　外外-非通勤出行选择结果统计图

## 7.4.1 交通出行方式选择行为 MNL 模型的研究框架

通过居民出行 SP 调查,获取了在假定的拥堵收费政策下以出行者个体为单位的出行方式选择结果,同时也获取了受访者的社会经济属性和出行特征数据。针对调查数据特征,本章选取了应用较为成熟的非集计多项 Logit(MNL)模型进行数据建模分析。MNL 模型以随机效用理论为基础[174],以效用函数的概率项服从正态分布为假设,尤其适用于以受访者个体为数据单元的多选择肢建模分析。

本节首先介绍 MNL 模型的建立方法,然后提出本章的建模假设、特性变量选择和效用函数定义,并针对前文中所提出的各类重点研究对象进行数据建模,在此基础上分析模型并提出拥堵收费政策下的出行方式选择关键因子,最后提出基于 MNL 模型的出行方式选择宏微观预测方法。

1) 非集计多项 Logit(MNL)模型的建立方法

(1) 特性变量和选择肢的确定

MNL 模型中的特性变量和选择肢的确定应依据研究目的而定。一般的,对于研究居民的出行方式选择,特性变量应包括受访者社会经济属性变量以及各出行方式属性变量,具体的变量赋值应根据数据调查结果或相关研究成果等确定;选择肢是指受访者在自身社会经济属性以及相关出行方式属性等因素的共同作用下,可能选择的各种出行方式,其确定应当和研究目的和意义紧密相关,并尽量全面反映出行决策者可能的出行方式可选项。

(2) 效用函数定义

MNL 模型中的各选择肢都将相应地被定义一个效用函数式,形式为上述特性变量或特性变量函数形式的线性组合。同时效用函数的正确定义也是后面应用建模软件进行模型创建和应用的重要前提。

目前,大多数 Logit 模型计算软件采用最大似然法进行模型参数估计,若效用函数形式设置有误,则无法计算出合理的唯一解,因此,在各选择肢效用函数定义中还应避免以下几类问题[175]:

① 效用函数常量设置过多

在 MNL 模型中引入的常量可以表示研究中未考虑到的因素影响,但设置的常量数目过多会导致软件计算结果出错或终止计算。具体说来,模型中的常量数目不应超过选择肢数目减 1,否则就不可能有唯一的参数解集满足样本似然值最大。

② 无意义的重复引入变量

MNL 模型是以随机效用理论为基础的数据建模方法,其通过对各选择肢效用大小的比较来影响选择概率值。若任意两个选择肢的效用函数中包含相同形式的同一变量,例如均包含"年龄"变量的一次函数形式,则两式相减后"年龄"因素相互抵消为零,即该变量对于方式选择概率值没有任何影响,属于无意义的重复引入变量。因此,应当采用单次引入或变换不同形式引入变量的方式避免此类问题的出现。

③ 引入完全相关变量

完全相关性是指效用函数中一个或多个变量恰恰是其他几个变量的线性组合。例如,假设 $AT$、$IT$ 和 $OT$ 分别表示全部出行时间、车内出行时间和车外出行时间,MNL 模型的效用函数设定如下:

$$V = \theta_1 \cdot AT + \theta_2 \cdot IT + \theta_3 \cdot OT \tag{7.10}$$

则完全相关性存在,因为 $AT$ 恰恰是 $IT$ 和 $OT$ 的线性组合,即 $AT=IT+OT$。重写效用函数式可得如下结果:

$$\begin{aligned} V &= \theta_1 \cdot (IT+OT) + \theta_2 \cdot IT + \theta_3 \cdot OT \\ &= (\theta_1 + \theta_2) \cdot IT + (\theta_1 + \theta_3) \cdot OT \end{aligned} \tag{7.11}$$

上式表明选择预测仅依赖 $\theta_1+\theta_2$ 和 $\theta_1+\theta_3$ 的值,但是有无穷多种 $\theta_1$、$\theta_2$、$\theta_3$ 的组合满足相同的 $\theta_1+\theta_2$ 和 $\theta_1+\theta_3$ 的值,因此不可能找到唯一参数满足样本似然值最大。

(3) 模型参数标定

本章对参数的估计是通过 TransCAD 软件实现的。利用 TransCAD 中的离散选择模型进行交通方式划分,一般按照数据准备—MNL 模型表的创建和填充—标定模型的流程进行[175],其中建立 MNL 模型表是利用模型进行交通方式划分的关键环节。

① 数据准备

一般的,应先利用 Excel 表格存储建模基础数据,并将各类建模对象数据存储于不同表格中,每类数据表中应有的数据信息包括受访者个人 ID、各类特性变量值以及所选出行方式代号或名称等,数据表中的每一行代表一个受访者。然后将各分类表格数据依次导入 TransCAD 软件中,并对 Dataview 中的数据格式进行必要的修改设置。

② MNL 模型表的创建和填充

点击主菜单中的 Planning—选择 Specify a Multinomial Logit Model 命令—打开 Creat MNL Table 对话框—创建选择肢名称和特性变量名称,即完成了 MNL 模型表的创建工作。接下来,按照各选择肢的效用函数形式,将数据表格中的各列填入 MNL 模型表,即将数据表与模型表联系起来。

③ MNL 模型的标定

点击主菜单中的 Planning—选择 Multinomial Logit Estimation 命令—设置选项—完成标定。

(4) 模型精度检验

TransCAD 提供的建模结果包括各选择肢效用函数的参数值、t 检验值、标准差、$L(0)$(全部 $\theta$ 值为 0 的似然值)、$L(\hat{\theta})$(最大似然值)。在对模型的参数估计完成后,还需检验参数的有效性及模型的精度,主要是通过 t 检验、似然率检验以及优度比 $\rho^2$ 检验实现。

① 决定是否保留单个变量——t 检验

t 检验值用来确定单个变量在描述或解释观测值时是否显著,因此利用 t 检验可以决定一个变量应该被保留或被剔除。通常,当单个变量 t 检验值的绝对值较大时,其对因变量更具有解释能力,应当考虑保留,否则可以从模型中剔除。并不存在唯一的 t 检验值分界线来区分变量去留与否,但有经验表明,若对应 t 检验值的绝对值大于 1,则此变量应当保留[175]。

此外,在一次模型标定结果中,可能存在多个变量 t 检验值均较小,此时还应进行似然率检验,检验这一组变量对模型精度的贡献程度。

② 决定是否保留一组变量——似然率检验

MNL 模型参数估计结果中包括最大似然值 $L(\hat{\theta})$,一组变量对选择概率影响越显著则

其对 $L(\hat{\theta})$ 的变动贡献也就越大,因此通过观察变量筛选过程中的 $L(\hat{\theta})$ 变化情况,就可以决定某一组变量是否可以从模型中剔除,这个过程称为似然率检验[175]。

似然率检验按以下步骤进行:
a) 对包括所有变量的模型进行估计,$L(\hat{\theta})_1$ 表示其最大似然值;
b) 剔除 t 检验值较小的一组变量,重新估计模型,令 $L(\hat{\theta})_2$ 表示最大似然值;
c) 计算 $LR = 2[L(\hat{\theta})_1 - L(\hat{\theta})_2]$,$LR$ 称为似然率检验统计量,一般为正值;
d) 假如 $LR$ 超过临界值 $CV$,则被检验的这组变量应该保留在模型中,尽管它们的 t 检验值绝对值均小于 1,否则可以将这些变量从模型中剔除(表 7.3)。

表 7.3 似然率检验统计量的临界值表

| 检验变量数 | 临界值 |
|---|---|
| 2 | 2.408 |
| 3 | 3.665 |
| 4 | 4.878 |
| 5 | 6.064 |

③ 模型精度检验——优度比

$\rho^2$ 称为优度比或者似然比,可以利用下式计算优度比 $\rho^2$:

$$\rho^2 = 1 - L(\hat{\theta})/L(0) \tag{7.12}$$

$\rho^2$ 的值介于 0 与 1 之间,其值越接近 1,表示模型的精度越高。一般的,当 $\rho^2$ 的值在 0.2~0.4 之间时,就可以认为吻合度或模型精度相当高了。

2) 拥堵收费影响下的交通出行方式选择模型假设

在对 MNL 模型建模方法进行介绍的基础上,本章将利用北京市拥堵收费意向调查所得数据建立 MNL 模型,进而量化研究拥堵收费政策对居民出行方式选择的影响。在此之前,提出拥堵收费影响下的交通出行方式选择模型假设:

① 出行者是交通行为意志决定的最基本单位。即出行者是决定何时出行、用何种方式出行、选择哪条出行路线等决策的最小单位;

② 出行者的出行方式选择是理性的。即某种出行方式的效用函数值越大,被选中的可能性也就越大,并且各种出行方式的效用因该方式所具有的属性(交通方式的费用、时耗等)因素而异;

③ 出行者对各种可能的出行方式属性具有一定了解;

④ 效用函数是可以量化的各因素的线性组合;

⑤ 影响出行者选择行为的随机因素服从均值为 0、独立同分布的 Gumbel 分布。

3) 特性变量选择和效用函数定义

(1) 特性变量选择和变量赋值方法

本章选取的 MNL 模型特性变量可以分为出行者社会经济属性以及出行方式属性两类。其中,出行者社会经济属性特性变量包括年龄、性别、职业、家庭年收入、对目前交通现状的看法、是否有需要接送其上下学的孩子以及是否有交通补贴等。出行方式属性特性变量,按照小汽车、公共交通以及自行车三种方式设定,具体的特性变量选取如表 7.4 所示。

表 7.4 特性变量选取一览表

| 类别 | 特性变量 | |
|---|---|---|
| 出行者社会经济属性 | 年龄、性别、职业、家庭年收入、对目前交通现状的看法、是否有需要接送其上下学的孩子以及是否有交通补贴 | |
| 出行方式属性 | 小汽车 | 小汽车出行距离、拥堵费、燃油费、停车费 |
| | 公交/地铁 | 步行距离、全程时间、换乘次数、票价 |
| | 自行车 | 自行车出行距离 |

按照数据处理和录入软件的特征,可将上表中特性变量分为两类,名义变量和度量变量。

名义变量是指不易于直接利用调查结果进行数据录入的变量,在数据处理中应对其进行量化表示,即将其赋予名义代号,主要包括出行者本身属性特性变量。例如:对于性别变量,"男"赋值为1,"女"赋值为2。具体的赋值方法见表 7.5。

表 7.5 名义变量赋值对照表

| 变量名称 | 变量赋值 |
|---|---|
| 年龄 | 20 岁以下为 1,21~30 岁为 2,31~40 岁为 3,41~50 岁为 4,50 岁以上为 5 |
| 性别 | 男为 1,女为 2 |
| 职业 | 公务员为 1,企事业单位职员为 2,私营企业主或个体经营者为 3,待业/下岗/其他为 4 |
| 家庭年收入 | 10 万以下为 1,10 万~15 万为 2,15 万~20 万为 3,20 万~30 万为 4,30 万以上为 5 |
| 对目前交通现状的看法 | 十分通畅为 1,偶尔会交通拥堵为 2,经常会交通拥堵为 3 |
| 是否有孩子 | 有为 1,无为 2 |
| 是否有交通补贴 | 有为 1,无为 2 |

度量变量是指可以直接利用调查所得数据进行数据录入的变量,包括所有的出行方式属性相关变量。需要说明的是,在实际调查中不可能对受访者询问每一种可能出行方式的相关属性值,因此需要根据其所填写的出行起讫点并借助"互联网地图服务"对每种可能的出行方式进行查询,进而取得相应的变量数据。

截至 2010 年 9 月 7 日,国家测绘局共审核批准包括百度互联网公司在内的 31 家单位为互联网地图服务甲级测绘资质单位,网络用户可以通过"百度地图"应用方便地获取地图查询、地理信息标注等服务。因此本章认为该应用提供的数据具有一定的方便性和客观性。具体的,在给定出行起讫点的情况下,利用"百度地图"可以查询到以下数据:小汽车出行距离(按"较为便捷"计算);公交方式步行距离、全程时间、换乘次数;自行车出行距离(按"最短距离"计算)。

其他度量变量的取值方式如下:

① 拥堵费:按照问卷调查设计方案取值,居住地或工作地在收费区域内的小汽车出行者取 2 元/天,其他为 5 元/天;

② 燃油费:随着燃油价格的不断攀升,汽车燃油费一直受到小汽车驾驶群体的高度关

注,因此,燃油费为本章要考虑的重要变量之一。

$$小汽车燃油费 = \frac{百公里耗油量 \times 燃油单价 \times 小汽车出行距离}{100} \quad (7.13)$$

式中:燃油单价——指每升汽油价格,按 2013 年 3 月北京地区 92# 汽油价格 8.05 元/L 取值;

小汽车出行距离——采用"百度地图"中查询获取的数据值,单位为 km;

百公里耗油量——指汽车在道路上行驶时每百公里平均燃料消耗量,单位为 $L/10^2$ km。一部汽车的实际油耗往往与随车说明书上提供的经济车速、等速油耗数据相去甚远。实际油耗不但与设计、制造等结构因素密切相关,还与道路交通状况、气候条件、车辆装载状况以及驾驶员的驾驶习惯等因素有很大关系[176]。因此,此处采用调查问卷获取的百公里耗油量数据。

③ 停车费:根据北京市现行停车收费标准,可将北京市停车场按照管理主体的不同分为两类,一类为实行政府定价或政府指导价管理的停车场,该类停车场收费标准较为统一;另一类为实行市场调节价管理的停车场,其收费标准随市场变化而波动,故无统一标准。根据第一类停车场的现行标准,白天(7:00~21:00)北京市非居住区公共停车场收费标准如表 7.6 所示。

表 7.6 白天北京市非居住区公共停车场收费标准

| | 占道 | | 路外露天 | 非露天 |
| --- | --- | --- | --- | --- |
| | 首小时内 | 首小时外 | | |
| 一类地区 | 2.5 元/15 min | 3.75 元/15 min | 2 元/15 min | 不高于 1.5 元/15 min |
| 二类地区 | 1.5 元/15 min | 2.25 元/15 min | 1.25 元/15 min | 不高于 1.25 元/15 min |
| 三类地区 | 0.5 元/15 min | 0.75 元/15 min | 0.5 元/15 min | 不高于 0.5 元/15 min |

注:一类地区是指三环路(含)以内区域及中央商务区、燕莎地区、中关村西区、翠微商业区等重点区域;二类地区是指五环路(含)以内除一类地区以外的其他区域;三类地区为五环路以外区域。

另外有调查显示,目前北京市小汽车主在三环内停车场缴费额与每小时停车费率和停车时长直接相关[177]。统计数据显示,三环内通勤与非通勤小汽车出行的每小时停车费第 75 位(有 75%的数据小于此值)数值为 10 元/h,此数值与北京市现行收费标准较为一致;通勤出行小汽车停车时长分布呈现出 8~9 h 及 3~4 h 两个高峰,非通勤出行小汽车停车时长在 2~3 h 范围内的概率约为 66%。

综上,本章中采用的每小时停车费为一类地区 10 元/h,二类地区 6 元/h,三类地区 2 元/h,通勤出行停车时长 8 h,非通勤出行停车时长 2.5 h,停车费即为每小时停车费与停车时长之积。在数据处理中,以出行终点为默认的停车地点。

④ 公交票价:自 2007 年 1 月 1 日起,北京实行地面公交全线 1 元起步,刷卡四折、学生票两折,同年 10 月 7 日地铁实行单一票价 2 元。本章中,考虑的公共交通出行方式包括地铁和地面公交,设定地面公交票价为 0.4 元/人次,地铁为 2 元/人次,一次出行总的公交费用为全程各公交方式费用之和。例如,出行者一次出行中需要乘坐地面公交 1 路,换乘地

铁,再换乘地面公交 2 路才能到达目的地,则其公交费用应为 0.4+2+0.4=2.8 元。

(2) 效用函数定义

本章共设置了五个选择肢,包括 A(仍然开车进入收费区域,并支付拥堵费)、B(开车,选择其他非高峰时段出行,避免征收拥堵费)、C(开车,绕过收费区域出行,避免征收拥堵费)、D(不开车,选择公交或地铁出行)、E(不开车,选择自行车出行),各选择肢的效用函数定义形式如表 7.7 所示。

表 7.7 各选择肢效用函数对照表

| 选择肢 | 效用函数形式 |
| --- | --- |
| A | $V_{1n} = \theta_1 + \theta_2 \cdot age + \theta_3 \cdot gender + \theta_4 \cdot career + \theta_5 \cdot income + \theta_6 \cdot child + \theta_7 \cdot subsidy + \theta_8 \cdot feel + \theta_9 \cdot cardistance + \theta_{10} \cdot congestionfare + \theta_{11} \cdot fuelcost + \theta_{12} \cdot parkfare$ |
| B | $V_{2n} = \theta_{13} + \theta_{14} \cdot \ln(cardistance) + \theta_{15} \cdot \ln(fuelcost) + \theta_{16} \cdot \ln(parkfare)$ |
| C | $V_{3n} = \theta_{17} + \theta_{18} \cdot cardistance^{0.5} + \theta_{19} \cdot fuelcost^{0.5} + \theta_{20} \cdot parkfare^{0.5}$ |
| D | $V_{4n} = \theta_{21} + \theta_{22} \cdot walkdistance + \theta_{23} \cdot alltime + \theta_{24} \cdot transfer + \theta_{25} \cdot busfare$ |
| E | $V_{5n} = \theta_{26} \cdot bikedistance$ |

式中:$V_{1n}$,$V_{2n}$,$V_{3n}$,$V_{4n}$,$V_{5n}$——五种出行方式的效用函数;

$\theta$——效用函数参数;

age——年龄,对于五个年龄区间分别赋予 1、2、3、4、5 作为对应名义变量值;

gender——性别,"男"赋值为 1,"女"赋值为 2;

career——职业,对于四种职业选择分别赋予 1、2、3、4 作为名义变量值;

income——家庭年收入,对于五种收入范围分别赋予 1、2、3、4、5 作为名义变量值;

child——是否有需要接送其上下学的孩子,"有"赋值为 1,"无"赋值为 2;

subsidy——是否有交通补贴,"有"赋值为 1,"无"赋值为 2;

feel——对目前交通现状的看法,"十分通畅"赋值为 1,"偶尔会交通拥堵"赋值为 2,"经常会交通拥堵"赋值为 3;

congestionfare——交通拥堵费,元;

parkfare——小汽车停车费,元;

cardistance——小汽车出行距离,km;

fuelcost——小汽车燃油费,元;

walkdistance——公交出行方式的步行距离,m;

alltime——公交出行方式的全程时间,min。

## 7.4.2 拥堵收费影响下的交通出行方式选择模型

依据出行目的和出行起讫点特征两个属性,将调查对象分为了六个类别,并选定其中四个类别为重点研究对象。利用北京市拥堵收费意向调查数据对四类重点研究对象人群的出行方式选择行为进行建模分析。另外,由于外外-非通勤类别数据量较小,且未达到建模所需数据量,故不对其建模。具体的建模对象分类如表 7.8 所示。

表 7.8 采集所得各类数据情况及建模对象分类一览表

| | 采集数据量(组) | 各选择项占比(%) | | | | | 是否建模 |
|---|---|---|---|---|---|---|---|
| | | 开车付费 | 错时避费 | 绕路避费 | 转向公交出行 | 转向自行车出行 | |
| 内内-通勤 | 11 | 91 | 0 | 0 | 9 | 0 | 不建模 |
| 内外-通勤 | 70 | 34 | 20 | 0 | 37 | 9 | 建模 |
| 外外-通勤 | 50 | 34 | 17 | 32 | 17 | 0 | 建模 |
| 内内-非通勤 | 0 | 0 | 0 | 0 | 0 | 0 | 不建模 |
| 内外-非通勤 | 68 | 12 | 44 | 5 | 39 | 0 | 建模 |
| 外外-非通勤 | 16 | 13 | 74 | 0 | 13 | 0 | 不建模 |
| 合计 | 215 | 28 | 30 | 9 | 30 | 3 | |

分别对内外-通勤、外外-通勤以及内外-非通勤三类重点研究对象进行建模和关键因子分析。

1) 内外-通勤类模型建立和关键因子分析

(1) 内外-通勤类模型

内外-通勤类模型是指,在拥堵收费影响下,出行起讫点仅有一个在收费区域内部的出行者进行通勤出行时的出行方式选择模型。该类有效样本数为 70 个,各选择肢被选占比如表 7.9 所示。

表 7.9 内外-通勤类各选择肢被选占比表　　　　　　　　　　（单位:%）

| 开车付费 | 错时避费 | 绕路避费 | 转向公交出行 | 转向自行车出行 |
|---|---|---|---|---|
| 34 | 20 | 0 | 37 | 9 |

首次建模采用了先前设计的效用函数形式,即各个变量均采用一次函数形式,但建模结果出现错误,并提示变量 congestionfare 与其他变量存在共线性,无法输出计算结果。因此,应考虑变换变量形式,构建小汽车费用因子 carfare,并利用该因子继续进行建模计算,该因子的具体表达式如下:

$$\text{carfare} = \text{subsidy}^2 \cdot (\text{congestionfare} + \text{fuelcost} + \text{parkfare}) \tag{7.14}$$

该类出行方式选择模型构建共经历了五次试算,从最终的计算结果表来看,常量 1、常量 2、常量 4、年龄、性别、家庭年收入、对交通现状的看法、小汽车费用因子、ln(cardistance)、ln(fuelcost)以及公交方式步行距离的 t 检验值的绝对值均在 1 以上,对模型具有显著影响。另外,经过似然率检验发现,常量 3、公交方式全程时间、车票费、公交换乘次数和自行车方式出行距离也对模型精度有显著影响。

通过比对实际调查到的受访者出行方式选择结果与模型计算所得结果,可以得出模型的命中率,经计算,本模型的命中率为 65.7%。

模型的拟合优度比 $\rho^2 = 0.483$($\rho^2$ 值越高表明模型精度越好,实践中认为该值达到 0.2~0.4 时模型精度已经相当高了)。

由模型的命中率和拟合优度比可以看出,该模型能较好地反映各变量对于内外-通勤类出行者在拥堵收费条件下的出行方式选择的影响,也可以较好地模拟内外-通勤类出行者在拥堵收费条件下的出行方式选择行为,且模型精度较高,因此,将该模型作为内外-通勤类出行者在拥堵收费影响下的出行方式选择模型(表7.10)。

表7.10 拥堵收费政策影响下的内外-通勤模型结果表

| 变量代号 | $\theta_1$ | $\theta_2$ | $\theta_3$ | $\theta_4$ | age | gender | income |
|---|---|---|---|---|---|---|---|
| t检验值 | 1.979 373 | 1.008 883 | −0.167 710 | 1.640 164 | 1.430 913 | −2.080 350 | 2.291 421 |
| 变量代号 | feel | carfare | ln(cardistance) | ln(fuelcost) | alltime | busfare | transfer |
| t检验值 | −2.328 840 | −2.197 880 | −2.013 270 | 2.084 837 | −0.615 600 | −0.909 690 | 0.036 495 |
| 变量代号 | walkdistance | bikedistance | | | | | |
| t检验值 | −1.016 540 | −0.860 900 | | | | | |
| $L(0)$ | −65.986 95 | 最大似然值 | −34.104 455 | 似然率检验统计量 | −1.764 95 | $\rho^2$值 | 0.483 |
| 开车付费 | $V_{1n} = 9.119\ 5 + 1.185\ 303 \cdot \text{age} - 2.993\ 04 \cdot \text{geder} + 1.710\ 0\ 18 \cdot \text{income} - 0.011\ 92 \cdot \text{subsidy}^2 \cdot (\text{congestionfare} + \text{fuelcost} + \text{parkfare}) - 3.137\ 2 \cdot \text{feel}$ | | | | | | |
| 错时避费 | $V_{2n} = 2.497\ 708 + 4.988\ 62 \cdot \ln(\text{cardistance}) + 4.258\ 943 \cdot \ln(\text{fuelcost})$ | | | | | | |
| 绕路避费 | $V_{3n} = -11.140\ 5$ | | | | | | |
| 转向公交出行 | $V_{4n} = 2.415\ 425 - 0.014\ 53 \cdot \text{alltime} + 0.023\ 37 \cdot \text{transfer} - 0.338\ 5 \cdot \text{busfare} - 0.001\ 33 \cdot \text{walkdistance}$ | | | | | | |
| 转向自行车出行 | $V_{5n} = -0.089\ 9 \cdot \text{bikedistance}$ | | | | | | |

注:$L(0)$为全部$\theta$值为零的似然值。

(2) 基于内外-通勤类模型的关键因子分析

非集计Logit模型认为出行者在出行方式选择时追求"效用(Utility)"的最大化[175],即效用值越高的出行方式被选择的概率也就越大。因此,在模型各选择肢的效用函数中对效用值影响最大的因素即为关键因子。可以利用模型中各变量的标定系数以及其取值范围(由调查数据获得)来确定各变量对选择肢效用值的影响范围和程度量级,影响程度量级较大的变量即为影响出行者出行方式选择的关键因子(表7.11)。

表7.11 内外-通勤类模型变量对选择肢效用值的影响程度表

| 选择肢 | 变量代号 | 标定系数 | 变量取值范围 | 效用值影响范围 |
|---|---|---|---|---|
| 开车付费 | $\theta_1$ | 9.119 5 | 1 | 9.119 5 |
| | age | 1.185 3 | 1~5 | 1.185 3~5.926 5 |
| | gender | −2.993 0 | 1~2 | −2.993~−5.986 |
| | income | 1.710 0 | 1~5 | 1.71~8.55 |
| | feel | −3.137 2 | 1~3 | −3.137 2~−9.411 6 |
| | carfare | −0.011 9 | 90~475 | −1.071~−5.652 5 |

续表 7.11

| 选择肢 | 变量代号 | 标定系数 | 变量取值范围 | 效用值影响范围 |
|---|---|---|---|---|
| 错时避费 | $\theta_2$ | 2.497 7 | 1 | 2.497 7 |
| | ln(cardistance) | −4.988 6 | 1~3.5 | −4.988 6~−17.460 1 |
| | ln(fuelcost) | 4.258 9 | 0.7~3.6 | 2.981 2~15.332 0 |
| 绕路避费 | $\theta_3$ | −11.140 5 | 1 | −11.14 |
| 转向公交出行 | $\theta_4$ | 2.415 4 | 1 | 2.415 4 |
| | alltime | −0.014 5 | 10~120 | −0.145~−1.74 |
| | transfer | 0.023 4 | 0~3 | 0~0.070 2 |
| | busfare | −0.338 5 | 0.4~3.2 | −0.135 4~−1.083 2 |
| | walkdistance | −0.001 3 | 0~1 550 | 0~−2.015 |
| 转向自行车出行 | bikedistance | −0.089 9 | 3~28 | −0.269 7~−2.517 2 |

首先,从模型各变量对效用值影响变化范围大小来看,开车付费与错时避费两个选择肢所对应的相关变量对效用值影响变化范围较大,而绕路避费、转向公交出行以及转向自行车出行三个选择肢所对应的相关变量对效用值影响变化范围较小。例如:变量 income 对效用值影响变化范围为 8.55−1.71=6.84,而变量 alltime 对效用值影响变化范围为 −1.74−(−0.145)=−1.595。这表明,仅通过改变绕路避费、转向公交出行以及转向自行车出行的相关变量值,不能对效用值产生较大作用,进而也不能对出行方式选择概率产生较大影响,即这些相关变量并不是内外-通勤类模型的关键因子。

其次,在开车付费所对应的 6 个变量当中,income 和 feel 对效用值影响的变化范围最大,且其对效用值的影响最大绝对值(income 对应的影响最大绝对值为 8.55,feel 对应的影响最大绝对值为 9.411 6)较大。因此,income 和 feel 为该模型的关键因子,其中家庭年收入(income)越大,则出行者选择开车付费的可能性越大,而对交通现状看法(feel)越糟糕,则出行者放弃开车付费转向其他出行方式的可能性越大。

再次,在错时避费所对应的 3 个变量当中,ln(cardistance)和 ln(fuelcost)对效用值影响的变化范围最大,且其对效用值的影响最大绝对值(ln(cardistance)对应的影响最大绝对值为 17.460 1,ln(fuelcost)对应的影响最大绝对值为 15.332 0)较大。但是,通常小汽车出行距离越长,则其车辆燃油费则越高,两个因素存在相互抵消作用,因此,并不能断定 ln(cardistance)和 ln(fuelcost)为该模型的关键因子。

综上所述,出行者的家庭收入和其对交通现状的看法为内外-通勤类模型的关键因子,其中家庭年收入越高,则出行者选择开车付费的可能性越大,而对交通现状看法越糟糕,则出行者放弃开车付费转向其他出行方式的可能性越大。

2) 外外-通勤类模型建立和关键因子分析

(1) 外外-通勤类模型

外外-通勤类模型是指,在拥堵收费影响下,出行起讫点均在收费区域之外的出行者进行通勤出行时的出行方式选择模型。该类有效样本数为 50 个,各选择肢被选占比如表 7.12 所示。

表 7.12　外外-通勤类各选择肢被选占比表　　　　（单位：%）

| 开车付费 | 错时避费 | 绕路避费 | 转向公交出行 | 转向自行车出行 |
| --- | --- | --- | --- | --- |
| 34 | 17 | 32 | 17 | 0 |

首次建模仍然采用了先前设计的效用函数形式,即各个变量均采用一次函数形式,但建模结果出现错误,并提示变量 congestionfare 与其他变量存在共线性,无法输出计算结果。因此,应考虑变换变量形式,利用内外-通勤类模型中构建的小汽车费用因子 carfare 进行建模计算。

该类出行方式选择模型构建共经历了六次试算,从最终的计算结果表来看,家庭年收入、职业、有无需要接送其上下学的孩子、cardistance$^{0.5}$、fuelcost$^{0.5}$、公交方式换乘次数、公交车票费以及公交方式步行距离的 t 检验值的绝对值均在 1 以上,对模型具有显著影响。另外,经过似然率检验发现,常量 1、常量 2、常量 3 和常量 4 也对模型精度有显著影响。模型中小汽车费用因子的 t 检验值的绝对值小于 1,但考虑到其中包含本章中的重要考虑因素拥堵费用,故将其引入模型。

经计算,本模型的命中率为 56%,模型的拟合优度比 $\rho^2 = 0.485$,表明模型的精度很高。

由模型的命中率和拟合优度比可以看出,该模型能较好地反映各变量对于外外-通勤类出行者在拥堵收费条件下的出行方式选择的影响,也可以较好地模拟外外-通勤类出行者在拥堵收费条件下的出行方式选择行为,且模型精度较高,因此,将该模型作为外外-通勤类出行者在拥堵收费影响下的出行方式选择模型(表 7.13)。

表 7.13　拥堵收费政策影响下的外外-通勤模型结果表

| 变量代号 | $\theta_1$ | $\theta_2$ | $\theta_3$ | $\theta_4$ | income | career | child |
| --- | --- | --- | --- | --- | --- | --- | --- |
| t 检验值 | 0.221 356 | 0.119 915 | 0.126 345 | 0.210 517 | 1.187 431 | −1.177 310 | −3.434 200 |
| 变量代号 | carfare | cardistance$^{0.5}$ | fuelcost$^{0.5}$ | transfer | busfare | walkdistance | |
| t 检验值 | −0.588 330 | 1.236 870 | −1.523 860 | −1.755 980 | −1.568 220 | −1.701 270 | |
| L(0) | −56.330 327 | 最大似然值 | −28.995 361 | 似然率检验统计量 | 1.069 69 | $\rho^2$ 值 | 0.485 |
| 开车付费 | \multicolumn{7}{l}{$V_{1n} = 19.931\ 17 + 0.872\ 43 \cdot income - 0.871\ 77 \cdot career - 5.038\ 2 \cdot child - 0.003\ 4 \cdot subsidy^2 \cdot (congestionfare + fuelcost + parkfare)$} |
| 错时避费 | \multicolumn{7}{l}{$V_{2n} = 10.791\ 5$} |
| 绕路避费 | \multicolumn{7}{l}{$V_{3n} = 11.373\ 43 + 1.196\ 186 \cdot cardistance^{0.5} - 1.267\ 03 \cdot fuelcost^{0.5}$} |
| 转向公交出行 | \multicolumn{7}{l}{$V_{4n} = 18.955\ 68 - 1.808\ 85 \cdot transfer - 1.744\ 26 \cdot busfare - 0.003\ 83 \cdot walkdistance$} |
| 转向自行车出行 | \multicolumn{7}{l}{$V_{5n} = 0$} |

注：L(0)为全部 θ 值为零的似然值。

(2) 基于外外-通勤类模型的关键因子分析

外外-通勤类模型变量对各选择肢效用值的影响程度见表 7.14。

表7.14 外外-通勤类模型变量对选择肢效用值的影响程度表

| 选择肢 | 变量代号 | 标定系数 | 变量取值范围 | 效用值影响范围 |
|---|---|---|---|---|
| 开车付费 | $\theta_1$ | 19.9312 | 1 | 19.9312 |
|  | income | 0.8724 | 1~5 | 0.8724~4.362 |
|  | career | −0.8718 | 1~4 | −0.8718~−3.4872 |
|  | child | −5.0382 | 1~2 | −5.0382~−10.0764 |
|  | carfare | −0.0034 | 60~455 | −0.204~−1.547 |
| 错时避费 | $\theta_2$ | 2.4977 | 1 | 2.4977 |
| 绕路避费 | $\theta_3$ | 11.3734 | 1 | 11.3734 |
|  | $cardistance^{0.5}$ | 1.1962 | 2.3~6 | 2.7513~7.1772 |
|  | $fuelcost^{0.5}$ | −1.2670 | 1.7~7.3 | −2.1539~−9.2491 |
| 转向公交出行 | $\theta_4$ | 18.9557 | 1 | 18.9557 |
|  | transfer | −1.8089 | 0~3 | 0~−5.4267 |
|  | busfare | −1.7443 | 0.8~2.8 | −1.3954~−4.884 |
|  | walkdistance | −0.0038 | 90~1620 | −0.342~−6.156 |
| 转向自行车出行 | — | — | — | — |

首先,在开车付费所对应的5个变量当中,变量child对效用值影响的变化范围较大,且其对效用值影响的最大绝对值也较大,为10.0764。因此,有无需要接送其上下学的孩子(child)为该模型的关键因子,有需要接送其上下学的孩子的出行者选择开车付费的可能性较没有此类孩子的大。

其次,在绕路避费所对应的3个变量当中,$cardistance^{0.5}$和$fuelcost^{0.5}$对效用值影响的变化范围最大,且其对效用值影响的最大绝对值($cardistance^{0.5}$对应的影响最大绝对值为7.1772,$fuelcost^{0.5}$对应的影响最大绝对值为9.2491)较大。但是,通常小汽车出行距离越长,则其车辆燃油费则越高,两个因素存在相互抵消作用,因此,并不能断定$cardistance^{0.5}$和$fuelcost^{0.5}$为该模型的关键因子。

再次,在转向公交出行所对应的4个变量当中,transfer和walkdistance对效用值影响的变化范围最大,且其对效用值影响的最大绝对值(transfer对应的影响最大绝对值为5.4267,walkdistance对应的影响最大绝对值为6.156)较大。因此,transfer和walkdistance也为该模型的关键因子,其中换乘次数(transfer)和公交方式步行距离(walkdistance)越大,则出行者不选择公交出行方式的可能性越大。

综上所述,出行者有无需要接送其上下学的孩子、公交换乘次数以及公交方式步行距离为外外-通勤类模型的关键因子,其中有需要接送其上下学的孩子的出行者选择开车付费的可能性较没有此类孩子的大,而公交换乘次数越多、公交方式步行距离越长,则出行者不选择公交出行方式的可能性越大。

3) 内外-非通勤类模型建立和关键因子分析

(1) 内外-非通勤类模型

内外-非通勤类模型是指,在拥堵收费影响下,出行起讫点仅有一个在收费区域内部的受访者进行非通勤出行时的出行方式选择模型。该类有效样本数为68个,各选择肢被选占比如表 7.15 所示。

**表 7.15　内外-非通勤类各选择肢被选占比表**　　（单位:%）

| 开车付费 | 错时避费 | 绕路避费 | 转向公交出行 | 转向自行车出行 |
|---|---|---|---|---|
| 12 | 44 | 5 | 39 | 0 |

该类出行方式选择模型构建共经历了五次试算,从最终的计算结果表来看,常量 1、常量 2、常量 3、常量 4、年龄、性别、家庭年收入、职业、有无需要接送其上下学的孩子、有无交通补贴、拥堵费用、停车费用、公交方式全程时间、公交方式换乘次数、公交车票费、ln(cardistance)、ln(parkfare)、ln(fuelcost)、cardistance$^{0.5}$ 以及 fuelcost$^{0.5}$ 对模型具有显著影响。

经计算,本模型的命中率为 60.3%,模型的拟合优度比 $\rho^2=0.392$,表明模型的精度较高。

由模型的命中率和拟合优度比可以看出,该模型能较好地反映各变量对于内外-非通勤类出行者在拥堵收费条件下的出行方式选择的影响,也可以较好地模拟内外-非通勤类出行者在拥堵收费条件下的出行方式选择行为,且模型精度较高,因此,将该模型作为内外-非通勤类出行者在拥堵收费影响下的出行方式选择模型。

**表 7.16　拥堵收费政策影响下的内外-非通勤模型结果表**

| 变量代号 | $\theta_1$ | $\theta_2$ | $\theta_3$ | $\theta_4$ | age | gender | income |
|---|---|---|---|---|---|---|---|
| t 检验值 | −0.000 270 | 0.663 393 | 0.278 511 | 0.273 122 | −1.864 230 | −0.740 030 | 3.931 189 |
| 变量代号 | career | child | subsidy | congestion fare | parkfare | alltime | transfer |
| t 检验值 | 2.855 107 | −1.260 830 | −0.172 480 | −0.801 910 | −2.383 500 | 1.976 733 | −3.450 550 |
| 变量代号 | busfare | ln(car distance) | ln(park fare) | ln(fuel cost) | cardistance$^{0.5}$ | fuelcost$^{0.5}$ | |
| t 检验值 | 2.483 143 | −3.698 820 | −2.639 610 | 4.031 776 | −2.577 040 | 3.120 506 | |
| L(0) | −329.934 772 | 最大似然值 | −200.106 262 | 似然率检验统计量 | 5.883 382 | $\rho^2$ 值 | 0.392 |
| 开车付费 | | $V_{1n}=-0.026\,12-1.284\,25\cdot \text{age}-0.388\,79\cdot \text{geder}+1.354\,312\cdot \text{career}+1.102\,006\cdot \text{income}-0.943\,95\cdot \text{child}-7.604\,025\cdot \text{subsidy}-0.172\,55\cdot \text{congestionfare}-0.201\,18\cdot \text{parkfare}$ | | | | | |
| 错时避费 | $V_{2n}=24.205\,96-3.606\,58\cdot \ln(\text{cardistance})-3.185\,83\cdot \ln(\text{parkfare})+3.037\,763\cdot \ln(\text{fuelcost})$ | | | | | | |
| 绕路避费 | $V_{3n}=10.104\,91-2.079\,02\cdot \text{cardistance}^{0.5}+2.139\,638\cdot \text{fuelcost}^{0.5}$ | | | | | | |
| 转向公交出行 | $V_{4n}=9.899\,344+0.017\,097\cdot \text{alltime}-0.888\,61\cdot \text{transfer}+0.888\,176\cdot \text{busfare}$ | | | | | | |
| 转向自行车出行 | $V_{5n}=0$ | | | | | | |

注:L(0) 为全部 $\theta$ 值为零的似然值。

(2) 基于内外-非通勤类模型的关键因子分析

内外-非通勤类模型变量对各选择肢效用值的影响程度见表 7.17。

表7.17 内外-非通勤类模型变量对选择肢效用值的影响程度表

| 选择肢 | 变量代号 | 标定系数 | 变量取值范围 | 效用值影响范围 |
|---|---|---|---|---|
| 开车付费 | $\theta_1$ | −0.0261 | 1 | −0.0261 |
|  | age | −1.2843 | 1~5 | −1.2843~−6.4215 |
|  | gender | −0.3888 | 1~2 | −0.3888~−0.7776 |
|  | career | 1.3543 | 1~4 | 1.3543~5.4172 |
|  | income | 1.1020 | 1~5 | 1.1020~5.51 |
|  | child | −0.9440 | 1~2 | −0.9440~−1.888 |
|  | subsidy | −7.6040 | 1~2 | −7.6040~−15.208 |
|  | congestionfare | −0.1726 | 2~5 | −0.3452~−0.863 |
|  | parkfare | −0.2012 | 15~25 | −3.018~−5.03 |
| 错时避费 | $\theta_2$ | 24.2060 | 1 | 24.2060 |
|  | ln(cardistance) | −3.6066 | 1.8~3.5 | −6.4919~−12.6231 |
|  | ln(parkfare) | −3.1858 | 2.7~3.2 | −8.6017~−10.1946 |
|  | ln(fuelfare) | 3.0378 | 1.1~3.3 | 3.3416~10.0247 |
| 绕路避费 | $\theta_3$ | 10.1049 | 1 | 10.1049 |
|  | cardistance$^{0.5}$ | −2.0790 | 2.4~5.8 | −4.9896~−12.0582 |
|  | fuelcost$^{0.5}$ | 2.1396 | 1.7~5.3 | 3.6372~11.3399 |
| 转向公交出行 | $\theta_4$ | 9.8993 | 1 | 9.8993 |
|  | alltime | 0.0171 | 20~120 | 0.342~2.052 |
|  | transfer | −0.8886 | 0~3 | 0~−2.6658 |
|  | busfare | 0.8882 | 0.4~2.4 | 0.3553~2.1317 |
| 转向自行车出行 | — | | | |

首先,在开车付费所对应的9个变量当中,age和subsidy对效用值影响的变化范围最大,且其对效用值影响的最大绝对值(age对应的影响最大绝对值为6.4215,subsidy对应的影响最大绝对值为15.208)较大。年龄(age)和有无交通补贴(subsidy)为该模型的关键因子,越年轻的出行者选择开车付费的概率越大,有交通补贴的出行者选择开车付费的概率比没有交通补贴者大。

其次,在错时避费和绕路避费所对应的7个变量当中,ln(cardistance)、ln(fuelcost)、cardistance$^{0.5}$和fuelcost$^{0.5}$对效用值影响的变化范围最大,且其对效用值影响的最大绝对值均较大。但是,通常小汽车出行距离越长,则其车辆燃油费则越高,两个因素存在相互抵消的作用,因此,并不能断定ln(cardistance)、ln(fuelcost)、cardistance$^{0.5}$和fuelcost$^{0.5}$为该模型的关键因子。另外,"错时避费"所对应的变量ln(parkfare)对效用值影响的最大绝对值较大,为10.1946,应作为关键因子。停车费用越低,则内外-非通勤类出行者选择错时避费的可能性越大。

再次,转向公交出行以及转向自行车出行两个选择肢所对应的相关变量对效用值影响的变化范围较小。由此表明,仅通过改变公交以及自行车两种出行方式的相关属性值,不能对出行方式选择概率产生较大影响,即这些相关属性变量并不是内外-非通勤类模型的关键因子。

综上所述,出行者的年龄、有无交通补贴以及停车费用为该模型的关键因子,越年轻的出行者选择开车付费的概率越大,有交通补贴的出行者选择开车付费的概率比没有交通补贴者大,停车费用越低,则内外-非通勤类出行者选择错时避费的可能性越大。

4) 基于三类模型的关键因子分析

总结归纳基于三类模型(内外-通勤类、外外-通勤类以及内外-非通勤类)的关键因子分析结果,如表 7.18 所示。

表 7.18 拥堵收费影响下的出行方式选择关键因子分析结果汇总表

| 模型类别 | 关键因子 | 关键因子变化对模型结果的影响 |
| --- | --- | --- |
| 内外-通勤类模型 | 家庭收入 | 家庭收入越高,则出行者选择开车付费的可能性越大 |
| | 对交通现状的看法 | 对交通现状看法越糟糕,则出行者放弃开车付费转向其他出行方式的可能性越大 |
| 外外-通勤类模型 | 有无需要接送其上下学的孩子 | 有需要接送其上下学的孩子的出行者,选择开车付费的可能性较没有此类孩子的大 |
| | 公交换乘次数 | 公交换乘次数越多,则出行者不选择公交出行方式的可能性越大 |
| | 公交方式步行距离 | 公交方式步行距离越长,则出行者不选择公交出行方式的可能性越大 |
| 内外-非通勤类模型 | 年龄 | 越年轻的出行者选择开车付费的概率越大 |
| | 有无交通补贴 | 有交通补贴的出行者选择开车付费的概率比没有交通补贴者大 |
| | 停车费用 | 停车费用越低,则出行者选择错时避费的可能性越大 |

由上表可知,对于三类出行者而言,拥堵收费政策的主要影响对象有所不同。对于内外-通勤类出行者,拥堵收费的实施将主要对低收入且不满交通现状者产生影响,使其放弃开车出行;对于外外-通勤类出行者,拥堵收费的实施将主要对家中没有需要接送其上下学的孩子的出行者产生影响,使其放弃开车出行;对于内外-非通勤类出行者,拥堵收费的实施将主要对年长且无交通补贴者产生影响,使其放弃开车出行。

## 7.5 拥堵收费政策敏感性分析

### 7.5.1 敏感性分析理论

敏感性分析是一种预测和分析不确定性因素发生变动时,其影响对象随之而发生变动的灵敏程度的常用方法。拥堵收费政策在我国城市尚未实施,预测和估计拥堵费用等因素的变动对居民出行方式选择产生的影响程度是十分重要的研究课题,而应用敏感性分析使得这种探索研究成为了可能。

首先介绍敏感性分析的基本原理和主要步骤,在确定分析指标和变动因素的基础上,根据本章第四节中建立的三类模型进行敏感性分析,最后对拥堵收费政策的收费标准确定方法进行探讨。

1) 敏感性分析的基本原理和步骤

敏感性分析(Sensitivity Analysis)[178]就是假设模型表示为 $y = f(x_1, x_2, \cdots, x_n)$($x_i$ 为模型的第 $i$ 个属性值),令每个属性在可能的取值范围内变动,研究和预测这些属性的变动对模型输出值的影响程度,并将影响程度的大小称为该属性的敏感性系数,敏感性系数越大说明该属性对模型输出的影响越大。简而言之,敏感性分析就是一种定量描述模型输入变量对输出变量的影响程度的分析方法。

根据敏感性分析的作用范围,可将其分为局部敏感性分析和全局敏感性分析。局部敏感性分析只检验单个属性对模型的影响程度;而全局敏感性分析则检验多个属性对模型结果产生的总影响,并分析属性之间的相互作用对模型输出的影响。局部敏感性分析因其在计算方面的简单快捷,故具有很强的可操作性,本章将采用这种方法进行敏感性分析。

敏感性系数计算公式如下[22]:

$$E_d = \frac{\Delta Q}{Q_0} \bigg/ \frac{\Delta P}{P_0} \tag{7.15}$$

式中:$\Delta Q$——模型输出值变化量;

$\Delta P$——变动因素变化量;

$Q_0$——模型输出值;

$P_0$——变动因素水平。

若 $|E_d| > 1$,则表明变动因素值的变化会引起大的模型输出值变化,敏感性高;

若 $|E_d| < 1$,则表明变动因素值的变化不会引起大的模型输出值变化,敏感性低。

敏感性分析主要包括四个步骤:①确定分析指标;②选择需要分析的变动因素;③确定变动因素的取值水平;④计算变动因素对分析指标的影响程度。

2) 基于 MNL 模型的拥堵收费政策敏感性分析

拥堵收费政策实施的直接目的和期望效果就是减少高资源消耗、高环境污染的交通方式分担率,同时调节居民出行时空分布,缓解高峰时段、交通脆弱地区的交通压力。因此,结合第四章中的出行方式选择宏观预测方法,将拥堵收费下各种出行方式比例作为分析指标。

本章案例中主要考虑了两类因素,包括出行者社会经济属性因素(如性别、年龄、职业、家庭年收入等)和出行方式属性因素(如小汽车出行距离、拥堵费、公交换乘次数、自行车出行距离等)。由前面分析结果可知,这些因素对居民的出行方式选择概率均有一定影响,下面将选出合适的因素作为敏感性分析的变动因素,研究其取值变动对各类出行方式比例的敏感性。

变动因素应当在有意义的范围内具有较多的取值水平,而出行者社会经济属性因素的取值水平数目普遍较少,最多为五种水平,如家庭年收入,因此该类因素不适合作为变动因素。

除拥堵费用以外的出行方式属性因素取值均取决于出行起讫点分布,并且这些因素之间往往具有相关性。而居民出行活动中起讫点的选择与其出行需求有关,如果没有对出行需求的良好分析而对出行起讫点盲目的设定和因素取值,那么这种研究是没有实际意义的,故此类因素也不宜作为变动因素。

拥堵收费的收费标准通常是居民关注的焦点,收费标准可设定多个取值水平,并且不受其他因素的制约和影响。另外,拥堵收费政策中除了收费标准之外的其他因素(如收费区域大小、收费时间长度等)从数值变动方式上无法体现出对出行的影响,比如同一个收费区域面积其划定的区位不同也会对出行方式选择产生不同的影响。因此将拥堵费的收费标准作为敏感性分析的变动因素。

基于 MNL 模型的出行方式选择宏观预测方法,利用北京市拥堵收费意向调查所得数据,计算各种收费标准下三类出行者群体的出行方式选择比例。下面分别针对三类出行者群体的敏感性分析结果予以说明。

### 7.5.2 基于内外-通勤类模型的敏感性分析

调查数据显示,内外-通勤类出行的起讫点分布与受访者的居住地和工作地分布具有较强一致性,即以居住地为通勤出行起点,以工作地为通勤出行终点。在该类 70 组数据中,仅有 6 组数据的出行起讫点分布与其居住地和工作地分布不相符,为了简化分析过程,本章选取该类中两种分布特征一致的 64 组数据进行敏感性分析。

另外,本章调查数据显示,目前北京市小汽车通勤出行者的停车费用平均值约为 65 元/天,燃油费用平均值约为 15 元/天。下面将从拥堵收费占总出行费用比例角度考虑,分别按照 5%、10%、15%、20%、25%、30%、35% 和 40% 的比例设置拥堵费用值(表 7.19)。

表 7.19 拥堵费用在小汽车出行总费用中的占比与拥堵收费标准对照表

| 占比(%) | 5 | 10 | 15 | 20 | 25 | 30 | 35 | 40 |
|---|---|---|---|---|---|---|---|---|
| 收费标准(元) | 5 | 9 | 14 | 20 | 27 | 34 | 43 | 53 |

图 7.18 为不同拥堵费用占小汽车出行总费用比例下,内外-通勤类出行方式比例变化图。

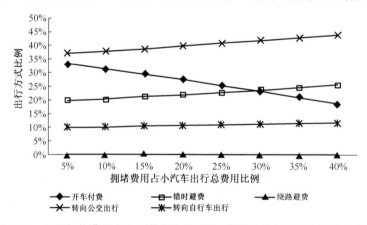

图 7.18 不同拥堵费用占比下基于内外-通勤类模型的出行方式比例变化图

由图可见,对于内外-通勤类出行,随着拥堵费用在小汽车出行总费用中的占比增加,开车付费方式比例基本呈现线性下降趋势,自行车出行、错时避费出行以及公交出行的方式比例均呈现不同程度的线性上升趋势,另外绕路避费方式比例始终为 0。

图 7.19 为在各种收费标准下,内外-通勤类出行方式比例变化图。

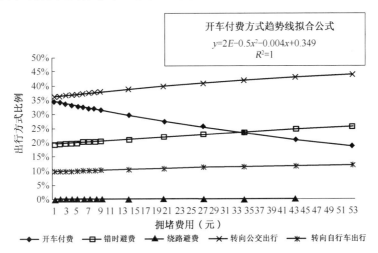

**图 7.19 各收费标准下基于内外-通勤类模型的出行方式比例变化图**

由于拥堵收费的主要目的是减少小汽车方式的集中出行,因此,在本节敏感性分析中重点关注拥堵费用的增加对小汽车出行方式比例的影响。

由图 7.19 可知,开车付费方式比例随拥堵费用变化的趋势线拟合公式为

$$y = 0.00002\, x^2 - 0.004x + 0.349 \tag{7.16}$$

利用式(7.15),并结合式(7.16),可以得出各拥堵费用水平下的敏感性系数绝对值变化图,如图 7.20 所示。

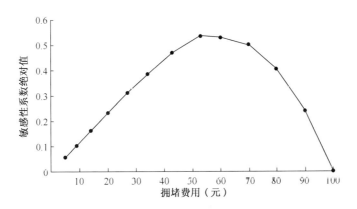

**图 7.20 基于内外-通勤类模型的敏感性分析图**

由图可见,拥堵费用在 5~100 元范围内,敏感性系数绝对值均小于 1,表明拥堵费用对内外-通勤类出行者的小汽车方式选择比例敏感性低,拥堵费用的增加对其小汽车方式选择比例影响较小。另外,敏感性系数曲线呈现先上升后下降的趋势;拥堵费用在 53~70 元范围所对应的敏感性系数绝对值大于 0.5,相对较高,其中 53~60 元最为敏感,敏感性系数绝对值约为 0.55;敏感性系数绝对值的最小值在拥堵费用 $x=100$ 处取得,为 0,此时小汽车方式选择比例将达到最低值 14.9%,若拥堵费用超过 100 元再继续增加并不能使得小汽车方式选择比例进一步减少。

### 7.5.3 基于外外-通勤类模型的敏感性分析

调查数据显示,外外-通勤类出行的起讫点分布与受访者的居住地和工作地分布具有较强一致性。在该类 50 组数据中,仅有 3 组数据的出行起讫点分布与其居住地和工作地分布不相符,为了简化分析过程,本章选取该类中两种分布特征一致的 47 组数据进行敏感性分析。

从拥堵收费占总出行费用比例角度考虑,分别按照 5%、10%、15%、20%、25%、30%、35% 和 40% 的比例设置拥堵费用值。图 7.21 为不同拥堵收费占小汽车出行总费用比例下,外外-通勤类出行方式比例变化图。

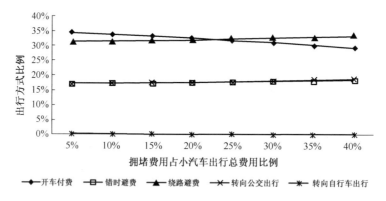

**图 7.21 不同拥堵费用占比下基于外外-通勤类模型的出行方式比例变化图**

可见,对于外外-通勤类出行,随着拥堵费用在小汽车出行总费用中的占比增加,开车付费方式比例基本呈现线性下降趋势,错时避费出行、绕路避费出行以及公交出行的方式比例均呈现不同程度的线性上升趋势,另外自行车出行方式比例始终为 0。

图 7.22 为在各种收费标准下,外外-通勤类出行方式比例变化图。

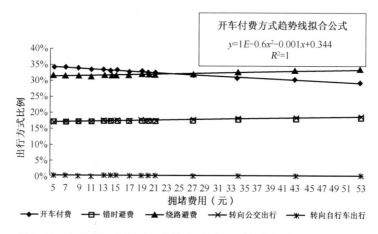

**图 7.22 各收费标准下基于外外-通勤类模型的出行方式比例变化图**

由图 7.22 可知,开车付费方式比例随拥堵费用变化的趋势线拟合公式为

$$y = 0.000\,001\,x^2 - 0.001x + 0.344 \tag{7.17}$$

需要说明的是,由于外外-通勤类人群选择错时避费与转为公交出行的样本量相近,导致两种选择肢的被选概率的差异性不显著。因此在敏感性分析中,两种方式(图7.21,图7.22)曲线无明显差异。

利用式(7.15),并结合式(7.17),可以得出各拥堵费用水平下的敏感性系数绝对值变化图,如图7.23所示。

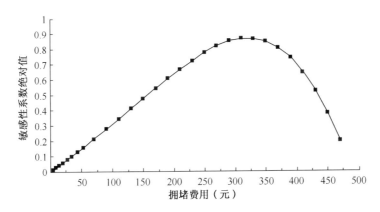

图7.23 基于外外-通勤类模型的敏感性分析图

由图可见,拥堵费用在5~500元范围内,敏感性系数绝对值均小于1,表明拥堵费用对外外-通勤类出行者的小汽车方式选择比例敏感性低,拥堵费用的增加对其小汽车方式选择比例影响较小。另外,敏感性系数曲线呈现先上升后下降的趋势;拥堵费用在270~370元范围所对应的敏感性系数绝对值大于0.8,相对较高,其中330~350元最为敏感,敏感性系数绝对值约为0.86;敏感性系数绝对值的最小值在拥堵费用$x=500$处取得,为0,此时小汽车方式选择比例将达到最低值9.4%,若拥堵费用超过500元再继续增加并不能使得小汽车方式选择比例进一步减少。

### 7.5.4 基于内外-非通勤类模型的敏感性分析

调查数据显示,内外-非通勤类出行的起讫点分布与受访者的居住地和工作地分布一致性较弱。在该类68组数据中,有29组数据的出行起讫点分布与其居住地和工作地分布不相符,因此应考虑对居住地或工作地位于收费区域内的小汽车出行者给予优惠收费,对居住地和工作地均位于收费区域外的全额收费。

以2元/天为增长步长,选取5~21元/天9种全额拥堵费用水平,选取60%、70%、80%、90%四种优惠比例水平,合计36种拥堵收费的收费标准方案对内外-非通勤类出行进行敏感性分析。具体设置方案如表7.20所示。

表7.20 用于内外-非通勤类出行敏感性分析的拥堵费用水平表(单位:元/天)

| | 序号 | 1 | 2 | 3 | 4 | 5 | 6 | 7 | 8 | 9 |
|---|---|---|---|---|---|---|---|---|---|---|
| 60%<br>四折 | 全额费率 | 5 | 7 | 9 | 11 | 13 | 15 | 17 | 19 | 21 |
| | 优惠费率 | 2 | 3 | 4 | 4 | 5 | 6 | 7 | 8 | 8 |

续表 7.20

| | 序号 | 10 | 11 | 12 | 13 | 14 | 15 | 16 | 17 | 18 |
|---|---|---|---|---|---|---|---|---|---|---|
| 70%<br>三折 | 全额费率 | 5 | 7 | 9 | 11 | 13 | 15 | 17 | 19 | 21 |
| | 优惠费率 | 2 | 2 | 3 | 3 | 4 | 5 | 5 | 6 | 6 |
| | 序号 | 19 | 20 | 21 | 22 | 23 | 24 | 25 | 26 | 27 |
| 80%<br>二折 | 全额费率 | 5 | 7 | 9 | 11 | 13 | 15 | 17 | 19 | 21 |
| | 优惠费率 | 1 | 1 | 2 | 2 | 3 | 3 | 3 | 4 | 4 |
| | 序号 | 28 | 29 | 30 | 31 | 32 | 33 | 34 | 35 | 36 |
| 90%<br>一折 | 全额费率 | 5 | 7 | 9 | 11 | 13 | 15 | 17 | 19 | 21 |
| | 优惠费率 | 1 | 1 | 1 | 1 | 1 | 2 | 2 | 2 | 2 |

图 7.24~7.27 为不同收费标准下，内外-非通勤类出行方式比例变化图。

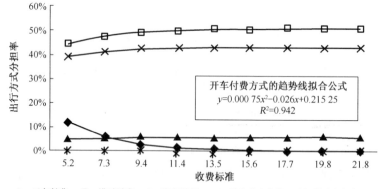

图 7.24　四折不同费率组合下内外-非通勤类模型的出行方式选择比例变化图

开车付费方式的趋势线拟合公式
$y=0.00075x^2-0.026x+0.21525$
$R^2=0.942$

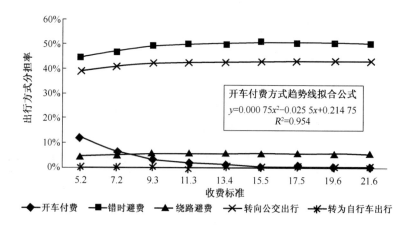

开车付费方式趋势线拟合公式
$y=0.00075x^2-0.0255x+0.21475$
$R^2=0.954$

图 7.25　三折不同费率组合下内外-非通勤类模型的出行方式选择比例变化图

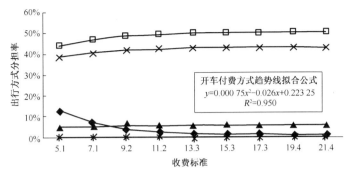

图 7.26　二折不同费率组合下内外-非通勤类模型的出行方式选择比例变化图

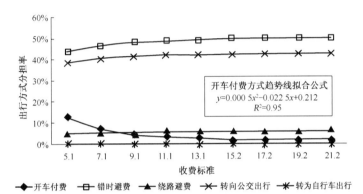

图 7.27　一折不同费率组合下内外-非通勤类模型的出行方式选择比例变化图

注：横坐标表示收费标准；开车付费方式趋势线拟合公式中的 $x$ 表示全额费率值。

可见，对于内外-非通勤类出行，随着拥堵费用的增加，开车付费方式比例呈现明显下降趋势，错时避费出行、绕路避费出行以及公交出行方式比例均呈现不同程度的上升趋势，另外自行车出行方式比例始终为 0。

此外，拥堵费征收的优惠程度对开车出行者的出行方式选择具有一定的影响，金额费率相同条件下，折扣越高则开车付费者放弃开车的概率越低，但图 7.24～图 7.27 并未明显体现出这种趋势，但下图 7.28 可较为明显地说明这一点。

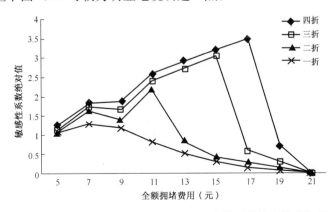

图 7.28　不同优惠比例下内外-非通勤类模型的敏感性分析图

利用式(7.15),针对小汽车出行方式选择比例,可以得出各拥堵费用水平下的敏感性系数绝对值变化图,如图 7.28 所示。

表 7.21 为内外-非通勤类出行在各种拥堵收费优惠比例条件下,针对小汽车出行方式的敏感性分析的相关结果表。

表 7.21　内外-非通勤类出行的开车付费方式敏感性分析结果表

| 优惠比例 | 开车付费方式比例随全额拥堵费用变化公式 | 高敏感性范围(元) | 最为敏感范围(元) | 敏感性系数绝对值的最大值 | 驻点 |
| --- | --- | --- | --- | --- | --- |
| 60%四折 | $y = 0.00075 x^2 - 0.026x + 0.21525$ | 5～19 | 17～19 | 3.5 | (32, 0) |
| 70%三折 | $y = 0.00075 x^2 - 0.0255x + 0.21475$ | 5～17 | 15～17 | 3.0 | (35, 0) |
| 80%二折 | $y = 0.00075 x^2 - 0.026x + 0.22325$ | 5～13 | 11～13 | 2.2 | (38, 0) |
| 90%一折 | $y = 0.0005 x^2 - 0.0225x + 0.212$ | 5～11 | 7～9 | 1.3 | (43, 0) |

注:表中"驻点"是指敏感系数等于零的点,例如驻点(32,0)表示此处敏感性系数绝对值为零,全额拥堵费用为32元,开车付费方式比例约为0%。

由图 7.28 和表 7.21 可知,对于内外-非通勤类出行,拥堵费用变动对开车付费方式比例的敏感性随拥堵费用的增大而先增大后减小;敏感性系数绝对值大于 1 的高敏感性范围随优惠比例的上升而缩小,最为敏感拥堵费用范围值随优惠比例的上升而下降;驻点(对应敏感性系数绝对值为最小值 0 的点)所对应的全额拥堵费用随优惠比例的增大而增大,此时全额拥堵费用为 32～43 元,小汽车方式选择比例均将达到最低值 0%。

总结拥堵费用对三类(内外-通勤类、外外-通勤类和内外-非通勤类)出行的开车付费方式比例敏感性分析结果,得到表 7.22。

表 7.22　拥堵费用对三类出行的开车付费方式比例敏感性分析结果汇总表

| 出行类别 | | 开车付费方式比例随全额拥堵费用变化公式 | 最为敏感范围(元) | 敏感性系数绝对值的最大值 | 驻点 |
| --- | --- | --- | --- | --- | --- |
| 内外-通勤类 | | $y = 0.00002 x^2 - 0.004x + 0.349$ | 53～60 | 0.55 | (100, 14.9%) |
| 外外-通勤类 | | $y = 0.000001 x^2 - 0.001x + 0.344$ | 330～350 | 0.86 | (500, 9.4%) |
| 内外-非通勤类 | 60%四折 | $y = 0.00075 x^2 - 0.026x + 0.21525$ | 17～19 | 3.5 | (32, 0) |
| | 70%三折 | $y = 0.00075 x^2 - 0.0255x + 0.21475$ | 15～17 | 3.0 | (35, 0) |
| | 80%二折 | $y = 0.00075 x^2 - 0.026x + 0.22325$ | 11～13 | 2.2 | (38, 0) |
| | 90%一折 | $y = 0.0005 x^2 - 0.0225x + 0.212$ | 7～9 | 1.3 | (43, 0) |

注:表中"驻点"是指敏感系数等于零的点,例如驻点(32,0)表示此处敏感性系数绝对值为零,全额拥堵费用为32元,开车付费方式比例约为0%。

由敏感性分析结果汇总表,可以得到以下主要结论:

(1) 拥堵费用对于非通勤出行的开车付费方式比例的敏感性高于通勤出行。

敏感性系数反映了变动因素对于输出变量结果的影响程度,敏感性系数越高,则该因素的变动将对结果产生较大影响。从本章的敏感性分析结果来看,拥堵费用对非通勤出行的开车付费方式比例的敏感性系数绝对值的最大值为 1.3～3.5,明显大于两类通勤出行的对应值 0.55 和 0.86。这表明,拥堵费用在一定的变化范围内,相比于通勤出行而言,拥堵费用的同等程度增加将导致非通勤开车付费方式比例发生更大程度的下降。

(2) 拥堵费用的增加可以基本消除开车付费方式的非通勤出行,而无法完全消除开车付费方式的通勤出行。

拥堵费用变动条件下,开车付费方式比例将在驻点处取得最低值。由表 7.22 可知,在拥堵收费下,内外-通勤类出行、外外-通勤类出行以及内外-非通勤类出行的开车付费方式比例最低值分别为 14.9%、9.4% 和 0%。由此可见,拥堵费用的增加能够大大降低内外-非通勤类出行者选择开车付费的概率,甚至基本消除开车付费方式的非通勤出行;而单凭拥堵费用的增加,无法完全消除开车付费方式的通勤出行,另外,由于在拥堵收费下,出行起讫点分别位于收费区域内外的通勤出行者无法选择绕路避费方式出行,因此内外-通勤类的开车付费方式比例最低值稍高于外外-通勤类。

(3) 各类出行的开车付费方式比例取得最低值时,所对应的拥堵费用值相差较大。

拥堵费用的高低直接影响着拥堵收费政策实施的有效性和公众可接受性。过高的拥堵费用无法进一步提高政策的有效性,反而会导致公众可接受性下降;而过低的拥堵费用则无法实现预想的政策实施效果,有效性不足。从敏感性分析结果来看,内外-通勤类、外外-通勤类以及内外-非通勤类出行的开车付费方式比例取得最低值时,所对应的拥堵费用值分别为 100 元、500 元和 32~43 元(对应不同的优惠比例),相差较大。

由敏感性分析可知,拥堵费用的变动对三类出行群体的开车付费方式比例所产生的影响差异性较大,因此应当针对各类出行设定不同的开车付费方式比例目标,并采用不同的拥堵收费标准,进行差别化的拥堵收费。但由于在实际收费过程中,无法客观地确定小汽车出行者的出行目的以及出行起讫点分布特征,也就无法根据其出行特征确定拥堵收费标准,故这种方式仅是理论上较为合理的收费标准确定方式,而可操作性较差。

可以进一步调查不同拥堵费用下各类小汽车出行者的出行方式选择意向,利用本章的建模方法和敏感性分析方法,探索拥堵费用与各类出行者开车付费方式比例的关系,并绘制出拥堵费用与开车付费方式比例关系图,图 7.29 为示例图。

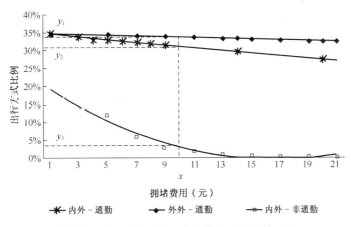

图 7.29 拥堵费用与开车付费方式比例关系图

在此基础上,确定城市中各类小汽车出行者人数规模,并设定实施拥堵收费后的开车付费方式比例总目标值,然后结合拥堵费用与开车付费方式比例关系图进行试算,最终得出满足目标要求的拥堵费用值。试算公式如下:

$$Y = \frac{A_1 \cdot y_1 + A_2 \cdot y_2 + A_3 \cdot y_3}{A_1 + A_2 + A_3} \tag{7.18}$$

式中：$Y$——拥堵收费实施后的开车付费方式比例目标值；

$A_1$、$A_2$、$A_3$——各类小汽车出行者人数；

$y_1$、$y_2$、$y_3$——与试算拥堵费用值 $x$ 相对应的各类出行者开车付费方式比例。

另外，本章主要从政策实施的有效性角度考虑，提出了拥堵收费标准的确定方法，即以调控小汽车出行方式比例为政策目标提出费用值算法，但在实际收费标准确定中，还要考虑城市居民收入水平、公众的可接受性以及政策公平性等诸多因素的影响。

## 7.6 拥堵收费影响下的公交优先政策应用研究

### 7.6.1 公交优先政策

公交优先是许多国家采取的一项城市交通发展战略。它是一个广泛的概念，公共交通方式是其主体，为建立多种交通方式有机结合的城市客运交通体系，常通过政策调整、法律倾斜及实施各项措施来保证公共交通系统得到优先发展。因此，从广义上讲，凡是有利于公共交通优先发展的政策和措施，均可称之为公交优先。实际生活中，公交优先则常常表现为在交通工程范围内，采用适当的交通管理和道路工程等措施，使公共交通工具在道路上优先通行[179]。

根据我国的实际情况，公交优先主要体现在以下几个方面[180]：

(1) 政府部门在综合交通政策上，确立了公交优先发展的地位，并在政策措施的实施上给予支持。

(2) 在城市规划建设上，确立公交优先安排的顺序。特别是对公共交通场站用地，路桥设计建设时公共交通行驶、设站、衔接换乘等方面的优先考虑。

(3) 经济上对公共交通的扶持，即在资金投资、财政税收政策等方面向公共交通倾斜。

(4) 在交通资源的使用，特别是道路的使用与管理上，确立公交优先的权利。具体到公共交通优先政策的实施上，主要包含两个基本方面：一是对公共交通的扶持；二是对其他出行方式(主要是小汽车)的限制[181]。对公共交通的扶持主要是通过各种手段大力发展公共交通，如提高运行速度、改善服务质量、确保其经济投入等；对其他交通方式限制主要是使其他交通出行方式出行不如公共交通方便，在购置、使用等环节上加以控制。综合这两方面的效果，可以促使出行者更多地选择公共交通作为出行方式，从而放弃或减少使用其他交通方式出行，以达到缓解交通压力，提高出行效率，节约社会资源的目的。

1) 法规与管理政策

交通法规上的公交优先主要是限制小汽车进入市中心区，人为减少市面上中心区小汽车停车场，制定严格的噪声与排气标准等政策措施。例如：新加坡市区采用区域驾驶证制度[182]；法国提高城市中心区小汽车停车场的收费，甚至在主要路口限制小汽车通行；德国许多大城市把私人停车场限制在市区之外，进入中心城市必须换乘公共交通工具等等。

2) 政府财政扶持

公交优先涉及的政府财政扶持政策包括投资、运营亏损补贴、税收减免等诸多方面,一般通过立法的形式加以确立,以确保其实施。例如荷兰、冰岛、法国、西班牙和英国等国的公交企业购买公共交通车辆时享受100%的政府财政补贴,其他许多国家公交企业购买车辆时也会享受30%~50%不等的财政补贴[183]。法国政府还规定企业职工只负担公交月票的一半,其余由所在单位补贴;学生乘公交出行只需半票,而退休人员则可凭退休证免费乘车。美国则通过对小汽车征收燃料税来加大对公共交通的投资;同时联邦政府和地方政府各补贴50%以补偿公交运营亏损。

3) 城市用地优先

一些国家在城市规划用地上通过行政或法律手段来保障公共交通场站用地及空间分布上的合理性。例如加拿大温哥华、巴西、法国等地为公共交通提供廉价土地用于建造大型枢纽场站[184],同时政府还在重要道路的两边划出一定范围的空间允许公共交通开办经济效益好的项目。

4) 道路使用与交叉口信号优先

欧洲城市在道路管理、使用以及交叉口信号优先方面的公交优先措施有很多,同时政府还有严格的交通法规和管理机构予以配合。另外,这些城市还注重优先开发用于公共交通的新技术,如建立公共汽车呼叫绿色信号灯优先放行系统等。

(1) 在道路使用及管理上的公交优先主要指开辟公交专用车道、专用路。公交车辆在专用道上行驶进出枢纽站不受外界车辆的干扰,保证了车辆运行准点。例如巴黎市根据公交客流需求与道路负荷设置了485条专用道,客运量增加了30%。日本名古屋市设置了1 014 km的早、晚高峰公交专用道,使公交车在这段路上的行驶时间由近60分钟降至32分钟,全线客运量也因此增加了23%[185]。日本东京则在所有交叉路口划定的公交优先车道总长度达94.3 km,使公交车平均运行速度由12 km/h提高到13 km/h,停车次数减少了10%。

(2) 交叉口信号优先是使得公共交通优先通过路口的有效措施,也是各国优先发展公共交通的主要手段。公交信号优先可以大大降低公交车辆路口等待时间,减少乘客在途时间,提高运输效率和服务质量,吸引更多的乘客采用公交方式出行,从而缓解城市交通压力。例如:巴黎采取路口优先放行措施后,进入市中心的公交车车速提高了24%,运行时间减少了26%,平均每个路口停车次数减少了50%,停车时间缩短65%[186]。

5) 快速公交系统(BRT)

自世界上第一个快速公交系统(Bus Rapid Transit,BRT)在巴西的库里蒂巴市建成以来,BRT就成为各大城市公交优先措施的重要组成部分。BRT巧妙地综合了轨道交通系统快速、运量大的特点和地面公共交通的灵活性,并结合ITS技术、低污染低噪声车辆以及快速便利的收费系统、换乘系统等技术手段,以较低的造价,获得最高可以达到单向每小时3万人的载客能力。如今,BRT已经成为轨道交通和常规道路公交的补充。另外,对环境的关注使得步行和自行车交通在欧洲城市中成为受鼓励发展的出行方式。

综上所述,国外公交优先发展带给我们的启示就是:首先要修正"小汽车交通即是城市交通"的错误观念,并区分"拥有"和"使用"小汽车这两个不同的概念;其次要自上而下重视交通的发展,加强对新交通手段的研究应用,在交通系统建设中体现对环境方面的考虑。

## 7.6.2 公交优先政策措施对居民出行行为的协同影响

影响居民出行方式选择的因素主要有宏观因素和微观因素两大方面,其中宏观因素又包括了交通政策、经济发展、城市用地布局、基础设施、自然条件等方面;微观因素则包括了出行者自身特征、出行特征及交通设施服务等方面。在城市自然条件基本不变,经济迅速平稳发展的前提下,上述诸多影响因素最后均可以归纳为出行时间、出行费用和出行舒适方便程度对居民出行方式选择的影响,而政府制定公交优先政策时,也主要是基于上述三方面进行规划并采取措施。下面从这三个方面论述公交优先措施对居民出行行为的影响。

1) 出行时间

在众多影响居民出行方式选择的因素中,节约公交出行时间是吸引更多出行者采用公交方式出行的有效办法之一。因此在制定公交优先政策时,决策者也相应制定了多方面措施来达到节约公交出行时间这一目的。

常见的公交优先措施主要有:

(1) 在主干路或高峰时段开辟公交专用道,提高公交车运行速度,节约乘车时间。

(2) 合理修建并优化现有换乘枢纽场站,方便不同交通方式接驳换乘,减少换乘时间,提高站点覆盖率,高峰时段增加运行班次,减少车外消耗时间,从而减少出行时间。

(3) 适当修建快速公交、轻轨、地铁等大运量快速公交方式,以满足不同类型居民的出行需求,同时节约公共交通出行时间,提高出行效率。

2) 出行费用

对于大多数出行者来说,出行费用是他们进行出行方式选择时考虑的最主要因素。特别对于占人口大多数的中低收入者,公交方式出行费用的减少无疑会影响他们出行方式的选择。许多公交优先政策措施便是基于这一影响因素制定出来的。

常见的公交优先措施主要有:

(1) 政府给予公交运营企业财政上的补贴,主要包括票价补贴、燃油税费补贴、车辆购置补贴等,其主要目的都是使公交方式保持低廉的票价以吸引并服务更多的出行者。

(2) 通过提高小汽车燃油税费,提高出租车起步价等措施来抑制这些交通方式过快发展,通过出行费用对比显现出公交方式价格低廉的优势,从而吸引更多出行者选择公交方式。

3) 舒适方便程度

除了出行时间和出行费用两个主要因素外,随着社会经济的不断发展,出行方式的舒适方便程度也越发受到出行者的重视。特别是中高收入者,出行的舒适方便性对其影响程度要高于出行费用对其影响程度。因此在公交优先政策措施制定的过程中,这也是非常重要的考虑因素。

常见的公交优先措施主要有:

(1) 提高公交线网覆盖率、站点覆盖率、高峰时段增加运行班次并延长公交线路运营时间,采取这些措施的目的均是为了保证出行者能够就近乘车、减少步行距离,方便出行者可以随时随地选择公交方式出行。

(2) 公交线路的规划与城市规划相配合,确保相应的功能区域均有公共交通可以到达,同时考虑到城市周边地区新建工厂、企业员工的上下班问题等,满足潜在出行者的出行需求。

（3）提高整体车辆配置水平，改善车辆内部环境，特别是我国北方地区冬季漫长而寒冷，因此冬季乘车的保暖措施成为舒适程度的重要指标，适当增加空调车辆，可以满足乘客对于乘车舒适度的要求。

综上，对于影响居民出行方式选择的三个重要方面，减少公交出行时间并提高公交出行舒适度可以有效地吸引小汽车、出租车的出行者；减少公交车出行费用则可以有效地吸引步行及自行车出行者。因此，在分析并制定公交优先政策措施时，应主要从这三方面着手。

# 第8章 展　望

## 8.1 主要研究成果

本书依托国家高技术研究发展计划（863计划）《大城市区域交通协同联动控制关键技术》和国家自然科学基金项目《基于统计学习的差异化交通出行选择行为机理和预测方法》，集中围绕交通需求管理展开，系统总结和分析了国内外交通需求管理应用现状，介绍了交通需求管理的基本理论，对典型交通需求管理策略进行了梳理，并深入研究了差异化交通出行选择行为、停车收费与停车换乘、拥堵收费等相关内容，叙述深入浅出，内容全面丰富。本书的主要研究成果如下：

1）明确交通需求管理的概念及必要性

本书认为：交通需求管理是从城市交通的供需关系入手，运用各种政策、法规、经济手段以及计算机通信等现代化先进技术，重点针对交通的发生源进行管理、控制或诱导，调整城市用地布局，控制土地开发强度，削减城市交通总需求，减少城市机动车交通量，优化居民出行结构，并调整出行分布，最终达到提高城市道路交通系统运行效率、缓解交通拥堵、改善环境污染和促进经济社会可持续发展的目的。

我国城市实施交通需求管理的必要性主要包括四个方面：①城镇化进程加快，城市交通问题突出；②传统解决交通问题的方法存在弊端；③城市土地有限，交通设施容量有限；④保护环境和节约能源的要求。

2）总结分析国内外交通需求管理经验

介绍国外交通需求管理经验，主要包括：①美国：高承载率汽车（HOV）制度、鼓励合乘、弹性工作制、电子通勤等；②新加坡：一体化的交通政策、车辆拥有许可证制度、区域许可证制度、车辆限额系统、电子道路收费系统等；③日本：尾气排放管理政策、城市交通对策执行委员会、购物巴士券、巴士运行管理系统等；④欧洲：伦敦的拥挤收费政策、巴黎完善的公共交通、柏林促进非机动化发展政策等。

介绍国内交通需求管理经验，主要包括短期交通需求管理策略和长期交通需求管理策略。短期主要用于大型赛事和会展活动期间，如北京奥运会、上海世博会；长期主要针对城市交通体系的综合治理，如北京的28条治堵策略、上海的小汽车额度控制策略、广州的中心城区禁摩策略以及香港的提高小汽车税率策略等。

总结国内外交通需求管理经验，得到以下启示：①国外交通需求管理的经验值得借鉴，尤其是城市规划和交通规划相结合的理念、交通需求管理实施过程的有序推进；②不同国家之间的交通需求管理策略不具有直接的移植性；③不同城市发展阶段的交通需求管理策略不尽相同。并且总结出三类典型交通需求管理策略,即土地利用策略、优化城市交通结构策略和优化交通时空分布策略。

3) 阐述交通需求管理的基本理论

交通需求是指在社会经济活动中,人或物在一定时间内,采用不同交通方式,完成不同出行目的进行空间移动的需求,通常可分为基本需求、非基本需求、交通出行链("组合出行")三大类。

交通需求的内部特征包括:交通需求的派生性、交通需求的多样性、交通分布的不平衡性、交通需求选择的灵活性和交通需求的集聚性;交通需求的外部特征包括:外部经济特性、外部排放特性和外部拥挤特性。

总结影响交通需求的因素,包括城市土地利用、社会经济发展水平、科技发展水平和交通政策和管理措施等。深入探究交通供需关系,明确正确的供需关系包含以下四方面:明确供给与需求相对平衡的观念;保持供给方向的平衡;交通需求管理应当体现社会公平;正确应用价格机制,实现交通资源的有偿使用与合理分配。最后,利用经济学中最基本的供给、需求和均衡原理探讨交通需求管理的涵义。

4) 提出典型的交通需求管理措施

典型交通需求管理措施可分为三大类:土地利用策略、优化城市交通结构策略和优化交通时空分布策略。

土地利用策略包括交通引导土地利用(TOD)、混合用地、交通影响评价和城市布局优化四方面;优化城市交通结构策略包括优先发展公共交通、合理引导小汽车、限制使用摩托车、优化慢行交通体系等;优化交通时空分布策略可细分为空间均衡策略、时间均衡策略和高新技术应用策略,其中,空间均衡策略包括人车分离、单向交通和可变车道,时间均衡策略包括错时上下班、弹性上下班和货车限时管理,高新技术应用策略包括电子商务、电子会议、现代信息技术与卫星定位系统等。

5) 探究差异化交通出行选择行为

出行者交通需求的差异性对交通需求管理措施的实施效果存在显著的影响,合理有效的交通需求管理必须考虑到不同出行者之间的交通需求的差异性,针对精细化的出行人群,制定相应的交通需求管理策略。基于北京市交通出行调查数据,得到以下结论:

(1) 从个人属性、家庭属性、出行方式属性等多个方面全面地分析了影响出行方式的各种因素;

(2) 研究差异化分类的主要方法,选取两阶段聚类分析法,根据社会经济属性将出行者分为三类:高收入有车人群、中等收入有车人群和中低收入无车人群;

(3) 在出行者差异化分类的基础上,采用单因素分析和因子分析的方法,对三类出行者在出行决策时考虑的宏观和微观因素进行分析和对比,提取出行者出行决策的关键因子,分析得到三类出行者出行方式决策的关键因子分别为舒适性和方便性、速度和方便性、出行费用和方便性;

(4) 针对三类出行者,分别提出引导小汽车出行向公交转移的政策措施。

6) 研究基于停车收费的轨道交通停车换乘行为

(1) 总结停车换乘应用现状,分析停车换乘效应及影响因素;

(2) 在对北京市小汽车出行者的调查基础上,按照不同出行目的,构建停车收费影响下的轨道交通停车换乘选择模型。采用非集计多元 Logit 模型,内含停车换乘轨道交通、全程驾车前往中心区和全程乘坐公共交通前往中心区三个选择肢;

(3) 基于停车换乘选择行为模型,进行出行行为预测,包括个体出行行为预测、全样本出行行为预测;并研究中心区停车费率、换乘停车场停车费用、停车换乘出行时间、全程公交出行时间等影响因素的直接弹性和交叉弹性;

(4) 提出合理的交通需求管理策略,如差别化停车收费政策、限制通勤出行者驾车前往中心区、提高中心区非通勤停车场的费率、完善停车换乘设施建设和管理、多样化停车换乘设施的资金来源和经营体制等。

7) 研究拥堵收费影响下的交通出行方式选择

(1) 明确拥堵收费的类型与机理,制定北京市拥堵收费意向调查方案,并对调查数据进行统计分析。

(2) 建立拥堵收费影响下的交通出行方式选择模型,经关键因子分析发现:①对于内外-通勤类对象,拥堵收费的实施将主要对低收入且不满交通现状者产生影响,使其放弃开车出行;②对于外外-通勤类对象,拥堵收费的实施将主要对家中没有需要接送其上下学的孩子的出行者产生影响,使其放弃开车出行;③对于内外-非通勤类对象,拥堵收费的实施将主要对年长且无交通补贴者产生影响,使其放弃开车出行。

(3) 基于三类模型,探究拥堵费用的变动对开车付费方式比例的影响:①拥堵费用对于非通勤出行的开车付费方式比例的敏感性高于通勤出行;②拥堵费用的增加可以基本消除开车付费方式的非通勤出行,而无法完全消除开车付费方式的通勤出行;③各类出行的开车付费方式比例取得最低值时,所对应的拥堵费用值相差较大。

## 8.2 研究展望

### 8.2.1 本书的不足

本书对于交通需求管理的内容进行了较为系统和全面的研究,取得了一定的研究成果,但仍有很多不足有待进一步的探索和完善:

(1) 由于经费和人力、物力的限制,本书仅对北京市居民开展了小范围的网络调查,其中差异化交通出行选择行为部分 336 份、基于停车收费的轨道交通停车换乘行为部分 222 份和拥堵收费影响下的交通出行方式选择部分 215 份,样本量较小,但研究的方法和思路值得借鉴,在以后的研究中可以考虑扩大调查数据量,得到更为全面和广泛的研究成果。

(2) 差异化交通出行选择行为研究中,仅对基于个人的出行者差异化分类方法进行了研究,并未对基于家庭的出行者差异分类方法进行研究,这是今后研究的重点。

(3) 基于停车收费的轨道交通停车换乘行为研究中,构建通勤出行选择模型时,假设出行者上班的停车费用均为按小时支付,没有考虑单位支付或包月支付的情况,与北京市现有停车收费费率有所差异,这一点在后续的研究中需要进一步完善。

(4) 拥堵收费影响下的交通出行方式选择研究中,由于国内城市均尚未实施拥堵收费政策,论文对拥堵收费政策相关条目进行了假设,未来可根据试点情况将假设进行完善和修改;调查中仅设置了单一的拥堵费用值,没有调查在不同水平的拥堵费用条件下受访者的出行方式选择,无法将受访者对拥堵收费政策的态度与对拥堵费用变动的态度区别开来,在以后的调查研究中,可以设定多个拥堵费用水平,更好地研究拥堵费用的变化对出行者出行方式选择的影响。

（5）本书对于交通需求管理的实施案例涉及较少,具体交通需求管理措施的实施效果,还有待在实践活动中加以验证。

## 8.2.2 展望

交通需求管理反映了一种从系统思维出发解决交通问题的理念,在兼顾交通供给条件的同时,注重在适度供给下对交通需求进行引导和管理,寻求交通供需之间的平衡,改善城市交通环境质量。实践证明,交通需求管理策略是解决城市交通问题的有效方法,已在美国、新加坡、日本等地取得了一定的效果。在未来一段时间内,交通需求管理仍将是交通领域重要的研究方向。

除了本书介绍的相关内容外,交通需求管理在理论和实践中涌现出了许多新的理念和模式,它们延伸了交通需求管理的范围,拓宽了交通需求管理的领域,主要涵盖以下几个方面:

1) 交通需求模型

交通需求模型是交通需求管理研究中重要的理论基础。交通需求模型的发展,大致可以分为基于出行(Trip based)、基于出行链(Tour Based)和基于活动(Activity Based)的研究方法三个层次。

基于出行的研究是将出行链分解成为出行单位进行分析,最为广泛使用的是"四阶段模型"。基于出行链的研究是以个体的一天出行为研究对象,考虑不同出行链间的相互影响关系,代表模型包括美国的 San Francisco 模型[181]、德国 PTV 公司开发的 VISEM 及瑞典和意大利开发的斯德哥尔摩模型等。基于活动的分析方法是在基于出行链的基础上,认为交通需求的产生是基于希望参与某种活动的意愿,模型以家庭作为决策的单元进行分类,考虑活动和出行的时间,综合时间、空间和人与人之间的约束关系和事件发生的相互依赖关系,代表模型包括 Columbus 模型、Portland 模型和 New York 模型等[188]。使用基于活动的模型,可以选用许多与个人决策相关的因素作为自变量,对多种交通规划、交通政策进行效果评价。

传统的四阶段模型存在一定的缺陷,一方面,由于四阶段模型中交通发生吸引为回归模型、交通分布为重力模型、交通方式划分为转移曲线方法或离散选择模型、交通分配为网络均衡理论,没有一个一致的理论体系加以支撑,在理论体系上存在一定缺陷;另一方面,长期预测存在较大的误差,缺乏交通政策对特定人群和家庭的出行需求的影响分析,对交通政策的分析能力十分有限。但是,作为交通规划中最为常用的传统模型,目前尚无一个更好的模型可以完全替代它。近年来,传统的四阶段模型在离散选择模型的基础上,形成了各种基于一致的四阶段组合模型,以求用统一的行为理论来分析人们的出行行为,这是四阶段模型未来发展的一个重要方向。除了方式选择模型被应用到四阶段模型以外,离散选择模型在目的地选择、路径选择、出发时刻选择等方面均有应用。随着四阶段模型不断地吸收其他模型的优点,新的四阶段模型在今后仍然有很大的发展前景。

2) 一体化的交通需求管理策略

一体化的交通是指通过政策引导与技术应用,协调与交通相关的基础设施建设、运营与管理、价格体系、土地利用,实现交通资源的统一规划、统一管理、统一组织和统一调配,从而提高交通系统整体运行效率,使各类交通资源得到最充分的利用。一体化的思想是以交通需求管理思想为基础的,主要包括以下几个方面:

(1) 交通需求管理与土地使用

促进城市合理布局发展,加快旧城改造和新城建设,控制中心区人口规模和建设密度,对土地发展规模进行总量控制,合理规划分区土地利用类型;完善新建或改建建设项目的交通影响评估制度,控制土地利用开发强度;合理布局客货运枢纽,处理好城市有限空间与交通之间的矛盾。

(2) 交通需求管理与城市交通结构

坚持优先发展公共交通的原则,在综合交通政策上确立公交优先的地位,在资金投入、财政税收上对公共交通倾斜,在道路通行权上确立公共交通的优先权限;对私人小汽车进行合理引导,制定切合实际的小汽车拥有政策,从车辆标准、车辆税、车辆许可证、拥堵收费等角度入手,对私人小汽车发展进行积极引导,防止过快或畸形发展;对城市非机动车交通采取因势利导、积极治理的方针,构建城市非机动车网络,充分发挥非机动车短距离出行的功能;此外,对大城市中心区摩托车的拥有和使用进行严格限制,保障道路交通安全。

(3) 交通需求管理与经济杠杆

收费措施是一项有力的交通需求管理工具。结合城市道路容量以及道路功能分级,分区域、分时段、分标准地逐步推进停车收费和道路收费,控制城市机动车总量的持续增长,有效缓解机动车对城市道路和静态交通设施造成的压力。同时,推进收费设施的智能化,采用先进的不停车收费系统和咪表停车收费系统等,提高出行者的出行效率,改善城市交通状况。

(4) 交通需求管理与交通流时空优化

通过错时上下班、货车禁行等措施,削峰填谷,减少由于交通流量过分集中而造成的交通拥堵现象;利用单向交通、机非分离等措施,使有限的道路空间资源得到充分利用,使交通流尽可能较为均匀地分布在城市道路网络上。

3) 基于ITS的交通需求管理应用

随着社会经济的发展和机动车保有量的持续增加,单纯依靠修建道路设施和采用传统管理方式来解决交通问题,效果十分有限。而电子技术、通信技术、计算机技术和自动控制技术等的发展,为解决交通问题提供了新思路,利用先进的技术和管理手段对城市交通进行有效的控制和管理,改善交通系统的整体行为,提高交通的机动性、安全性,提升交通现代化管理水平。通过智能交通系统的建设,GPS、GIS等技术的广泛使用,促进城市交通管理系统的网络化、自动化和科学化,从而实现交通需求管理的目标。

在智能交通系统中,利用先进的路径诱导技术,对出行者出行路径进行合理引导,避免驶入拥挤路段,优化道路网交通流;利用停车诱导系统,引导驾驶员快速停车,提高出行者的出行效率,减少因停车难而导致的交通拥堵、能源消耗等问题;利用交通监控系统,监测道路交通实时信息,及时发现紧急事件,在道路、车辆和出行者之间建立快速联系,保障出行者出行效率与安全;利用先进的电子收费系统,通过车载设备实现车辆识别、信息写入并自动扣款,提高出入口车辆的通行效率,减少人力、物力投入。

智能交通系统在传统交通理念的基础上,引入新思维、新方法、新技术,以最有效的手段,既控制和引导各种交通流,使之对服务设施的需求有序化,负载最小化;同时又最大限度地激发交通运输系统的整体协同效应,使其运行效率最大化。ITS 的应用,可以大幅提高交通资源的利用效率,降低能耗,减少交通环境污染,在实现交通发展的同时保证了环境利益,从而实现交通运输业的可持续发展。

4) 交通镇静措施

交通镇静(Traffic Calming)是指减少机动车使用的负面影响、改善非机动车及行人出行环境的各种物理措施的总和[5]。通过各种技术手段,交通镇静措施有利于改善道路交通运行环境,控制机动车速度,提高公众交通安全意识,优化驾驶员的行为。

交通镇静措施始于 20 世纪的欧洲,主要用于以居住用地为主的小区内支线路网和街道,以及部分市郊的工业科技园区。总体而言,常见的交通镇静措施主要包括横向变化措施、纵向变化措施、物理障碍设施和交通标志标线四个方面,具体如表 8.1 所示。

表 8.1 交通镇静措施一览表

| 分类 | 定义 | 措施 | |
|---|---|---|---|
| 横向变化措施 | 对道路宽度进行调整,缩小道路宽度 | 渠化 | 拓宽或变窄道路宽度 |
| | | 变换车道行走 | 使车道变成蛇曲形,错开障碍物等 |
| | | 隔离带 | 道路中央或交叉口设置隔离带或绿化带隔离车道 |
| | | 交通圆盘 | 在交叉口中央设置环道,车辆转弯时需逆时针绕行 |
| | | 路边停车 | 提供路边停车位以缩短道路宽度 |
| 纵向变化措施 | 对道路高度进行调整 | 减速墩 | 提高路面高度,降低车速 |
| | | 抬高人行横道路面 | 在路段上或交叉口抬高人行横道 3~6 in |
| | | 抬高交叉口路面高度 | 抬高交叉口(含人行横道)3~6 in |
| 物理障碍设施 | 使用物理障碍,限制车种通行 | 道路封锁设施 | 禁止机动车通行 |
| | | 分流设施 | 物理隔离不同流向车流 |
| 交通标志标线 | 一般配合道路物理条件的改变而使用 | 人行横道标线 | 施划人行横道线,使机动车驾驶员提高警惕 |

交通镇静是一种引导交通参与者自我约束的措施,依靠一定程度的自觉性来影响交通流运行过程和交通行为。近年来,随着交通系统的人性化发展,交通镇静措施越来越得到重视,被逐步应用于城市居民区、学校等区域,同时在事故多发地区,用以降低机动车速的交通镇静措施也起到了重要作用。

5) 交通需求管理保障机制

交通需求管理措施的实施是一项复杂的系统工程,在措施实施的过程中,需要依靠一定的保障机制,主要包括:

(1) 政策及法规保障

为保证交通需求管理措施的顺利实施,政府应及时制定相关政策、法规,并积极进行宣传,给予一定的法律支持。例如,北京、上海、广州等城市已经出台了多项法规与措施推进

TDM 的落实,包括车辆限有、限行以及缓解交通高峰拥堵,对车辆在某些区域的使用进行强制管理等规定,效果十分明显[189]。

(2) 决策与管理制度保障

交通需求管理措施能否成功实施,依赖于有效的数据采集、良好的资金机制、科学的决策能力以及先进的管理手段。交通需求管理要求在交通运输和地面使用决策、创新的公共—私人合作关系和非传统的交通规划筹资之间进行协调,科学的决策和管理有利于制定切合城市实际情况的交通需求管理计划,有利于克服实施过程中的困难,为 TDM 提供有力保障。

(3) 经济投资保障

交通需求管理措施实施后,为了鼓励使用某一种交通方式(如公共交通),需要采取一定的优惠政策,需要对该交通方式进行适当补贴,同时还包括对参与交通需求管理的出行者的补贴。

(4) 先进技术保障

先进的信息、通信、管理、调度、收费等技术保障是交通需求管理实施的基础。随着社会经济的快速发展,我国城市应加强智能交通系统的研发与应用,在政策、经济上给予支持,加强技术合作与交流,提高我国交通管理水平,逐步建立起先进的出行者信息管理系统(ATIS)、先进的公共交通运输系统(APTS)、先进的交通管理系统(ATMS)以及不停车收费系统(ETC)等,实现车辆在有限道路空间上交通量的合理分配。

我国正处于城市化及城市经济快速增长的阶段,随着我国城市城镇化水平的不断提高,人口向大城市聚集的趋势愈发明显,机动车保有量迅速增长,这使得道路交通资源本来就十分稀缺的大城市、特大城市的交通状况雪上加霜,城市交通供需矛盾日益突出。城镇化、机动化进程的快速推进为我国城市带来发展机遇的同时,对城市交通提出了严峻的挑战。实践证明,单纯依靠改善交通供给水平,无法从根本上改变城市交通供需不平衡的局面,唯有从交通基础设施建设和交通需求管理两方面入手,双管齐下,方能实现对我国城市交通进行卓有成效的综合治理的目标。

交通需求管理是一种通过政策实施来调节交通系统平衡的方法,如何在我国城市中开展,是一个值得深入探讨的问题。作为一个发展中国家,我国交通需求管理政策的实施面临着很多困难,例如:交通需求管理措施的实施需要考虑对整个城市乃至国家经济的影响,而我国目前正处于发展阶段,经济增长的要求必定会对交通需求管理政策的制定施加很大压力;交通需求管理政策的制定和实施过程中,需要交通、建设等多部门的通力合作,但往往由于政府机构部门繁多,职责分工不一,意见较难统一,政策实施存在一定困难;此外,我国出行者的素质亟待提高,出行者对于社会公平性的认识和理解还不够全面,交通需求管理政策的出台可能会遭到出行者的反对。

总体而言,交通需求管理策略的制定与实施是一项长期而复杂的工作。北京、上海、广州等城市已经做出了尝试,并为其他城市提供了交通需求管理的有利借鉴。交通需求管理措施的制定必须立足城市现状,兼顾社会公平和治理效果、短期效应与长期效应,以解决城市交通问题为根本,促进城市交通的可持续发展。交通需求管理措施的实施过程,并非一朝一夕可以完成,需要大量的人力、物力和财力,需要法制与市场的共同调节,更需要政府和全社会的共同努力。

# 参 考 文 献

[1] 邵春福,秦四平.交通经济学[M].北京:人民交通出版社,2008
[2] 朱顺应.城市交通需求管理基础理论研究[D].南京:东南大学,1996
[3] 徐吉谦.交通工程总论[M].北京:人民交通出版社,2008
[4] 王炜,过秀成,等.交通工程学[M].南京:东南大学出版社,2000
[5] 郭继孚,毛保华,刘迁,等.交通需求管理——一体化的交通政策及实践研究[M].北京:科学出版社,2009
[6] 中国财经网.2012年末我国城镇人口占总人口比重达52.57%[OL]. http://finance.china.com.cn/news/special/jjsj12/20130118/1244953.shtml
[7] 北京市第六次全国人口普查.北京市2010年第六次全国人口普查主要数据情况[OL]. http://www.bjstats.gov.cn/rkpc_6/pcdt/tztg/201105/t20110504_201368.htm
[8] 中国新闻网.世行预测:2020年中国百万人口城市将突破80个[OL]. http://www.chinanews.com/gn/2010/10-03/2569011.shtml
[9] 万家资讯网.全国机动车保有量2.4亿辆,18个城市入"百万俱乐部"[OL]. http://365jia.cn/news/2013-02-18/78B737ACE7BF2639.html
[10] 黄伟.直面城市交通拥堵[J].城市交通,2011(1):3-5
[11] 钟函杉.城市交通需求管理研究——基于北京市城市交通需求管理政策的实证分析[D].北京:北京交通大学,2012
[12] 中华人民共和国住房与城乡建设部.GB 50137—2011 城市用地分类与规划建设用地标准[S].北京:中国建筑工业出版社,2010
[13] 邵春福.交通规划原理[M].北京:中国铁道出版社,2009
[14] 沈志云,邓学均.交通工程学[M].北京:人民交通出版社,2003
[15] 中华人民共和国环境保护部.2012年中国机动车污染防治年报[R],2012
[16] PM2.5数据网.2013年5月中国空气质量指数监测城市排行榜(31天各项数据平均值)[OL]. http://www.pm25s.com/month/201305.html
[17] 王炜.城市道路交通环境影响评价[D].武汉:武汉理工大学,2008
[18] 北京市统计局.北京统计年鉴2010[M].北京:中国统计出版社,2010
[19] 中国科学技术协会网.北京市"十二五"期间声环境保护规划研究[OL]. http://zt.cast.org.cn/n12603275/n12603404/12685119.html
[20] 晏克非,于晓桦,郑建,等.面向低碳交通的城市客运枢纽规划设计研究[A]//构建生态人文交通 促进经济跨越发展——第十九届海峡两岸都市交通学术研讨会论文选编[C].贵州省科学技术协会,上海市科学技术协会,台北市交通安全促进会,2011:1

[21] 陆建.城市交通系统可持续发展规划理论与方法[D].南京:东南大学,2003

[22] 王燕.城市客运交通系统分析与评价[D].成都:西南交通大学,2006

[23] Department of Transportation. Transportation Equity Act for the 21st Century (TEA-21)[R]. New York, 1998

[24] Focus G. Transportation Demand Management[A]. In: Testing How to Talk About It. Puget Sound Regional Council, 2003

[25] Florida department of transportation, Transportation demand management startegies [EB/OL]. http://www.dot.state.fl.us/

[26] Perez B G, Sciara G C, et al. A Guide for HOT Lane Development. Federal Highway Administration. U.S[OL]. http://www.discovery.org/f/1b

[27] 易汉文.美国2005年城市机动性报告摘要[R].美国加利福尼亚交通部,2005

[28] 新华网.远程办公今非昔比[OL]. http://news.xinhuanet.com/2013-06/15/c_124859484_4.htm

[29] Lam Terence C, Small Kenneth A. The value of time and reliability, measurement from a value pricing experiment[J]. Transportation Research Part E, 2001,37,231-251

[30] 毛磊.基于出行选择的交通需求管理策略研究[D].西安:长安大学,2012

[31] 罗兆广.新加坡交通需求管理的关键策略与特色[J].城市交通,2009,7(6):33-38

[32] Land Transport Authority Republic of Singapore. White Paper: A WORLD CLASS LAND TRANSPORT SYSTEM[S]. Singapore, 1996

[33] 陆锡明.亚洲城市交通模式[M].上海:同济大学出版社,2009

[34] 国土交通省综合政策局.都市交通年报[M].东京:运输政策研究机构,2000

[35] 本谷直俊.城市交通的危机[M].东京:白桃书房,1999

[36] 日本交通工程研究学会.TDM——缓解堵塞智慧袋[M].东京:丸善株式会社,1999

[37] Leape J. The London congestion charge[J]. Journal of Economic Perspectives, 2006,20(4):157-176

[38] Travel in London, Report 2[OL]. http://www.tfl.qov.wk/cdn/static/cms/documents/travel-in-london-report-z.pdf

[39] Central London congestion charging impacts monitoring, Sixth Annual Report[OL]. http://www.transportation.org.il/sites/default/files/pirsum/-central-london-congestion-changing-impacts-monitoring-part-1_0.pdf

[40] 杭州网.浅谈法国巴黎治理交通问题的经验及其对我国的启示[OL]. http://z.hangzhou.com/2013/2013zljtyd/conteut/2013-05/10/conteut_4730706.htm

[41] 刘小明,郭继孚,孙壮志.北京奥运会交通运行及其启示[J].交通运输系统工程与信息,2008,8(6):16-24

[42] 全永燊,孙明正.中国大城市交通发展值得注意的几个倾向[J].城市交通,2011,2:3-5

[43] 唐克双,李克平.上海世博会交通需求管理对策[J].城市交通,2005,3(2):51-55

[44] 上海市人民政府.上海市城市交通白皮书[M].上海:上海人民出版社,2002

[45] 张海雷.广州市交通需求管理应用现状及展望[J].交通与运输,2011,B12:117-120

[46] 陈晨.1965年以来香港公共交通发展与运输政策演进[J].国际城市规划,2011,26(2):

67-73

[47] 晏克非. 交通需求管理理论与方法[D]. 上海:同济大学,2012
[48] 陈俊,晏克非. 城市客运方式间的资源配置优化技术[R]. 国家863项目,2010
[49] 程斌. 轨道交通与城市交通可持续发展[J]. 中国铁道科学,2001,2(22):108-122
[50] 张学礼,郭瑜坚. 以旅次总成本评估TOD发展模式之研究[A]//都市区及区域交通现代化[C]. 合肥:安徽科学技术出版社,2005
[51] 阎小培,周素红,毛蒋兴. 高密度开发城市的交通系统与土地利用——以广州为例[M]. 北京:科学出版社,2006
[52] 文雅. 大城市内外客运交通衔接系统的规划理论与方法[D]. 上海:同济大学,2006
[53] 关宏志. 非集计模型——交通行为分析的工具[M]. 北京:人民交通出版社,1992
[54] 交通工学研究会,TDM研究会. 涉滞缓和知惠袋[M]. 东京:丸善株式会社,1999
[55] 黄永根. 交通需求管理——实现交通系统可持续发展的有效方法[J]. 系统工程,1998,16(4):41-44
[56] 周鹤龙. 大城市交通需求管理研究[J]. 城市规划,2003,27(1):57-60
[57] 段进宇. 发展快速公交网络改善北京交通[J]. 科学决策,2006(12):13-14
[58] 钟函斌. 城市交通需求管理研究[D]. 北京:北京交通大学,2012
[59] 陈艳艳,刘小明,陈金川. 城市交通需求管理及应用[M]. 北京:人民交通出版社,2009
[60] 赵晶. 适合中国城市的TOD规划方法研究[D]. 北京:清华大学,2008
[61] 张鑫. TOD模式及其在我国的应用研究[D]. 成都:西南交通大学,2011
[62] 北京市政府. 北京城市中体规划2004—2020年[R],2002
[63] 北京地铁. http://www.BjSubWay.com/
[64] 王江燕,周延虎,钱江,等. 轨道交通亦庄线L2线次渠亦庄火车站及周边地区规划设计方案征集及方案整合[R]. 北京技术开发区城市规划和环境设计研究中心,2006
[65] 王炜,杨新苗,陈学武,等. 城市公共交通系统规划方法与管理技术[M]. 北京:科学出版社,2002
[66] 陈学武,葛宏伟,王炜. 城市公交优先发展的对策研究[J]. 现代城市研究,2004,(1):34-36
[67] 李友好,施其洲. 交通拥挤收费理论与实践进展[J]. 价格理论与实践. 2004,(9):29-30
[68] 陈宁. 城市中心区交通拥堵收费探讨——以成都市为例[J]. 广州大学学报(自然科学版). 2009,8(5):91-94
[69] 谢辉. 城市交通拥挤收费影响分析[J]. 山西科技,2006,4:89-91
[70] 李正刚. 拥堵收费的设计及其实施影响研究[D]. 成都:西南交通大学,2010
[71] 张秀媛,等. 城市停车规划与管理[M]. 北京:中国建筑工业出版社,2006
[72] 吴涛,晏克非. 停车需求管理的机理研究[J]. 城市规划,2002,10:85-87
[73] 王伟. 基于交通需求管理的北京市停车收费问题研究[D]. 北京:北京交通大学,2008
[74] 中国建筑协会城市交通规划分会,北京交通发展研究中心主编. 建设节约型城市交通系统论文集[C]. 北京:北京出版社,2006
[75] 徐琳,钱振东. 城市的摩托车交通问题与对策[J]. 洛阳大学学报,2005,20(2):65-67

[76] 上海市人民政府.上海市城市交通白皮书[M].上海:上海人民出版社,2002

[77] 杨威.城市慢行交通及其诱导系统研究[D].西安:西安建筑科技大学,2011

[78] (美)安德里亚·伯德斯,(加)托德·利特曼,(新)戈彼纳·梅农.城市交通需求管理培训手册[M].温慧敏,刘莹,苏印,等,译.北京:中国建筑工业出版社,2009

[79] 龚迪嘉,朱忠东.城市公共自行车交通系统实施机制[J].城市交通,2008,6(6):276

[80] 王国平.加快公共自行车交通系统建设切实解决公交最后一公里问题[N].杭州日报,2008:3-21

[81] 张丽珺.公共自行车交通发展研究[D].西安:长安大学,2011

[82] 段里仁.城市交通概论——交通工程学原理与应用[M].北京:北京出版社,1984

[83] 王思国.中华人民共和国道路交通安全法与交通安全执法全书第一卷[S].北京:中央文献出版社,2003

[84] 姜允侃.可变车道的应用与实践[J].交通与运输,2012,28(5):46-47

[85] 刘天顺,谷江河,徐瑞华.国内外措施上下班经验之所鉴[J].交通与运输(学术版),2005(02):24-27

[86] 张瑞玲.弹性工作制及其在中国的应用现状[J].东方企业文化,2013(04):59-60

[87] 徐循初.城市道路与交通规划(下册)[M].北京:中国建筑工业出版社,2007

[88] 严伟东,欧文权.全球定位系统 GPS 在交通管理中的应用[J].大众科技,2008,(5):24-26

[89] 中国广播网.北京:治堵措施半年来平均拥堵时间减少 1 小时零 5 分[OL]. http://china.cnr.cn/ygxw/201107/t20110720_508259323.shtml

[90] Bos I Molin, E J E Timmermans H J P and Heijden van der R E C M. Cognitions and Relative Importances Underlying Consumer Valuation of Park and Ride Facilities[J]. Transportation Research Record: Journal of the Transportation Research Board, 2003(1835): 121-127

[91] Algers S. Integrated structure of long-distance travel behavior models in Sweden[J]. Transportation Research Record: Journal of the Transportation Research Board, 1993(1413): 141-149

[92] Narisra Limtanakool, Martin Dijst, Tim Schwanen. The influence of socioeconomic characteristics, land use and travel time considerations on mode choice for medium- and longer-distance trips[J]. Journal of Transport Geography, 2006 (14): 327-341

[93] Zhang Junyi, Fujiwara Akimasa, Soe Thein. Capturing Travelers' Stated Mode Choice Preferences under the Influence of Income in Yangon City, Myanmar[J]. Journal of Transportation Systems Engineering and Information Technology, 2008, 8(4): 49-61

[94] Ching-Fu Chen, Wen-Tai Lai. The effects of rational and habitual factors on mode choice behaviors in a motorcycle-dependent region: Evidence from Taiwan[J]. Transport Policy, 2011 (18): 711-718

[95] 宗芳,隽志才.基于活动的出行方式选择模型与交通需求管理策略[J].吉林大学学报(工学版),2007,37(1):48-53

[96] 黎冬平,陈峻. 基于 Logistic 回归模型的城市居民公交出行决策分析[J]. 现代交通技术, 2007, 4(6): 60-66

[97] 刘志明,邓卫,郭唐仪,等. 基于 RP/SP 调查的非集计模型在交通方式分担率预测的应用[J]. 交通运输工程与信息学报, 2008, 6(3): 59-64

[98] 杨敏,虞飞飞,王炜,等. 基于 logistic 的个体出行需求行为模型研究[A]// 中国大城市交通规划研讨会、中国城市交通规划 2010 年会暨第 24 次学术研讨会论文集[C], 2010: 935-940

[99] Jordan P W. An Introduction to Usability[R]. London: CRC Press, 1997

[100] José María Grisolía, Francisco López del Pino. Some new evidence in the determination of acceptability of urban transport pricing[OL]. http://www.alde.es/encuentros/anteriores/xieea/trabajos/pdf/81.pdf

[101] Darrian Collins and Clemtisdell. Gender and Differences in Travel Life Cycles[J]. Journal of Travel Research, 2002(41): 133-143

[102] Hainan Li. Comparing Women's and Men's Morning Commute Trip Chaining in Atlanta, Georgia[J]. Research on Women's Issues in Transportation, Transportation Research Board of the National Academies, 2004(11): 14-20

[103] Gila Albert, David Mahalel. Congestion tolls and parking fees: A comparison of the potential effect on travel behavior[J]. Transport Policy, 2006 (13): 496-502

[104] Hunecke M, Schweer I. Determinants of daily mobility-the interaction of space, traffic infrastructure, life styles and mobility-related attitudes[J]. In: Beckmann K J, Hesse M, Holz-Rau C, Hunecke M (Eds.), StadtLeben- Wohnen, Mobilität und Lebensstil. Verlag fur Sozialwissenschaften, Wiesbaden, 2006: 148-166

[105] Tina Gehlert, Christiane Kramer, Otto Anker Nielsen, Bernhard Schlag. Socioeconomic differences in public acceptability and car use adaptation towards urban road pricing[J]. Transport Policy, 2011 (18): 685-694

[106] 王方. 基于 SP 调查的行为时间价值研究[D]. 北京:北京工业大学, 2005

[107] 吴文静,隽志才,罗清玉,等. 信息作用下出行者短期决策行为分析[J]. 交通运输系统工程与信息, 2010, 10(2): 100-105

[108] 王健,侯亚丽,胡晓伟,等. 拥挤收费下基于前景理论的出行者路径选择行为分析[J]. 交通信息与安全, 2011, 29(5): 25-30

[109] Mohammad M Hamed, Hatem H Olaywah. Travel-related decisions by bus, servis taxi, and private car commuters in the city of Amman, Jordan[J]. Cities, 2000, 17 (1): 63-71

[110] Raquel Espino, Juan de Dios Ortúzar, Concepción Román. Understanding suburban travel demand: Flexible modeling with revealed and stated choice data[J]. Transportation Research Part A, 2007(41): 899-912

[111] Simma A. Verkehrsverhalten als eine Funktion soziodemografischer und räumlicher Faktoren[C]. Zürich, ETH, IVT Institut für Verkehrsplanung, Transporttechnik, Strassen- und Eisenbahnbau, 2000

［112］Yang M，Wang W and Gang R，et al.. Structural equation model to analyze socio-demographics，activity participation，and trip chaining between household heads：survey of Shangyu，China［J］. Transportation Research Record：Journal of the Transportation Research Board，2010(2157)：38-45

［113］Dan Li，Wei Wang，Min Yang，et. al. Gender-based Differences in the Relationships among Socio-demographics，Time-use Pattern and Travel Mode Choice in China［C］. Transportation Research Record：Journal of the Transportation Research Board，2012

［114］魏晓云. 上海近郊城镇居民日常生活出行行为特征的分析［D］. 上海：同济大学，2006

［115］金宝辉. 交通出行行为分析［D］. 成都：西南交通大学，2004

［116］吴群琪，张圣忠. 运输供给的品质特性［J］. 长安大学学报，2006，8(1)：1-4

［117］林琳，薛德升，等. 广州中心区步行通道系统探讨［J］. 规划师，2002，18(1)：63-65

［118］毛磊. 基于出行选择的交通需求管理策略研究［D］. 西安：长安大学，2012

［119］张天然，杨东援，赵娅丽，等. RP/SP融合数据的Mixed Logit和Nested Logit模型估计对比［J］. 同济大学学报（自然科学版），2008，36(8)：1073-1084

［120］王方，陈金川，陈艳艳. 交通SP调查的均匀设计方法［J］. 城市交通，2005，3(3)：69-72

［121］搜狐网. 2011年北京移动电话超2 500万户，互联网普及率居全国首位［OL］. http://roll.sohu.com/20120302/n336481981.shtml

［122］牛文元. 中国新型城市化报告2012［M］. 北京：科学出版社，2012

［123］陈胜可. SPSS统计分析［M］. 北京：清华大学出版社，2010

［124］张集良，邬秋艳. 乡村旅游可持续发展的关键因子研究——以长乐村、宏村、三山岛为例［J］. 旅游论坛，2009，2(6)：890-896

［125］张文彤. SPSS11统计分析教程［M］. 北京：北京希望电子出版社，2002

［126］毛海虓. 中国城市居民出行特征研究［D］. 北京：北京工业大学，2005

［127］毛蒋兴，闫小培. 基于城市土地利用模式与交通模式互动机制的大城市可持续交通模式选择——以广州为例［J］. 人文地理，2005(3)：107-116

［128］Deakin Elizabeth，et. al. Parking management and downtown land development in Berkeley，California［J］. Transportation Research Record. 2004，1898：124-129

［129］段玉霞. 停车收费对私家车出行者非通勤出行行为的影响研究［D］. 昆明：昆明理工大学，2010

［130］Hamerslag Rudi，Fricker Jon D，Van Beek Paul. Implications of Parking Policies in employment areas on mode choice and land use［C］. Proceedings of the Transportation Congress，1995：923-934

［131］Peng Z，Dueker K J，Strathman J G. Residential location，employment location，and commuter responses to Parking charges［J］. Transportation Research Record. 1996，1556：109-118

［132］Dueker K J，Strathman J G，Bianco M J. Strategies to Attract Auto Users to Public

Transportation[M]. Sponsored by the Federal Transit Administration. National Academy Press, Washington. D. C,1998

[133] Bianco M J. Effective transportation demand management: Combining Parking Pricing, transit incentives, and transportation management in a commercial district of Portland, Oregon[J]. Transportation Research Record, 2000, 1711:46-54

[134] Daniel Baldwin Hess. The Effect of Free Parkinuter Mode Choice. Evidence From Travel Diary Data [J]. Transportation Research Record, 2001,35-42

[135] David A Hensher, Jenny King. Parking Demand and Responsiveness to Supply Pricing and Location in the Sydney Central Business District [J]. Transportation Research, Part A35,2001,177-196

[136] Washbrook Kevin, Haider Wolfgang, Jaccard Mark. Estimating commuter Mode choice: A discrete choice analysis of the impact of road Pricing and Parking charges [J]. Transportation, 2006, 33(6):621-639

[137] Gila Albert, David Mahalel. Congestion tolls and Parking fees: A comparison of the Potential effect on travel behavior[J]. Transport Policy, 2006, 13(6): 496-502

[138] Raquel Espino, Juan de Dios Ortuzar, Conception Roman. Understanding Suburban Travel Demand Flexible Modeling With Revealed and Stated Choice Data [J]. Transportation Research Part A, Policy and Practice, 2007,41,899-912

[139] William E Hurrell. Application of Siting and Demand Estimation Models to Coordinate Park-and-Ride Facility Planning [A]. In: Steven B Colman The 7th International HOV Facility Conference[C]. US: TRB. 1994

[140] Hendricks S, Outwater forecasting model for park-and-ride lots in king County, Washington [J]. Transportation Research Record, 1998, 1623(1):80-87

[141] Ilona Bos, Eric Molin, Harry Timmermans, Rob van der Heijden. Cognitions and Relative Importances Underlying Consumer Valuation of Park and Ride Facilities [J]. Transportation Research Record, 2003, 1835(1):121-127

[142] Arne Risa Hole. Forecasting the Demand for an Employee Park and Ride Service Usinuters' Stated Choices [J]. Transportation Policy, 2004, 4(2):355-362

[143] Karlaftis Matthew G, Li Zongzhi. Optimizing Pricing Policies in Park-and-Ride Facilities: A Model and Decision Support System with Application[J]. Journal Of Transportation Sys Eng & IT, 2010, 10(5), 53-65

[144] 吴涛. 停车需求与停车政策研究[D]. 上海:上海交通大学,1999

[145] 田琼,黄海军,杨海. 瓶颈处停车换乘 Logit 随机均衡选择模型[J].管理科报,2005(1):1-6

[146] 云美萍,刘贤玮,陈震寰,等.通勤出行中停车换乘选择行为分析与建模[J].同济大学学报(自然科学版),2012,40(12):1825-1830

[147] 赵路敏.停车收费对出行方式选择的影响研究[D].北京:北京交通大学,2007

[148] 秦焕美.停车换乘(P&R)行为研究[D].北京:北京工业大学,2005

[149] 张戎,王林平,闫哲彬.停车换乘需求分析与定价方法——以上海市轨道交通停车换

乘为例[J]. 城市交通,2009,7(2):12-18
[150] 何保红,王炜,陈峻. 城市 P&R 出行者选择行为模型[J]. 哈尔滨工业大学学报,2009,41(4):243-246
[151] 乔小艳. 停车换乘(P&R)设施需求预测研究[D]. 北京:北京交通大学交通运输学院,2009
[152] 刘竑冶. 大城市基于轨道交通的停车换乘系统研究[D]. 长沙:长沙理工大学,2009
[153] 何保红. 城市停车换乘设施规划方法研究[D]. 南京:东南大学,2006
[154] 李志. 基于非集计的合肥市公共交通方式划分模型研究[D]. 武汉:武汉理工大学,2011
[155] Bierlaire M. Estimation of discrete choice models with BIOGEME 1.8[J]. Transport and Mobility Laboratory, EPFL, Lausanne, SwitzerLand, 2009
[156] 陈团生. 通勤者出行行为特征与分析方法研究[D]. 北京:北京交通大学,2007
[157] 程左宏. 北京市停车换乘措施存在的问题及对策研究[J]. 道路交通与安全,2010,10(4):4-8
[158] 关志宏. 非集计模型:交通行为分析的工具[M]. 北京:人民交通出版社,2004
[159] 刘爽,何天建,刘智丽,等. 城市交通机动化进程及影响因素研究[J]. 城市交通,2012,10(3):68-73
[160] 陈莎. 城市中心区拥堵收费配套政策及措施研究[D]. 北京:北京交通大学,2007
[161] 石琼,吴群琪. 拥堵收费为主导缓解城市交通拥挤可行性研究[J]. 长安大学学报(社会科学版),2004,6(3):38-42
[162] Santos G, B Shaffer. Preliminary results of the London congestion charging scheme [J]. Public Works Management Policy, 2004, 9:164-181
[163] 薛美根,程杰. 伦敦道路拥挤收费政策[J]. 城市交通,2007,5(6):14-18
[164] 周江评. 交通拥挤收费——最新国际研究进展和案例[J]. 城市规划,2010,34(11):47-54
[165] Pigou A C. The Economics of Welfare [M]. London: Macmillan Transaction Publisher, 1924
[166] Mohring H, Harwitz M. Highway benefits: An analytical framework[M]. Evanston: Northwestern University Press, 1962
[167] H Yang, M G H Bell. Traffic restraint, road pricing and network equilibrium[J]. Transportation Research 31B,1997(4):303-314
[168] 罗清玉. 城市道路拥挤收费关键理论问题研究[D]. 吉林:吉林大学,2004
[169] 李枫,沈嘉栋. 城市交通拥挤收费的经济学分析[J]. 上海铁道大学学报,1999
[170] 李枫,沈嘉栋. 城市交通拥挤收费的经济学分析[J]. 上海铁道大学学报,1999,2:37-40
[171] 李冬梅. 高速公路拥挤收费费率研究[D]. 南京:东南大学,2004
[172] 王健,田禹,安实. 基于环境保护的拥挤定价下公交收费策略研究[J]. 系统工程学报,2006,2:211-215
[173] 潘海啸. 中国城市自行车交通政策的演变与可持续发展[J]. 城市规划学刊,2011,

4:82-86
- [174] 宗芳.基于活动的出行时间与方式选择模型[D].吉林:吉林大学,2005
- [175] 金安.LOGIT 模型参数估计方法研究[J]交通运输系统工程与信息,2004,4(1):71-75
- [176] 张士杰.怎样计算私家车的油耗[J].北京汽车,2006,2:43-45
- [177] 赵路敏.停车收费对出行方式选择的影响研究[D].北京:北京交通大学,2007
- [178] 蔡毅,邢岩,胡丹.敏感性分析综述[J].北京师范大学学报(自然科学版),2008,44(1):9-15
- [179] 陈阳.公交优先的内涵与措施[J].城市问题,2001,(5):64-67
- [180] 王远,石琴.公交优先——现代城市交通发展的必然选择[J].交通标准化,2005,(1):114-116
- [181] 王孝坤,王辉,杨扬.运用票价政策推动城市公交优先发展[J].综合运输,2006,(8-9):63-65
- [182] 赵月,陈方红.关于公交优先措施的研究[J].交通与运输,2005(7):59-62
- [183] 周小鹏,邵敏华,孙立军,等.香港公共交通运营管理模式[J].交通运输系统工程与信息,2005,5(1):74-78
- [184] 北京大学数学力学系数学专业概率统计组.正交设计——一种安排多因素试验的数学方法[M].北京:人民教育出版社,1977
- [185] 李海峰.城市形态、交通模式和居民出行方式研究[D].南京:东南大学,2006
- [186] 毛海唬.中国城市居民出行特征研究[D].北京:北京工业大学,2005
- [187] San Francisco County Transportation Authority[OL]. http//www.sfcta.org/sites/default/files/content/Planning/Datamart/executivesummary.pdf
- [188] 张天然.基于交通网络均衡理论的交通需求管理政策评价研究[D].上海:同济大学,2008
- [189] 王峰.广州市交通需求管理研究[M].广州:广东科技出版社,2001

# 附录　调查问卷

## 北京市公交乘客出行情况调查问卷

尊敬的先生/女士：

　　您好！首先十分感谢您能参与本次东南大学交通学院的问卷调查。本问卷旨在了解您本次出行的具体情况，问卷采取匿名方式，答案没有对错之分，结果仅用于学术研究。请您按照个人想法和实际情况放心填写，谢谢配合。

　　请根据您最近的一次公交出行情况，完成下述问卷内容。

　　注意：这里的公交是指广义的公共交通，包括公共汽车、公共电车等常规公交，地铁、轻轨等轨道交通和BRT快速公交。

1. 您上次出行的出行目的是：_____
   ① 上班　　　　　　② 上学　　　　　　③ 公务
   ④ 生活购物　　　　⑤ 休闲娱乐体育　　⑥ 接送小孩
   ⑦ 回家　　　　　　⑧ 回单位　　　　　⑨ 其他_____（请注明）
2. 您上次出行采取的交通工具是：_____
   ① 公共汽(电)车　　② 地铁、轻轨　　　③ BRT快速公交
3. 您上次公共交通出行经过的站数约为：_____
   ① 0～5站　　　　　② 5～10站　　　　 ③ 10～20站　　　　④ 20站以上
4. 您上次公交出行所花费的时间约为：_____
   ① 0～30分钟　　　 ② 30～60分钟　　　③ 60分钟以上
5. 可供您使用的小汽车数量为(包括单位车)：_____
   ① 无　　　　　　　② 1辆　　　　　　③ 2辆及以上
6. 可供您使用的非机动车(自行车或电动车)数量为：_____
   ① 无　　　　　　　② 1辆　　　　　　③ 2辆及以上
7. 您上次出行最主要考虑以下哪方面：[可多选]_____
   ① 花费　　　　　　② 速度　　　　　　③ 舒适度
   ④ 方便　　　　　　⑤ 到达准时性
8. 您上次出行不选择小汽车的原因是：[可多选]_____
   ① 还没有买车　　　② 还没有驾照　　　③ 油价太高　　　　④ 路上太堵
   ⑤ 停车位比较难找　⑥ 停车费太贵
9. 您上次出行不选择非机动车(自行车或电动车)的原因是：[可多选]_____

① 没有自行车或电动车          ② 路途太远,不适合骑车
③ 骑车太慢,花费时间太长      ④ 找不到非机动车停放的地方
⑤ 路上车辆较多,不安全        ⑥ 骑车太累,不舒服

10. 您上次出行选择公交的原因是:[可多选]_____
    ① 出发地离公交站距离较近      ② 有直达的公交线路
    ③ 公交站离目的地距离较近      ④ 等车时间短
    ⑤ 公交车乘坐舒适              ⑥ 公交车的票价便宜

11. 您的性别:_____
    ① 男          ② 女

12. 您的年龄:_____
    ① 20 岁以下      ② 21～30 岁      ③ 31～40 岁
    ④ 41～50 岁      ⑤ 50 岁以上

13. 您现在的婚姻状况:_____
    ① 未婚        ② 已婚无子      ③ 已婚有子

14. 您的职业:_____
    ① 政府机关、事业单位      ② 外资企业
    ③ 国有企业             ④ 民营企业
    ⑤ 私营企业或个体经营      ⑥ 学生
    ⑦ 退休人员或其他_____(请注明)

15. 您的个人月均收入(税后)属于下面哪个收入段:_____
    ① 2 000 元以下     ② 2 000～5 000 元     ③ 5 000～8 000 元
    ④ 8 000～10 000 元   ⑤ 10 000～20 000 元   ⑥ 20 000 元以上

16. 您的家庭月均收入(税后)属于下面哪个收入段:_____
    ① 5 000 元以下     ② 5 000～10 000 元    ③ 10 000～15 000 元
    ④ 15 000～30 000 元   ⑤ 30 000～50 000 元   ⑥ 50 000 元以上

17. 您的家庭总人数为:_____
    ① 1 人      ② 2 人      ③ 3 人      ④ 大于 3 人

18. 您家庭中就业人数有:_____
    ① 1 人      ② 2 人      ③ 3 人      ④ 大于 3 人

19. 您家庭中小于 12 岁的儿童个数为:_____
    ① 无          ② 1 个         ③ 大于 1 个

20. 您目前居住的区域:_____(区/县)_____(路/小区/标志建筑)
    您目前工作的区域:_____(区/县)_____(路/标志建筑)

# 北京市非机动车出行情况调查问卷

尊敬的先生/女士：

您好！首先十分感谢您能参与本次东南大学交通学院的问卷调查。本问卷旨在了解您本次出行的具体情况，问卷采取匿名方式，答案没有对错之分，结果仅用于学术研究。请您按照个人想法和实际情况放心填写，谢谢配合。

注意：调查中涉及的公交是指广义的公共交通，包括公共汽车、公共电车等常规公交，地铁、轻轨等轨道交通和 BRT 快速公交。

请根据您最近的一次非机动车（自行车或电动车）出行情况，完成下述问卷内容。

1. 您上次出行的出行目的是：_____
   ① 上班　　　② 上学　　　③ 公务　　　④ 生活购物
   ⑤ 休闲娱乐体育　⑥ 接送小孩　⑦ 回家　　　⑧ 回单位
   ⑨ 其他_____（请注明）

2. 您上次出行采取的交通工具是：_____
   ① 自行车　　② 电动车

3. 您上次出行所花费的时间约：_____
   ① 0~30 分钟　　② 30~60 分钟　　③ 60 分钟以上

4. 可供您使用的小汽车（包括单位车）数量为：_____
   ① 无　　　　② 1 辆　　　　③ 2 辆及以上

5. 可供您使用的非机动车（自行车或电动车）数量为：_____
   ① 无　　　　② 1 辆　　　　③ 2 辆及以上

6. 您上次出行最主要考虑以下哪方面：[可多选]_____
   ① 花费　　　② 速度　　　③ 舒适度
   ④ 方便　　　⑤ 到达准时性

7. 您上次出行<u>不选择小汽车</u>的原因是：[可多选]_____
   ① 还没有买车　　② 还没有驾照　　③ 油价太高　　④ 路上太堵
   ⑤ 停车位比较难找　⑥ 停车费太贵

8. 您上次出行<u>不选择公交</u>的原因是：[可多选]_____
   ① 没有直达公交　　② 公交车速度太慢
   ③ 等车时间太长　　④ 起点和终点离公交站的距离太远
   ⑤ 车上太拥挤　　　⑥ 票价比较高

9. 您上次出行<u>选择自行车或电动车</u>的原因是：[可多选]_____
   ① 基本上不需要花钱　　　　② 可以避免路上拥堵
   ③ 距离较近，适合骑车　　　④ 出行方便，可以实现门到门
   ⑤ 可以锻炼身体

10. 您通常骑车出行的距离大约在：_____
    ① 5 km 以下　② 5~10 km　③ 10~15 km　④ 15 km 以上

11. 您的性别：_____
    ① 男　　　　　　　② 女
12. 您的年龄：_____
    ① 20岁以下　　　　② 21～30岁　　　　③ 31～40岁
    ④ 41～50岁　　　　⑤ 50岁以上
13. 您现在的婚姻状况：_____
    ① 未婚　　　　　　② 已婚无子　　　　③ 已婚有子
14. 您的职业：_____
    ① 政府机关、事业单位　　　　　　② 外资企业　　　　③ 国有企业
    ④ 民营企业　　　⑤ 私营企业或个体经营　　　　　　⑥ 学生
    ⑦ 退休人员或其他_____（请注明）
15. 您的个人月均收入（税后）属于下面哪个收入段：_____
    ① 2 000元以下　　② 2 000～5 000元　　③ 5 000～8 000元
    ④ 8 000～10 000元　⑤ 10 000～20 000元　⑥ 20 000元以上
16. 您的家庭月均收入（税后）属于下面哪个收入段：_____
    ① 5 000元以下　　② 5 000～10 000元　　③ 10 000～15 000元
    ④ 15 000～30 000元　⑤ 30 000～50 000元　⑥ 50 000元以上
17. 您的家庭总人数为：_____
    ① 1人　　　　② 2人　　　　③ 3人　　　　④ 大于3人
18. 您家庭中就业人数有：_____
    ① 1人　　　　② 2人　　　　③ 3人　　　　④ 大于3人
19. 您家庭中小于12岁的儿童个数为：_____
    ① 无　　　　　② 1个　　　　③ 大于1个
20. 您目前居住的区域：_____（区/县）_____（路/小区/标志建筑）
21. 您目前工作的区域：_____（区/县）_____（路/标志建筑）

# 北京市小汽车出行情况调查问卷

尊敬的先生/女士：

您好！首先十分感谢您能参与本次东南大学交通学院的问卷调查。本问卷旨在了解您本次出行的具体情况，问卷采取匿名方式，答案没有对错之分，结果仅用于学术研究。请您按照个人想法和实际情况放心填写，谢谢配合。

注意：调查中涉及的公交是指广义的公共交通，包括公共汽车、公共电车等常规公交，地铁、轻轨等轨道交通和 BRT 快速公交。

请根据您最近的一次小汽车出行情况，完成下述问卷内容。

1. 您上次出行的出行目的是：_____
   ① 上班　　　　　② 上学　　　　　③ 公务
   ④ 生活购物　　　⑤ 休闲娱乐体育　⑥ 接送小孩
   ⑦ 回家　　　　　⑧ 回单位　　　　⑨ 其他_____（请注明）

2. 您上次出行的距离约：_____
   ① 0～10 km　　　② 10～30 km　　　③ 30 km 以上

3. 您上次出行所花费的时间约：_____
   ① 0～30 分钟　　② 30～60 分钟　　③ 60 分钟以上

4. 可供您使用的小汽车数量为（包括单位车）：_____
   ① 无　　　　　　② 1 辆　　　　　③ 2 辆及以上

5. 可供您使用的非机动车（自行车或电动车）数量为：_____
   ① 无　　　　　　② 1 辆　　　　　③ 2 辆及以上

6. 您上次出行最主要考虑以下哪方面：[可多选]_____
   ① 花费　　　　　② 速度　　　　　③ 舒适度
   ④ 方便　　　　　⑤ 到达准时性

7. 您上次出行<u>不选择公交</u>的原因是：[可多选]_____
   ① 公交车速度太慢　　　　　　　　② 没有直达公交
   ③ 起点和终点离公交站的距离较远　④ 等车时间太长
   ⑤ 车上太拥挤　　　　　　　　　　⑥ 票价比较高

8. 您上次出行<u>不选择非机动车</u>（自行车或电动车）的原因是：[可多选]_____
   ① 没有自行车或电动车　　　　　　② 路途太远，不适合骑车
   ③ 骑车太慢，花费时间太长　　　　④ 找不到非机动车停放的地方
   ⑤ 骑车太累，不舒服　　　　　　　⑥ 路上车辆较多，不安全

9. 您上次出行<u>选择小汽车</u>的原因是：[可多选]_____
   ① 花费时间短　　② 出行方便，能实现门到门
   ③ 乘坐舒适　　　④ 停车方便
   ⑤ 有免费的停车位

10. 您的性别：_____

① 男　　　　　　　　② 女
11. 您的年龄：_____
    ① 20 岁以下　　　　② 21～30 岁　　　　③ 31～40 岁
    ④ 41～50 岁　　　　⑤ 50 岁以上
12. 您现在的婚姻状况：
    ① 未婚　　　　　　② 已婚无子　　　　③ 已婚有子
13. 您的职业：_____
    ① 政府机关、事业单位　　　　　　② 外资企业
    ③ 国有企业　　　　　　　　　　　④ 民营企业
    ⑤ 私营企业或个体经营　　　　　　⑥ 学生
    ⑦ 退休人员或其他_____（请注明）
14. 您的个人月均收入（税后）属于下面哪个收入段：_____
    ① 2 000 元以下　　　② 2 000～5 000 元　　　③ 5 000～8 000 元
    ④ 8 000～10 000 元　⑤ 10 000～20 000 元　　⑥ 20 000 元以上
15. 您的家庭月均收入（税后）属于下面哪个收入段：_____
    ① 5 000 元以下　　　② 5 000～10 000 元　　　③ 10 000～15 000 元
    ④ 15 000～30 000 元 ⑤ 30 000～50 000 元　　 ⑥ 50 000 元以上
16. 您的家庭总人数为：_____
    ① 1 人　　　　② 2 人　　　　③ 3 人　　　　④ 大于 3 人
17. 您家庭中就业人数有：_____
    ① 1 人　　　　② 2 人　　　　③ 3 人　　　　④ 大于 3 人
18. 您家庭中小于 12 岁的儿童个数为：_____
    ① 无　　　　　② 1 个　　　　③ 大于 1 个
19. 您目前居住的区域：_____（区/县）_____（路/小区/标志建筑）
20. 您目前工作的区域：_____（区/县）_____（路/标志建筑）